教育部重点推荐
新世纪财经系列教科书

李海波工作室

新编成本会计

XINBIAN CHENGBEN KUAIJI

（第二版）

李海波　刘学华／主编

图书在版编目(CIP)数据

新编成本会计/李海波,刘学华主编.—2版.—上海:立信会计出版社,2017.7
ISBN 978-7-5429-5525-8

Ⅰ.①新… Ⅱ.①李… ②刘… Ⅲ.①成本会计—教材 Ⅳ.①F234.2

中国版本图书馆 CIP 数据核字(2017)第 168582 号

策划编辑　　蔡伟莉
责任编辑　　蔡伟莉

新编成本会计(第二版)
Xinbian Chengben Kuaiji

出版发行	立信会计出版社		
地　　址	上海市中山西路 2230 号	邮政编码	200235
电　　话	(021)64411389	传　　真	(021)64411325
网　　址	www.lixinaph.com	电子邮箱	lxaph@sh163.net
网上书店	www.shlx.net	电　　话	(021)64411071
经　　销	各地新华书店		
印　　刷	常熟市梅李印刷有限公司		
开　　本	787 毫米×1 092 毫米	1/16	
印　　张	19.25		
字　　数	414 千字		
版　　次	2017 年 7 月第 2 版		
印　　次	2019 年 1 月第 2 次		
印　　数	3 101—6 200		
书　　号	ISBN 978-7-5429-5525-8/F		
定　　价	39.00 元		

如有印订差错,请与本社联系调换

再版前言

现代企业会计分为财务会计和管理会计两个分支,成本会计是连接这两个分支的桥梁和纽带。同时,成本会计作为会计工作的重要组成部分,在企业管理中起着举足轻重的作用。为加强企业产品成本核算,保证产品成本信息真实、完整,财政部根据《中华人民共和国会计法》、企业会计准则等有关规定,制定了《企业产品成本核算制度(试行)》,在大中型企业(金融保险业除外)范围内施行。为了适应客观环境的变化,适应高等院校经济管理类等专业成本会计教学以及广大财会人员学习成本会计知识的需要,我们编写了这本《新编成本会计》。

成本会计包括成本预测、成本决策、成本计划、成本控制、成本核算、成本分析和成本考核等内容。目前在我国各院、校专业的课程体系中,一般都设置成本会计课程和管理会计课程,为了避免课程内容之间的重复与交叉,根据课程的分工,这本《新编成本会计》教科书重点讲述的是成本核算和成本分析,其他几项内容将在《管理会计》中讲述。

本书共分十一章,分别讲述了成本会计的基本概念和基本原理、生产费用的归集与分配、成本计算的基本方法和辅助方法、成本报表的编制与分析以及作业成本法。本书对篇章结构做了精心设置,删减了成本会计与管理会计及其他相关课程交叉重复的内容,简明扼要地介绍了成本会计的核心内容,且内容安排力求贴近实际,提供丰富的范例,以激发学生的学习兴趣。每章结尾均提供大量的习题,方便学生针对具体内容进行复习和巩固提高。本书由我国著名会计学家、曾受聘担任全国专科教育人才培养工作委员会副主任、中国会计学会事理、中国审计学会事理、中国生产力学会常务理事、享受国务院政府特殊津贴的专家李海波和著名会计学专家刘学华任主编,李焱任副主编。参加本书编写的人员有李海波、刘学华、李焱、贾晓松、边秀端、刘泽平、张翠琼、周燕、李俊和鄢定英。

　　本书在编写和出版过程中,得到了中华女子学院、中央财经大学会计学院、河北经贸大学会计学院、上海立信金融学院、中国会计学会、立信会计出版社等单位有关同志的大力支持。同时,我们参考了国内外公开出版的有关教材和学术著作,吸取了有关专家、学者的最新研究成果,在此,我们表示衷心的感谢。

　　由于作者水平有限,书中难免存在疏漏之处,恳请广大读者不吝赐教,以便再版时予以完善。

《新编成本会计》编委会

目 录

第一章 总论 ... 001
- 第一节 成本会计的概念与对象 ... 001
- 第二节 成本会计的职能与任务 ... 003
- 第三节 成本会计的组织 ... 005
- 复习思考题 ... 008
- 测试题 ... 008

第二章 制造业成本核算的要求和一般程序 ... 010
- 第一节 制造业成本核算概述 ... 010
- 第二节 生产费用的分类 ... 012
- 第三节 制造业成本核算的要求 ... 014
- 第四节 制造业成本核算的一般程序 ... 016
- 复习思考题 ... 019
- 测试题 ... 019

第三章 制造业要素费用的核算 ... 021
- 第一节 材料费用的核算 ... 021
- 第二节 职工薪酬的核算 ... 028
- 第三节 辅助生产费用的核算 ... 035
- 第四节 制造费用的核算 ... 046
- 第五节 生产损失的核算 ... 056
- 复习思考题 ... 061
- 测试题 ... 061

第四章 生产费用在完工产品与在产品之间分配的核算 ... 074
- 第一节 在产品的数量核算 ... 074
- 第二节 生产费用在完工产品和在产品之间分配的方法 ... 076
- 第三节 完工产品成本的结转 ... 081
- 复习思考题 ... 082
- 测试题 ... 082

第五章　生产类型与产品成本计算方法 ············ 089
第一节　生产类型特点及管理要求对成本计算方法的影响 ············ 089
第二节　产品成本计算的主要方法 ············ 091
复习思考题 ············ 093
测试题 ············ 093

第六章　产品成本计算的品种法 ············ 095
第一节　品种法的意义和特点 ············ 095
第二节　品种法的程序与应用 ············ 096
复习思考题 ············ 105
测试题 ············ 105

第七章　产品成本计算的分批法 ············ 113
第一节　分批法的含义与特点 ············ 113
第二节　分批法的程序与应用 ············ 115
复习思考题 ············ 121
测试题 ············ 122

第八章　产品成本计算的分步法 ············ 128
第一节　分步法的特点与程序 ············ 128
第二节　逐步结转分步法 ············ 129
第三节　平行结转分步法 ············ 140
复习思考题 ············ 144
测试题 ············ 144

第九章　产品成本计算的辅助方法 ············ 156
第一节　产品成本计算的分类法 ············ 156
第二节　产品成本计算的定额法 ············ 160
第三节　联产品、副产品、等级产品成本计算 ············ 168
复习思考题 ············ 175
测试题 ············ 175

第十章　成本报表与成本分析 ············ 182
第一节　成本报表概述 ············ 182
第二节　成本报表的编制 ············ 184
第三节　成本报表的分析 ············ 195
复习思考题 ············ 206

测试题 ··· 206

第十一章　作业成本法 ··· 211
　第一节　作业成本法概述 ··· 211
　第二节　作业成本计算的基本程序及例解 ··· 216
　第三节　作业成本法的评价和适用范围 ··· 221
　　复习思考题 ··· 225
　　测试题 ··· 225

测试题参考答案 ··· 232

模拟试题及参考答案 ··· 272

附录 ··· 291
　关于印发《企业产品成本核算制度(试行)》的通知 ··· 291

第一章 总 论

第一节 成本会计的概念与对象

一、成本会计的概念与成本的含义

成本会计是会计学的一个分支,是以成本为对象的一种专业会计。因此要了解成本会计及其对象,必须先了解什么是成本。

成本这个概念在不同的学科或相同学科的不同分支中,有着不同的解释。

在经济学中,成本是指商品价值中已经耗费的需要在产品销售收入中获得补偿的那部分价值,即已经消耗的生产资料的转移价值和活劳动消耗的价值。根据马克思的成本价格理论,商品价值(W)=物化劳动价值(C)+活劳动价值(V)+剩余价值(M),所以产品成本是前两部分之和(C+V),其经济内容包括三个方面:首先是产品生产过程中消耗的劳动对象的转移价值,如材料耗费、燃料耗费、动力耗费等;其次是产品生产过程中劳动资料磨损转移的价值,如机器设备、厂房等固定资产的折旧费,工具、器具等低值易耗品的摊销费;最后是劳动者的社会必要劳动转移的价值,表现为工资及其他工资性支出。上述三个方面构成了产品理论成本的内容。

在财务会计中,成本是为取得资产或某种利益发生的资金耗费,如将各种资产的购置支出定义为资产的取得成本。成本的实质是价值牺牲或利益放弃,主要表现为资金的耗费,目的是为了形成资产。所以,成本是一个资产的计价概念,而不是一个独立的会计要素。

在成本会计中,成本是指对企业生产经营过程中各种经济资源价值牺牲进行对象化计算的数额。生产经营过程,也是各种经济资源的价值牺牲或耗费过程。在这个过程中,企业为了获得一定形式的资产,就必须投入人、财、物资源。这些资源经过一定的生产经营转换(如制造加工阶段),变换为另一种形态的资产(如产成品、半成品或在产品)。那么,为了正确确定产品这项资产的价值,就必须以产品为对象,对制造加工过程中所耗费的各种经济资源进行系统的确认、计量和归集以计算其取得成本。在制造企业中,由于生产经营的阶段性特别明显,成本计算在不同的阶段就具有不同的成本计算对象。例如在原材料采购阶段,其成本计算对象就是企业所采购的各种原材料,据此所计算的成本称为原材料的采购成本;在生产阶段,其成本计算对象就是企业所生产的各种产品,据此所计算的成本称为产品生产成本。

在成本会计中，产品成本是它的核心概念。从成本的一般含义出发，我们可以将产品成本定义为，产品成本是指企业为了生产一定种类和数量的产品而发生的生产耗费。事实上，产品成本属于成本，但成本并不等于产品成本。由于成本与管理结合密切，成本的内容往往要服从于管理的需要，因此，成本是一个发展的概念。随着社会经济的发展，企业管理要求的提高，成本概念和内涵都在不断地发展、变化，人们所能感受到的成本范围逐渐地扩大。从其过程结构上看，它已不仅仅只是局限于生产过程的成本，而是伴随着产品的设计、开发、生产、销售和使用的全过程。从其内容结构上看，它已不仅仅只是考虑与生产、销售和售后服务相关的直接消耗的物化劳动和活劳动的价值，而是对事前、事中、事后成本的一种全面考虑。就所涉及的对象而言，成本又是一个含义既广又深的综合性概念。它已不仅仅只是人们所熟悉的生产成本问题，而是随着会计管理职能的逐渐扩大所引入的诸如质量成本、差别成本、边际成本、机会成本、战略成本和环境成本等众多新型的成本范畴。

二、成本与费用

成本与费用是一组既有紧密联系又有一定区别的概念。区分成本与费用是非常重要的。成本是指生产某种产品、完成某个项目或者说做成某件事情的代价，也即发生的耗费总和，是对象化的费用。费用是指企业在获取当期收入的过程中，对企业所拥有或控制的资产的耗费；是会计期间与收入相配比的成本。成本代表经济资源的牺牲，而费用是会计期间为获得收益而发生的成本。

在财务会计中，成本可以分为未耗成本与已耗成本两大类。未耗成本是指可在未来的会计期间产生收益的支出，此类成本在资产负债表上列为资产项目；例如设备、存货及应收账款等。已耗成本则是指本会计期间内已经消耗，且在未来会计期间不会创造收益的支出。这类成本又可分为费用和损失。前者在利润表上列为当期收益的减项，例如已销产品的生产成本及各项期间费用等；后者则因无相应利益的产生，而在利润表上列为营业外支出等项目，例如火灾、水灾等自然灾害造成的损失。

成本与费用的关系可表述如图 1-1 所示。

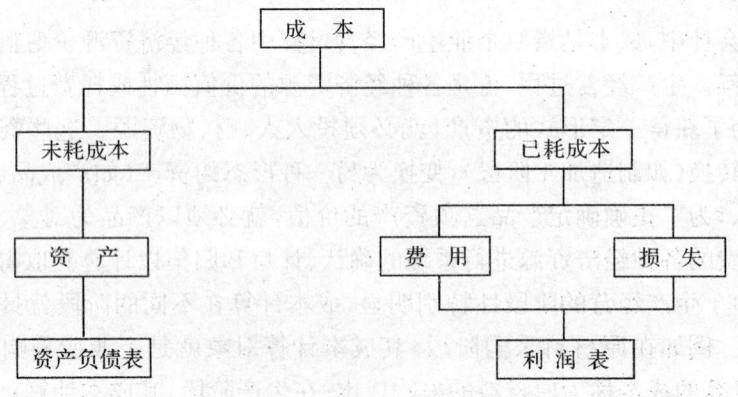

图 1-1　成本与费用的关系

综上所述,由于经济环境不同、行业特点不同,导致人们对成本的内涵有不同的理解。但是,成本的经济内容归纳起来有两点是共同的:一是成本的形成是以某种目标为对象的。目标可以是有形的产品或无形的产品,也可以是某种服务。二是成本是为实现一定的目标而发生的耗费,没有目标的支出则是一种损失,不能叫作成本。

第二节 成本会计的职能与任务

一、成本会计的职能

成本会计的职能,是指成本会计作为一种管理经济的活动,在生产经营过程中所能发挥的功能与作用。现代成本会计的主要职能有以下七个方面。

(一) 成本预测

成本预测是指根据与成本有关的各种数据及其各种技术经济因素的依存关系,采用一定的程序、方法和模型,对未来的成本水平及其变化趋势作出科学的推测。通过成本预测,可以减少经营活动的盲目性,有利于选择最优方案,挖掘降低成本、费用的潜力。成本预测是进行成本决策和编制成本计划的基础。

(二) 成本决策

成本决策是指在成本预测的基础上,按照既定或要求的目标,运用专门的方法,在若干个与经营活动成本有关的方案中,选择最优方案,据以制定目标成本方案进行比较分析,从中选择最优方案确定目标成本的过程。进行成本决策,确定目标成本是编制成本计划的前提,也是实现成本的事前控制、提高经济效益的重要途径。

(三) 成本计划

成本计划是根据成本决策所制定的目标成本,具体规定在计划期内为完成经营任务所需支出的成本、费用,确定各个成本对象的成本水平,并提出为达到目标成本水平所应采用的各种措施。成本计划是降低成本、费用的具体目标,也是进行成本控制、成本分析和成本考核的依据。

(四) 成本控制

成本控制是指在经营活动过程中,根据成本计划具体制定原材料、燃料及动力和工时等消耗定额和各项费用定额,对各项实际发生的成本、费用进行审核、控制,并及时反馈实际费用与标准之间的差异及其原因,进而采取措施,以保证成本计划的执行。

(五) 成本核算

成本核算是对经营活动过程中实际发生的成本、费用按照一定的对象和标准进行归集和分配,并采用适当的成本计算方法,计算出各该对象的总成本和单位成本。成本核算是成本会计工作的核心。成本核算的过程,既是对产品生产过程中的各种劳动耗资进行如实反映的过程,也是对产品生产过程中各种费用的发生实施控制的过程。通过成本核算提供的资料,可以反映成本计划的完成情况,为编制下期成本计划,进行未来的成本预测和成本决策提供依据。

（六）成本分析

成本分析是根据成本核算所提供的成本数据和其他有关资料，通过与本期计划成本、上年同期实际成本、本企业历史先进成本水平，以及国内外先进企业的成本等进行比较，分析成本水平与构成的变动情况，研究成本变动的因素和原因，挖掘降低成本的潜力。成本分析一般在事后进行，其主要内容包括全部产品成本计划完成情况分析、可比产品成本计划完成情况分析、单位产品成本分析、生产费用预算执行情况分析、主要经济技术指标变动对成本影响的分析、国内外同类产品成本对比分析等。通过成本分析，可以为成本考核提供依据，为未来成本的预测和决策，以及编制新的成本计划提供资料。

（七）成本考核

成本考核是指企业将计划成本或目标成本指标进行分解，制定企业内部的成本考核指标，分别下达给各内部责任单位，明确它们在完成成本指标时的经济责任，并定期对成本计划的执行结果进行评定和考核。成本考核应当与奖惩制度相结合，根据成本考核的结果进行奖惩，以便充分调动企业职工执行成本计划、提高经济效益的积极性。

成本会计的各项职能是相互联系、相互补充的一个有机整体。在这一体系中，成本核算是成本会计最基本最重要的职能。成本预测、决策、计划，必须以过去的成本核算资料为重要依据；成本控制也需依据成本核算提供的各种信息实施控制；成本考核和成本分析更需要成本核算提供成本计划实际完成情况的数据资料。没有成本核算就没有成本会计，没有成本核算职能，也就不存在成本会计的其他职能。只进行成本核算和分析的成本会计是狭义的成本会计；对成本进行预测、决策、计划、控制、核算、分析和考核的成本会计是现代的广义的成本会计，实际上也就是成本管理。

二、成本会计的任务

作为会计的一个重要分支的成本会计，是企业经营管理的一个重要组成部分。因此，成本会计的任务受企业经营管理的要求所决定。但是，成本会计不可能全面地实现企业经营管理各个方面的要求，而只能在成本会计对象和职能的范围内，为企业经营管理提供所需的数据和信息，并参与经营管理，以达到降低成本、费用，提高经济效益的目的。因此，成本会计的任务还受成本会计的对象和职能所制约。

根据企业经营管理的要求，适应成本会计对象和职能的特点，成本会计的任务是：

（1）对企业发生的各项费用进行审核、控制，制止各种浪费和损失，以节约费用、降低成本。

（2）核算各种生产费用、经营管理费用和产品成本，为企业生产经营管理提供所需的成本、费用数据。

（3）分析各项消耗定额和成本计划的执行情况，进一步挖掘节约费用、降低成本的潜力。

第三节 成本会计的组织

一、成本会计的基础工作

成本会计主要是对企业为生产产品所发生的各项经济资源耗费进行归集、汇总和分配。要正确计算产品的生产成本,必须做好以下各项基础工作。

(一) 建立健全原始记录制度

为了保证成本计算所依据的各项数据资料真实可靠,企业必须建立和健全原始记录制度。所谓原始记录制度,是指按照规定的格式,对企业生产经营活动中的具体情况所做的最初记载。它是反映企业生产经营情况的第一手材料,是编制成本计划、制定各项定额的主要依据,是成本管理的重要基础。企业应建立各方面的原始凭证,统一规定其格式、内容和计算方法,健全原始凭证的填写、签署、传递、汇总、存档等制度,保证全面、准确、及时地提供有关信息。

在成本会计中,企业应建立和健全的原始记录主要有:

(1) 原材料方面的原始记录,如原材料的验收入库、生产领用、退库、盘盈盘亏报告等记录。

(2) 设备利用方面的原始记录,如设备调拨、事故、报废以及运转等记录。

(3) 工时耗费方面的记录,如职工工作岗位分配、调动、工时利用情况以及劳动工资记录。

(4) 其他耗费的原始记录,如动力消耗、服务费用、其他费用支出等记录。

(5) 生产方面的原始记录,如生产计划任务书、在产品转移、废品损失、产成品及半成品的交库记录。

(6) 产品质量检验记录等。

(二) 建立健全定员定额管理制度

定员定额是指在企业的生产经营活动中,对人力、物力、财力的配备、利用和消耗以及获得成果等方面所应遵循的标准和应达到的水平。定额管理是成本管理的基础,是进行成本预测、决策、计划、控制和考核的依据,也是衡量经营成果的尺度。没有科学的定额就难以制订先进可行的成本计划,考核经济效益也就失去了科学依据。

在成本会计中,企业应制定的定员定额主要有:

(1) 物资消耗方面的定额,如单位产品原材料消耗定额、各种辅助材料消耗定额、工具器具消耗定额等。

(2) 劳动方面的定额,如单位产品工时消耗定额、机器设备定员、科室管理人员配备定额、产品包装及质量检验人员定额等。

(3) 动力消耗定额如单位产品或生产车间耗用水、电、汽、油等定额、非生产用动力消耗定额等。

(4) 费用定额,如车间科室的办公费用、差旅费用、劳动保护费用、职工培训费用以及其他有关费用定额等。

(5) 机器设备停工检修定额、废品率定额等。

为了保证生产耗费得到有效的控制,企业必须从实际出发,做好定员定额工作。定员定额既不能定得过高,也不能定得过低。因为如果定得过高,作出很大努力也无法达到,将会挫伤职工的积极性;而如果定得过低,只要稍加努力就能达到,起不到鼓励先进、鞭策落后的作用。所以,制定定员定额是一项综合性的工作,企业必须认真对待,动员各有关部门和人员,在全面测算的基础上科学地加以制定,使所制定的定员定额既先进又合理。

(三) 建立健全材料物资验收、领发、计量、盘存制度

物资管理制度是指企业关于材料物资和产品的计量、检验、出入库、盘存等方面的规定。企业一切物资的收发领退,都要经过严格的计量和交接手续,按规定的内容填写有关凭证,如收料单、领料单、退库单、产品交库单等,并由经办人员和有关部门签字;对于库存的物资,还应定期进行清查盘点,分析盘盈盘亏的原因,保证物资的安全完整,为正确计算产品成本提供可靠依据。

(四) 建立健全内部结算制度

企业内部的结算制度,是企业内部各部门单位之间相互提供产品和劳务进行收付结算的一种制度,包括建立内部结算制度和制定内部结算价格。建立内部结算制度,有利于明确各部门单位之间的经济责任,便于进行成本责任的考核,确定各自的工作业绩。进行内部结算还需制定内部结算价格。内部结算价格一般根据计划成本来确定,也可采用协议价格。内部结算价格一经确定,应保持相对的稳定,不宜随意变动。

(五) 建立健全责任考核制度

成本责任考核制度是适应经济责任制的要求,以成本责任单位为对象,以责任成本为内容的一种内部控制考核评价制度。其主要内容是:根据分级管理的原则,在企业内部设立若干成本单位,将企业的成本目标进行层层分解,分配落实到各个责任单位。各个责任单位对本单位的责任成本负责,厂长对全厂的全部成本负责。通过责任成本核算,反映实际与预算数的差异,并分析其形成原因,对各责任单位的工作实绩作出客观评价,按照制度的办法实施奖惩。

二、成本会计工作机构

企业的成本会计机构,是在企业中直接从事成本会计工作的机构。由于成本会计工作是会计工作的一部分,因而企业的成本会计机构一般是企业会计机构的一部分。以工业企业为例,厂部的成本会计机构一般设在厂部会计部门中,是厂部会计处的一个科,或者厂部会计科的一个组。厂部供、产、销等职能部门和下属生产车间等,可以设置成本会计组或者配备专职或兼职的成本会计或成本核算人员,这些单位的成本会计机构或人员,在业务上都应接受厂部成本会计机构的指导和监督。

成本会计机构内部的组织分工,可以按成本会计的职能分工,例如将厂部成本会计科分为成本核算和成本分析等小组;也可以按成本会计的对象分工,例如分为产品

成本和经营管理费用等小组。为了科学地组织成本会计工作,还应按照分工建立成本会计岗位责任制,使每一项成本会计工作都有人负责。

企业内部各级成本会计机构之间的组织分工,有集中核算和分散核算两种方式。

(一) 集中核算

集中核算方式,是指成本会计工作中的核算、分析等各方面工作,主要由厂部成本会计机构集中进行;车间等其他单位中的成本会计机构或人员只负责登记原始记录和填制原始凭证,对它们进行初步的审核、整理和汇总,为厂部进一步工作提供资料。在这种方式下,车间等其他单位大多只配备专职或兼职的成本会计或核算人员。

采用集中核算方式,厂部成本会计机构可以比较及时地掌握企业有关成本的全面信息,便于集中使用电子计算机进行成本数据处理,还可以减少成本会计机构的层次和成本会计人员的数量。但不便于实行责任成本核算,不便于直接从事生产经营活动的各单位和职工及时掌握本单位的成本信息,因而不利于调动他们自我控制成本和费用、提高经济效益的积极性。

(二) 分散核算

分散核算方式,是指成本会计工作中的核算和分析等方面工作,分散由车间等其他单位的成本会计机构或人员分别进行。厂部成本会计机构负责对各下属成本会计机构或人员进行业务上的指导和监督,并对全厂成本进行综合的核算、分析等工作。

分散核算方式的优缺点与集中核算方式的优缺点恰好相反。

企业应该根据规模大小,内部各单位经营管理的要求,以及这些单位成本会计人员的数量和素质,从有利于充分发挥成本会计工作的职能作用、提高成本会计工作的效率出发,确定采用哪一种核算方式。大中型企业一般采用分散核算方式,中小型企业一般采用集中核算方式。为了扬长避短,也可以在一个企业中结合采用两种方式,即对某些单位采用分散核算方式,而对另一些单位则采用集中核算方式。

三、成本会计的法规和制度

成本会计的法规和制度是组织和从事成本会计工作必须遵守的规范,是会计法规和制度的重要组成部分。制定和执行成本会计的法规和制度,可以使企业的成本会计工作贯彻执行国家有关的方针、政策,保证成本会计资料真实、规范、及时、有用。

(一) 制定成本会计法规和制度的原则

成本会计法规和制度,应该按照统一领导、分级管理的原则制定。全国性的成本会计法规和制度,应由国务院和财政部统一制定。每一个企业的成本会计制度或办法,应由企业根据国家的有关规定,结合企业的实际情况制定。

成本会计法规和制度的制定,既要满足企业成本管理和生产经营管理的要求,又要满足国家宏观经济管理的要求,还应适当简化手续,力求做到简明实用,以便贯彻执行,并节约成本会计工作的人力和费用。

(二)成本会计法规和制度的种类

与成本会计有关的法规和制度,可以分为以下四类。

1. 企业会计准则

企业会计准则是经国务院批准,由财政部发布的企业进行会计工作的基本准则。同时,财政部还根据《企业会计准则》的基本要求,制定了一系列对企业各类经济业务进行会计处理的具体准则。其中与成本会计有关的准则,是规范成本会计工作的重要法规。

2. 企业会计制度

财政部按照《企业会计准则》的要求,在企业会计的各项具体准则实施的同时,还制定了《企业会计制度》。企业的成本会计工作,还必须遵循《企业会计制度》的有关规定。

3. 企业自身会计制度

企业根据《企业会计准则》和《企业会计制度》,结合本企业具体条件自行制定的会计制度。企业的成本会计工作,是本企业会计工作的重要组成部分,企业的成本会计工作也应符合本企业会计制度的规定。

4. 企业的成本会计制度、规程或办法

各企业为了具体规范本企业的成本会计工作,还应根据上述各种法规和制度,结合本企业生产经营的特点和管理的要求,具体制定本企业的成本会计制度、规程或办法。它是企业进行成本会计工作具体的直接的依据。

企业成本会计机构的成本会计人员,应该在总会计师和会计主管人员的领导下,按照上述各种法规和制度的规定,分工协作、互相配合,并且组织职工群众,共同做好成本会计工作,充分发挥成本会计的各种职能作用。

复习思考题

1. 什么是成本?什么是生产费用?如何正确理解这两个概念之间的关系?
2. 产品生产与生产费用之间的关系如何?
3. 成本会计的职能和作用包括哪些?
4. 成本会计制度应包括哪些内容?
5. 什么是原始记录制度?建立和健全原始记录制度有何意义?企业应建立哪些原始记录?
6. 什么是定员定额?在成本计算中制定定员定额有何意义?
7. 谈谈建立和健全材料物资验收领发计量和盘存制度有何重要性?
8. 如何建立健全成本核算制度?
9. 什么是成本会计法规制度?具体内容包括哪些?

测 试 题

一、单项选择题

1. 产品成本是指企业生产一定种类、一定数量的产品所支出的各项(　　)。
   A. 生产费用之和　　　　　　　　　　B. 生产经营管理费用总和

C. 经营管理费用总和　　　　　　D. 料、工、费及经营管理费用总和
2. 成本会计最基础的职能是(　　)。
   A. 成本分析　　　B. 成本核算　　　C. 成本控制　　　D. 成本决策
3. 下列说法中,不正确的是(　　)。
   A. 成本决策应建立在成本预测的基础上
   B. 进行成本决策是编制成本计划的前提
   C. 成本考核是进行成本分析和成本控制的依据
   D. 成本核算是成本会计最基本的职能
4. 正确计算产品成本,应该做好的基础工作是(　　)。
   A. 正确划分各种费用界限　　　　B. 确定成本计算对象
   C. 建立和健全原始记录工作　　　D. 各种费用的分配
5. 按照马克思的劳动价值学说,理论成本是产品价值中(　　)的货币的表现。
   A. C　　　　　B. C+V　　　　　C. C+V+M　　　　　D. C+M

二、多项选择题

1. 成本会计的职能包括(　　)。
   A. 成本预测、决策　　　　　　B. 成本核算、分析
   C. 成本计划　　　　　　　　　D. 成本控制
   E. 成本考核
2. 成本会计机构内部的组织分工有(　　)。
   A. 按成本会计的职能分工　　　B. 按成本会计的对象分工
   C. 集中工作方式　　　　　　　D. 分散工作方式
   E. 统一工作方式
3. 成本具有下列重要作用：(　　)。
   A. 成本是生产经营耗费的补偿尺度　　B. 成本是重要的经济指标
   C. 成本是制定价格的重要依据　　　　D. 成本是进行生产经营决策的重要参考

三、判断题

1. 成本属于费用,因而费用就是成本。　　　　　　　　　　　　　　　　　(　　)
2. 成本实质上是生产经营进程中所耗费的生产资料转移价值的货币表现。　(　　)
3. 成本会计的对象可以概括为各行业企业生产经营业务的成本和有关的经营管理费用。(　　)
4. 确定目标成本是成本计划的职能。　　　　　　　　　　　　　　　　　　(　　)
5. 定额费用是指一定产量下按照消耗定额计算的可以消耗的数量的货币表现。(　　)
6. 分散工作方式有利于进行责任成本核算。　　　　　　　　　　　　　　　(　　)
7. 成本预测和成本计划是成本会计的最基本的内容。　　　　　　　　　　　(　　)

第二章 制造业成本核算的要求和一般程序

第一节 制造业成本核算概述

一、制造业产品生产与生产费用

制造业就是专门从事产品生产的企业,其生产目的是向社会提供商品产品,满足人民生活和各方面消费的需要,同时从中获取利润。制造业的成本核算是对生产经营过程中发生的生产费用,按经济用途进行分类,并按一定对象和标准进行归集和分配,以计算确定各该对象的总成本和单位成本。

制造业产品的生产过程,同时也是生产的耗费过程。在生产经营活动中,会发生各种耗费,如原材料、燃料、辅助材料、动力、机器设备的耗资,还要支付工人和管理人员的劳动报酬以及各项经营管理费用等。制造企业在一定时期(一个月、一年)内发生的、能够用货币表现的生产耗费,称作生产费用。为生产一定种类、一定数量的产品所支出的各种生产费用的总和,称作产品成本。

生产费用和产品成本是一对既有区别又有联系的概念。首先,产品成本是对象化的生产费用,产品成本是相对于一定的产品而言所发生的费用,它是按照产品品种等成本计算对象对当期发生的生产费用进行归集所形成的。因此,生产费用的发生过程同时也是产品成本的形成过程。其次,生产费用是指某一期间为进行生产而发生的费用,并与一定的期间相联系;产品成本是指为生产一种或几种产品而消耗的生产费用,它与一定种类和数量的产品相联系。

成本核算是成本会计的核心内容,包括生产费用汇总的核算和产品成本计算两部分内容。生产费用的汇总,首先必须根据成本开支范围,对生产费用进行审核和控制,然后采用一定程序将生产费用按其发生地点和用途进行记录归集,并采用一定标准在各成本计算对象间进行分配,以汇总所耗费的费用总数。成本计算就是将汇总的生产费用按照成本计算对象,采用一定的标准和方法进行分配,计算出各个对象的总成本和单位成本。在制造业中,由于一个企业往往生产多种产品,而且月末通常存在一部分产品尚未完工,因此就需要将发生的生产费用在各种产品之间、产成品和在产品之间进行分配,以求得各种产品的总成本和单位成本。

产品成本计算按其所包括的范围,可分为制造成本计算、完全成本计算和变动成本计算等三种方法。国际通用的产品成本计算方法为制造成本计算法。所谓制造成本计算,是指在计算产品成本时,只包括直接材料、直接人工、制造费用(包括变动和固定两部分),其余支出和耗费均不计入,即把管理费用、营业费用、财务费用作为期间费用直接计入当期损益。本书以后章节主要介绍制造成本计算法。

二、成本计算对象的确定

(一) 成本计算对象的含义

成本计算是在汇集一定时期发生的费用的基础上,运用一定的计算程序和方法,将费用按照确定的成本计算对象进行归集和分配,最终计算出各个成本计算对象的总成本和单位成本的一种方法。

所谓成本计算对象,是指需要对其进行成本计量和分配的项目,如产品、服务、客户、部门、项目或作业,等等。例如,如果我们想知道生产一辆家庭轿车得花多少钱,那么成本计算对象是家庭轿车;如果我们想知道航空公司的一条从上海开往纽约航班的成本,那么成本计算对象就是该条航线的服务;如果我们想知道某一通讯设备的开发成本,那么成本计算对象就是该通讯设备的开发项目。因此,成本计算对象是为了计算经营业务成本而确定的归集经营费用的各个对象,也是成本的承担者。成本计算对象可以是一种产品、一项服务、一位顾客、一张订单、一纸合同、一个作业,或是一个部门。

近年来,作业开始成为重要的成本计算对象。作业是一个组织内部分工的基本单元。作业还可以定义为组织内行动的集合,它将有助于管理人员进行计划、控制和决策。在成本分配中,作业扮演着重要角色,成为现代成本会计系统的必要组成部分。

(二) 成本计算对象的构成要素

成本对象,是以一定时期和空间范围为条件而存在的成本计算实体。企业的任何经营成果都是依存于一定的时空范围而产生的。确定成本计算对象,不仅要认定计算什么产品(或劳务)的成本,而且要认定是什么地点、什么时期生产出来的产品。通常,成本对象由三个要素构成。

1. 成本计算实体

成本计算实体是指承担费用的企业经营成果的实物形态。对于生产性企业而言,成本计算实体可以划分为某种产品、某批产品和某类产品的产成品或半成品;对于劳务性企业而言,往往不存在有形的成本计算实体,而只能根据劳务的性质确定,如运输企业的货运和客运、商贸企业的批发和零售等。

2. 成本计算期

成本计算期是指归集费用、计算企业成本所规定的起讫日期,也就是每次计算成本的期间。生产性企业按其生产特点,可分别按产品的生产周期和日历月份为成本计算期;劳务性企业一般均以日历月份为成本计算期。

3. 成本计算空间

成本计算空间是指费用发生并能组织企业成本计算的地点(部门、单位)。生产性企业的成本计算空间可分为全厂和各生产步骤,劳务性企业可划分为各部门和各单位。

第二节　生产费用的分类

生产费用的分类是正确计算产品成本的重要条件。制造企业在生产经营过程中发生的耗费是多种多样的,为了正确地进行成本核算,满足企业成本管理的要求,应对生产费用按照一定的标准进行分类。

一、生产费用按经济内容的分类

生产费用按经济内容(性质)划分,可分为劳动对象、劳动手段和活劳动方面的耗费,统称为制造企业的生产费用的三大要素。具体可分为以下各项费用要素。

1. 外购材料、燃料

外购材料、燃料是指企业为进行生产而耗用的一切从外部购入的原料、主要材料、辅助材料、半成品、包装物、修理用备件、低值易耗品以及各种燃料,包括液体燃料、气体燃料和固体燃料。

2. 外购动力

外购动力是指企业为进行生产而耗用的一切从外单位购入的各种动力,如供电局提供的电力等。

3. 工资

工资是指企业所有应计入制造成本和期间费用的工人和职员的工资。

4. 计提的职工福利费

计提的职工福利费是指企业按照工资总额的一定比例计提的、用于职工福利方面的支出。

5. 折旧费

折旧费是指企业按照规定方法计提的固定资产折旧费用。

6. 利息支出

利息支出是指企业按规定计入生产费用的借款利息支出减去利息收入后的净额。

7. 税金

税金是指企业应缴纳并计入管理费用的各种税金,如房产税、印花税、土地使用税和车船税等。

8. 其他支出

其他支出是指不属于以上各要素的费用支出。如差旅费、办公费、邮电费、租赁费、保险费及诉讼费等。

二、生产费用按其经济用途的分类

生产费用按其经济用途划分,可分为制造成本和非制造成本(期间成本)。

(一)制造成本

制造成本,亦称生产成本,是指企业为生产一定种类、一定数量的产品所支出的各种生产费用之和。根据制造成本的具体用途，可进一步划分为若干个项目，一般可设置以下三个成本项目。

1. 直接材料

直接材料是指企业生产经营过程中直接耗用的、并构成产品实体的原料及主要材料、辅助材料等。

2. 直接人工

直接人工是指企业直接从事产品生产人员的工资及福利费。

3. 制造费用

制造费用是指企业内部各生产单位为组织生产和管理生产所发生的各项费用。如车间固定资产折旧费、维修费、保险费、机物料消耗、车间管理人员工资、水电费、办公费等。

对于上述成本项目，企业可根据其生产特点和管理要求，增设成本项目。例如，在废品较多且废品损失在产品成本中所占比重较大的情况下，企业可增设"废品损失"成本项目；在采用逐步结转分步法计算产品成本的企业，为了计算和考核半成品的成本，可增设"自制半成品"成本项目；等等。

（二）非制造成本（期间成本）

非制造成本，亦称非生产成本。它是指产品在销售和管理过程中发生的各项费用，是与企业的销售、经营和管理活动相关的成本，主要包括以下内容。

1. 销售费用

销售费用是指企业在销售产品、自制半成品和提供劳务等过程中发生的各项费用，以及为销售本企业产品而专设销售机构的各项费用。也就是指与企业销售活动有关的成本，如广告费、运输费、装卸费、包装费、展览费、销售佣金、销售部门人员工资、福利费、折旧费和办公费等。

2. 管理费用

管理费用是指企业行政管理部门为组织和管理生产活动发生的各项费用。它是与企业的生产和销售活动没有直接关系的成本，如企业行政管理人员的工资、工会经费、诉讼费、排污费、保险费、技术转让费、坏账损失和业务招待费等。

3. 财务费用

财务费用是指企业为筹集资金而发生的各项费用，具体包括企业生产经营期间发生的利息支出（减利息收入）、汇兑净损失、金融机构手续费及筹资发生的其他费用等。

需要指出，对于为购建固定资产而筹集资金所发生费用的处理，按现行会计制度规定，应以固定资产是否交付使用作为时间界限。在固定资产尚未交付使用之前发生的借款费用，应计入有关固定资产价值内，交付使用之后发生的应计入当期损益。

由于非制造成本与产品的生产无直接关系，而与生产经营期直接有关，因此这些费用又可称为期间成本。期间成本不计入产品成本，只需按一定的期间进行汇总，然后直接计入当期损益。

三、生产费用的其他分类方法

(一) 直接生产费用和间接生产费用

生产费用按其与工艺过程的关系,可以分为直接生产费用和间接生产费用。

1. 直接生产费用

直接生产费用是指其发生与产品的生产工艺过程直接相关的生产费用,如产品生产过程中直接耗用的原材料、生产工人的工资等。

2. 间接生产费用

间接生产费用是指其发生与产品的生产工艺过程没有直接关系的生产费用,如机物料消耗、辅助生产工人工资和车间厂房的折旧费用等。

(二) 直接计入费用和间接计入费用

生产费用按其计入产品成本的方法,可分为直接计入费用和间接计入费用。

1. 直接计入费用

直接计入费用是指费用发生时,就能明确归属于某一成本计算对象,并能直接计入该成本计算对象的费用,如某种产品生产中单独领用的材料、生产工人的计件工资等。

2. 间接计入费用

间接计入费用简称间接费用,是指费用发生时无法归属于某一成本计算对象,必须先按地点或用途进行归集,然后通过分配间接计入各成本计算对象的费用(一般称为分配计入费用),如制造费用应先按车间归集,然后采用一定的标准分配给本车间生产的各种产品负担。

生产费用按其计入产品成本方法的分类,符合费用分配的受益原则,即谁受益谁负担费用,负担费用的多少与受益程度的大小成正比。具体来讲,就是凡属能够分清哪种产品所耗用的直接费用,都应直接计入受益产品的成本,不得归入间接费用。只有那些不能分清哪种产品所耗用的间接费用,才能采用合理的标准通过分配,计入各受益产品的成本,使受益多的多负担,受益少的少负担。因此,这种分类,对正确计算产品成本具有十分重要的意义。

直接生产费用大多是直接计入费用,例如,原材料费用大多能够直接计入某种产品成本;间接生产费用大多是间接计入费用,例如,机物料大多只能按照一定标准分配计入有关的产品成本。但也不都是如此。例如,在只生产一种产品或提供一种劳务的企业或车间中,直接生产费用和间接生产费用都可以直接计入该种产品成本,都是直接计入费用;在用同一种原材料、经过同一个生产过程、同时生产出几种产品的联产品生产企业中,直接生产费用和间接生产费用都不能直接计入某种产品成本,都是间接计入费用。

第三节 制造业成本核算的要求

制造业在产品生产过程中,会发生各种各样的费用,为了保证企业产品成本的正确性,必须对发生的费用进行审核和控制,正确划分各种费用支出的界限;并要根据企业生产特点和管理要求,选择适当的成本计算方法。为了做好成本核算工作,充分发挥成本核算的作用,在成本核算中,应符合以下各项要求。

一、严格执行国家规定的成本开支范围和费用开支标准

成本开支范围是根据企业在生产过程中的生产费用的不同性质,根据成本的内容以及加强经济核算的要求,由国家统一制定的。企业进行成本核算,首先要根据国家有关的法规和制度,以及企业的成本计划和相应的消耗定额,对企业的各项费用进行审核,看应不应该开支;已经开支的,应不应该计入产品成本。例如,企业为生产产品所发生的各项费用应列入产品成本,企业进行基本建设、购建固定资产及与企业正常生产经营活动无关的营业外支出等费用的支出,不能列入产品成本。

二、正确划分各种费用支出的界限

企业发生的费用,有的可以计入产品成本,有的不能计入产品成本;而应列入期间成本。为了正确计算产品成本,反映企业真实的盈利水平,必须正确划分以下五个方面的界限。

1. 正确划分收益性支出与资本性支出的界限

企业的经济活动是多方面的,企业发生的支出也是多方面的。企业的支出,并不都是费用支出。例如,企业购置和建造固定资产、购买无形资产以及进行对外投资,这些活动都不是企业日常的生产经营活动,其支出都属于资本性支出,不属于费用支出;凡是企业在生产经营过程中发生的各项耗费,都属于费用支出。为此,企业必须根据《企业会计准则》和其他有关规定,正确划分收益性支出与资本性支出。

2. 正确划分产品制造成本和期间成本的界限

企业发生的费用,并不都是成本费用。在产品制造业中,生产一定种类和数量的产品而发生的材料耗费、工资等生产费用应计入产品成本。产品成本要在产品完成(或劳务提供)并在收入实现以后才转化为费用,计入企业的损益。

为销售产品而发生的销售费用,为管理和组织企业生产经营活动而发生的管理费用,以及为筹集资金而发生的财务费用均是在经营过程中发生的,与产品生产无直接关系,因而作为期间费用直接计入当期损益,从当期利润中扣除。为了正确计算产品成本,必须分清哪些支出属于产品的制造成本,哪些应作为期间费用,防止混淆两者的界限。

3. 正确划分各个会计期间的产品成本的界限

企业在生产经营过程中发生的费用,有的应计入当期产品成本,有的应计入以后各期产品的成本。为了按月分析和考核产品成本,正确计算各期的损益,必须将已经发生的费用,在各个月份之间进行正确划分。对于所发生的费用,应按时入账,不能延后,也不能未到时间提前结账。

4. 正确划分不同产品的费用界限

为了便于分析和考核不同产品的成本计划执行情况,对于计入产品成本的生产费用,必须划清不同产品之间所应负担的费用界限。属于某种产品单独耗用的直接费

用,应直接计入各种产品的成本;属于应由几种产品共同负担的间接费用,应选择合理的分配方法分配后,分别计入这几种产品的成本,以正确反映各种产品的成本水平。

5. 正确划分产成品与在产品的费用界限

通过以上费用界限的划分,确定了各成本对象本期应负担的成本费用。期末,如果某种产品都已完工,其各项成本费用之和,就是该产品的完工成本;如果某种产品都未完工,其各项成本费用之和,就是该产品的期末未完工成本;如果某种产品部分完工,部分未完工,就需要采用适当的分配方法,将该成本对象应负担的成本费用在完工产品与在产品之间进行分配,分别计算出该产品的完工成本与未完工成本。

期初在产品成本、本期成本费用、本期完工产品成本和期末在产品成本四者之间的关系,如下式所示:

$$月初在产品成本+本期成本费用=完工产品成本+期末在产品成本$$

以上五个方面费用界限的划分,都应贯彻受益原则,即何者受益何者负担费用,何时受益何时负担费用,负担费用多少应与受益程度大小成正比。这五个方面界限的划分过程,也是产品成本的计算过程。

三、选择适当的成本计算方法

计算成本,是为了满足企业成本管理的需要。因此,企业在进行成本核算时,应根据本企业的具体情况,选择适合于企业特点的成本计算方法进行成本计算。成本计算方法应根据企业生产的特点和管理要求来选择。产品成本是在生产过程中形成的,生产组织和工艺过程不同的产品,应该采用不同的成本计算方法。企业生产的特点按其组织方式,有大量生产、成批生产和单件生产;按工艺过程的特点,有连续式生产和装配式生产。企业采用何种成本计算方法,在很大程度上取决于产品的生产特点。计算产品成本是为了加强成本管理,对管理要求不同的产品,也应该采用不同的成本计算方法。在同一个企业里,可以采用一种成本计算方法,也可以采用多种成本计算方法,即多种成本计算方法同时使用或多种成本计算方法结合使用。

第四节 制造业成本核算的一般程序

成本核算的一般程序,就是对生产费用进行分类核算,将生产经营过程中发生的各项要素费用按经济用途归类反映的过程。为了将生产费用计入各成本计算对象,计算出各成本计算对象的制造成本,有必要建立一个完整的账户体系。

一、成本核算账户的设置

为了核算产品成本,要设置"生产成本"一级账户。为了分别核算基本生产成本和辅助生产成本,还应在该一级账户下,分别设置"基本生产成本"和"辅助生产成本"两个二级账户。企业根据需要,也可以将"生产成本"账户分设为"基本生产成本"和"辅助生产成本"两个一级账户。本教材按分设"基本生产成本"和"辅助生产成本"两个一级账户进行阐述。

1. "基本生产成本"账户

基本生产是指为完成企业主要生产目的而进行的商品产品生产。"基本生产成本"账户核算生产各种产成品、自制半成品、自制材料、自制工具、自制设备等所发生的各项费用。企业生产中发生的直接材料、直接工资等直接费用,直接记入该账户的借方及其有关明细账户。间接费用应先通过"制造费用"账户归集,月终按一定标准分配,记入该账户的借方及其有关明细账户。已完工并验收入库的产成品、自制半成品,应从"基本生产成本"账户的贷方转入"产成品""自制半成品"账户的借方,"基本生产成本"账户的月末余额,就是基本生产在产品的成本。该账户应按产品品种等成本计算对象分设基本生产成本明细账,也称产品成本计算单或产品成本明细账。账中应按成本项目分设专栏或专行,登记各该产品、各该成本项目的月初在产品成本、本月发生的生产费用、本月完工产品成本和月末在产品成本。其一般格式如表2-1所示。

表 2-1 产品成本计算单(基本生产成本明细账)

车间: 产品:

年		摘 要	产量	成 本 项 目			成本合计
月	日			直接材料	直接人工	制造费用	
		月初在产品成本					
		本月生产费用					
		生产费用合计					
		本月完工产品成本					
		完工产品单位成本	—				
		月末在产品成本					

2. "辅助生产成本"账户

辅助生产是指为基本生产服务而进行的产品生产和劳务供应。"辅助生产成本"账户核算为基本生产车间及其他部门提供产品、劳务所发生的各项费用。属于辅助生产的直接材料、直接人工应直接记入"辅助生产成本"账户及其有关明细账户。间接费用可以先通过"制造费用"账户归集,然后再分配转入"辅助生产成本"账户的借方,或者直接记入"辅助生产成本"账户的借方。月终,完工验收入库产品的成本或分配转出的劳务费用,记入"辅助生产成本"账户的贷方,并按各受益部门应负担的费用记入有关账户的借方。该账户月末一般没有余额,如果有余额,就是辅助生产在产品的成本。该账户应按辅助生产车间和生产的产品、劳务分设辅助生产成本明细账。

3. "制造费用"账户

"制造费用"账户核算为企业生产产品和提供劳务而发生的各项间接费用。费用发生时,记入"制造费用"账户的借方及其有关明细账。月终根据企业成本核算办法的规定,按一定标准分配计入有关成本计算对象,从"制造费用"账户的贷方转入"基本生产成本"账户的借方及其有关明细账户。"制造费用"账户应按不同车间、部门设置明细账。除采用年度计划分配法和累计分配法分配制造费用外,该账户月末一般无余额。

为了核算期间费用,还分别设立"销售费用""管理费用""财务费用"账户。企业若需单独核算废品损失和停工损失,还可增设"废品损失"和"停工损失"账户。有关这些账户的内容、结构和具体运用,将在以后章节逐一阐述。

二、成本核算的一般程序

成本核算的一般程序就是对生产过程中发生的各项要素费用,按经济用途归类计入产品成本的过程。

如前所述,制造企业的生产特点各不相同,对成本核算和管理的要求也不尽相同,根据企业的具体情况,可以选用不同的产品成本计算方法。尽管产品成本计算方法不同,但存在着产品成本核算的一般程序。在生产过程中所发生的各种耗费,有的直接计入产品成本,有的要先进行归集,然后经过分配再计入产品成本。月终,对既有完工产品又有月末在产品的产品,需将计入该种产品的生产费用在完工产品和在产品之间进行分配,计算出完工产品和月末在产品成本。完工产品要从生产过程转入成品仓库,经过销售,产品成本流转到主营业务成本账户,以计算销售损益。

产品成本核算的一般程序如下。

1. 根据成本开支范围规定,审核生产费用支出

根据成本开支范围的规定,对各项费用支出进行严格审核,确定应计入产品成本的费用和不应计入产品成本的期间费用。

2. 编制要素费用分配表

对生产中产品所耗用的材料,可以根据领料凭证编制材料费用分配表,发生的人工费用,可根据产量通知单等产量工时记录凭证编制工资费用分配表,等等。凡是能直接记入成本计算对象的费用,根据各要素费用分配表可直接记入"基本生产成本""辅助生产成本"账户及有关明细账户。不能直接计入成本计算对象的费用,先进行归集,记入"制造费用"账户及其有关明细账户。

3. 辅助生产费用的归集和分配

归集在"辅助生产成本"账户及其明细账户的费用,除对完工入库的自制工具等产品的成本转为存货成本外,应按受益对象和所耗用的劳务数量,编制辅助生产费用分配表,据以登记"基本生产成本""制造费用"等账户及有关明细账户。

4. 制造费用的归集和分配

各基本生产车间的制造费用归集后,应分别不同车间,于月终编制制造费用分配表,分配计入本车间的产品成本中,记入"基本生产成本"账户及其明细账户。

5. 完工产品成本的确定和结转

经过以上费用分配,各成本计算对象应负担的生产费用已全部记入有关的产品成本明细账。如果当月产品全部完工,所归集的生产费用即为完工产品成本。如果全部未完工,则为期末在产品成本。如果只有部分完工,则需要采用一定的方法在完工产品与期末在产品之间进行分配,以确定本期完工产品成本,并将完工验收入库的产成品成本从"基本生产成本"账户及其明细账户结转至"产成品"账户及有关明细账户。

6. 已销售产品成本结转

已销售产品的成本要从"产成品"账户及其明细账户转到"主营业务成本"账户及

其明细账户。

成本核算的一般程序,如图 2-1 所示。

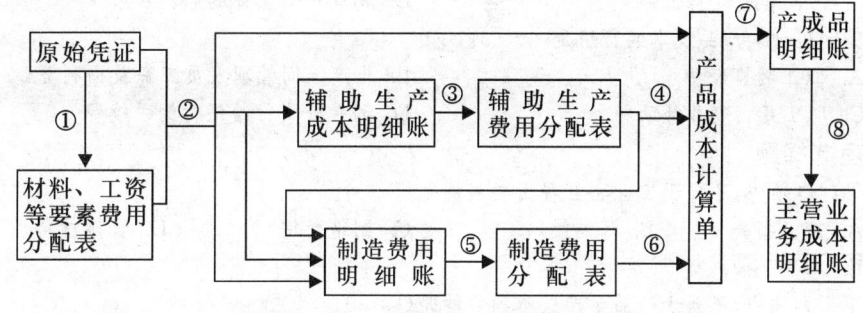

图 2-1　成本核算的一般程序

说明:

① 根据原始凭证编制材料、工资等要素费用分配表。
② 根据原始凭证及各要素费用分配表登记有关明细账。
③ 编制辅助生产费用分配表。
④ 根据辅助生产费用分配表登记有关明细账。
⑤ 编制制造费用分配表。
⑥ 根据制造费用分配表登记有关产品成本计算单。
⑦ 将完工产品成本转入产成品明细账。
⑧ 将已销售产品成本结转主营业务成本明细账。

复习思考题

1. 生产费用与产品成本之间有何联系与区别?
2. 制造业成本计算的一般程序应包括哪几个步骤?
3. 在成本计算中,为什么要确定成本计算对象?如何确定?
4. 如何正确地确定产品成本计算期?什么是成本项目?应如何划分成本项目?
5. 成本核算的要求包括哪些内容?

测 试 题

一、单项选择题

1. 下列各项中,属于产品生产成本项目的是(　　)。
A. 外购动力费用　　B. 制造费用　　C. 工资费用　　D. 折旧费用
2. 下列各项中,属于工业企业费用要素的是(　　)。
　A. 工资及福利费　B. 燃料及动力　C. 工资费用　　D. 原材料
3. 下列各项中,不计入产品成本的费用是(　　)。
　A. 直接材料费用　　　　　　　　B. 辅助车间管理人员工资
　C. 车间厂房折旧费　　　　　　　D. 厂部办公楼折旧费
4. 下列各项中,属于直接计入费用的有(　　)。
　A. 几种产品负担的制造费用　　　B. 几种产品共同耗用的原材料费用
　C. 一种产品耗用的生产工人工资　D. 几种产品共同负担的机器设备折旧
5. 生产车间的管理费用应纳入(　　)。
　A. 管理费用　　B. 期间费用　　C. 制造费用　　D. 当期损益

6. 下列各项费用中,不能直接借记"基本生产成本"账户的是( )。
   A. 车间生产工人福利费　　　　　B. 车间生产工人工资
   C. 车间管理人员工资　　　　　　D. 构成产品实体的原料费用
7. 下列应计入产品成本的费用是( )。
   A. 职工教育经费　　　　　　　　B. 生产车间管理人员工资及福利费
   C. 职工死亡丧葬补助费　　　　　D. 因筹资支付给银行的手续费

二、多项选择题

1. 下列各项中,不属于工业企业费用要素的是( )。
   A. 废品损失　　B. 外购燃料　　C. 制造费用　　D. 直接材料
   E. 工资及福利费
2. 下列各项中,不属于产品生产成本项目的是( )。
   A. 外购动力　　B. 工资费用　　C. 折旧费　　　D. 直接材料
   E. 燃料及动力
3. 应计入期间费用的项目是( )。
   A. 制造费用　　B. 营业费用　　C. 管理费用　　D. 财务费用
4. 下列项目中,不计入产品成本的有( )。
   A. 制造费用　　B. 利息费用　　C. 固定资产盘亏损失　D. 流动资产盘亏损失
5. 制造业进行成本核算时可以设置的成本项目有( )。
   A. 制造费用　　B. 停工损失　　C. 燃料及动力　　D. 辅助生产费用
6. 下列各项中,应计入产品成本的费用有( )。
   A. 专设销售机构人员的工资　　　B. 车间管理人员的工资
   C. 车间生产工人的工资　　　　　D. 企业管理部门人员的工资
7. 下列属于按经济用途分类的费用项目有( )。
   A. 制造费用　　B. 固定费用　　C. 直接材料　　D. 间接费用
8. 间接费用包括( )。
   A. 折旧费用　　B. 机物料消耗　　C. 车间管理人员工资　　D. 行政管理人员工资

三、判断题

1. 工业企业在一定时期内发生的,用货币额表现的生产耗费,称为产品的生产成本。( )
2. 制造业成本核算的内容包括产品成本的核算和期间费用的核算。( )
3. 在只生产一种产品的企业或车间中,直接生产费用和间接生产费用都可以直接计入产品成本。( )
4. 制造业发生的经营管理费用,应当按照一定的比例计入产品成本,从而实现配比的原则。( )
5. 产品成本项目是生产费用按其经济用途的分类。( )
6. 所谓间接费用就是直接计入当期损益的费用。( )

四、计算分析题

一、目的　练习要素费用及成本项目的划分。

二、资料　某企业为进行生产而耗用从外部购进的原材料63 000元,辅助材料34 000元,低值易耗品5 000元;当月生产产品耗用外购材料56 000元,耗用自制材料12 000元,基本生产车间消耗材料15 500元;当月应计入产品成本的生产工人工资25 000元,基本生产车间管理人员工资5 000元,行政管理部门人员工资7 000元;按工资14%的比例提取应付福利费。

三、要求　计算"外购材料""工资""职工福利费"三项费用要素的金额,及"直接材料""直接人工""制造费用"三个成本项目的金额。

第三章 制造业要素费用的核算

第一节 材料费用的核算

材料是制造业生产加工的劳动对象,是产品生产中不可缺少的物质要素,产品的制造过程也是材料的耗用过程。进行材料费用的核算,首先要进行材料发出的核算,然后根据发出材料的具体用途,分配材料费用,将其计入各种产品成本和各种经营管理费用。

一、材料发出的核算

(一)直接材料与间接材料

直接材料是指生产某种产品直接耗费的各种原材料,包括构成产品实体的原材料(如纺织厂生产棉布所耗用的棉花、钢铁厂生产钢铁所耗用的铁矿石、焦炭等)以及虽不构成产品实体但它是生产该种产品所必需的各种材料等。与直接材料相对应的,称为间接材料。

直接材料对于不同行业的企业来说,其重要性是不同的。在以材料为主要产品的企业,其直接材料费用所占的成本份额都相当大,特别是对产品作初次加工的企业,其产品成本主要部分是直接材料费。而对于另外一些行业的企业,其产品成本的直接材料份额就相对较小,特别是一些精加工行业以及高科技行业。由于其需要投入大量的人工,所以直接材料费用的份额就相对小一些。

直接材料与间接材料在生产费用中的划分是相对的,对于同样的一种材料有的企业可能作为直接费用处理,而另外一些企业则可能作为间接费用处理。所以,是否作为直接材料核算取决于原材料耗费与具体产品之间联系的密切程度并具体确认为各该种产品的生产成本。如果无法将所耗费的原材料与特定的产品联系起来,那么就将其确认为间接费用或者通过一定的分配程序,分配给有关产品负担。

(二)材料核算的凭证手续

在绝大多数企业中,由于直接材料在生产费用中占有很大的比例,所以是进行成本控制的关键点。为了有效地控制生产成本必须严格履行有关的凭证手续,包括企业领料和退料手续等。

原材料的领用必须根据企业下达的生产任务及单位产品消耗定额办理必要的领用手续。原材料的领用,可以根据生产任务和单位产品消耗定额,一次性领用若干天的材料,也可以在规定的限额内分次领用。一般地说,领料凭证主要有限额领料单和领料单两种。

(1) 限额领料单。这是一种在当月规定的限额内,可以多次使用的领发材料的累计凭证。它一般由供应部门或生产计划部门在月份开始前根据生产计划及材料消耗定额等有关资料,按车间、部门或产品填写一式三份,填明所需要材料的品名规格和限额等内容。经供应部门或生产计划部门负责人签章后,一份留底备查,一份送交用料车间或部门,一份送交发料仓库,分别作为当月领发料的依据。

限额领料单所规定的限额是用料部门当月可领用材料的最高限额,领料部门在规定的限额内,可以一次或分次领用。发料仓库应根据领料情况登记材料明细账,以反映材料库存的动态情况。

(2) 领料单。这是由领料车间或部门按用途分别填写的一次性使用的领料凭证。企业领用零星消耗性材料和不经常领用的材料可采用这种一般的领料单。

为简化核算手续,企业对于领用零星、小额的材料(如各种辅助材料),可以不填写领料单,而采用领料登记簿的形式。即领料人在平时领料时,在领料登记簿上填写领用数量并签章,月终由仓库按领料车间及用途进行汇总。

月终,仓库和领料部门都必须根据限额领料单或一般领料单进行汇总并核对。在核对前,生产车间或领料部门必须将由于生产任务改变或其他原因引起的当月领出尚未使用的材料办理退料手续,以便正确计算当月的材料费用。

(三) 直接材料核算的盘存制度

原材料的不同盘存制度对材料费用计算的准确性有着直接的影响。我们知道,持续经营的企业总是不断地购进和发出原材料,为了保证企业生产经营的连续性,在每个会计期末,总要保留一定的原材料库存,即期末材料存货。期初材料存货加上本期购进的材料,即为本期可供耗用的材料。本期领用材料以及期末材料存货通常采用两种方法来确定:即定期盘存法和永续盘存法。

1. 定期盘存法

这种方法是先确定期末材料存货的数量,然后把期末材料存货从可供耗用的材料中扣减掉,以获得本期耗用材料的成本。按照这种盘存方法,企业平时只记录原材料的购进不记录原材料的发出。至于本期耗用原材料的数量及成本,则必须通过在会计期末进行实地盘点确定出期末存货数量和成本后才能倒算出来。

【例3-1】假设中华实业公司2003年12月1日某材料余额为600 000元,12月份购进该种材料1 670 000元,12月31日经实地盘点确定的该材料库存数为996 000元。那么,12月份应结转的材料成本可计算如下:

期初库存材料(12/1)	600 000元
加:本期购进	1 670 000元
减:期末库存材料(12/31)	996 000元
直接材料费用	1 274 000元

这样,在定期盘存法下,凡是属于未被计入期末库存材料的都视为已耗用,那么任

何浪费、盗窃及自然损耗等原因造成的损失,都将隐含在其中。这种方法所计算的材料费用的准确性很成问题,而且漏洞很大,不利于加强对存货的控制和对存货的动态管理。

2. 永续盘存法

这种方法是先计算出本期耗用的材料数量,并从可供耗用的材料中扣减掉,据此确定期末存货的成本。采用这种盘存方法时,应按原材料种类及名称设置明细账反映,以便及时登记每种材料的收发数额,从而随时可以计算出购进、发出和结存的数量和金额。

【例3-2】 假设红星公司2017年1月1日甲材料库存数量为3 000千克,单位成本4元;1月3日领用1 000千克;6日购进4 000千克,单位成本4.15元;15日又领用2 000千克;22日又购进4 000千克,单位成本4.20元;30日再领用3 200千克。按照永续盘存法进行记账及计算的材料费用(材料发出采用加权平均法计价)如表3-1所示。

表3-1 材料明细账

材料名称:甲材料　　　　　　　　　　　　　　　　　　　　　　　　　　　第×页

2017年		摘要	收货			发出			结存		
月	日		数量	单价	金额	数量	单价	金额	数量	单价	金额
1	1	期初结存							3 000	4.00	12 000
	3	领用				1 000	4.00	4 000	2 000	4.00	8 000
	6	购进	4 000	4.15	16 600				6 000	4.10	24 600
	15	领用				2 000	4.10	8 200	4 000	4.10	16 400
	22	购进	4 000	4.20	16 800				8 000	4.15	33 200
	30	领用				3 200	4.15	13 280	4 800	4.15	19 920
1	31	本月合计	8 000		33 400	6 200		25 480	4 800	4.15	19 920

(四)直接材料发出的计价方法

材料收发结存的日常核算,可以按照材料的实际成本计价,也可以先按材料的计划成本计价,月末计算材料成本差异率,将发出材料的计划成本调整为实际成本。

1. 按实际成本计价

在按实际成本计价进行材料日常核算的情况下,收料凭证按收入材料的实际成本计价。材料明细账中收入材料的金额,应该根据按实际成本计价的收料凭证登记;账中发出材料的金额,应该采用先进先出、后进先出、个别计价、全月一次加权平均或移动加权平均等方法计算登记,并按算出的实际单位成本对发料凭证进行计价。

为了进行材料收发结存的总分类核算,应该设立"原材料"等总账科目。应该根据收料凭证和发料凭证定期汇总编制按实际成本反映的收料凭证汇总表和发料凭证汇总表,并据以汇总登记"原材料"等总账科目。

2. 按计划成本计价

在按计划成本计价进行材料日常核算的情况下,材料的收发凭证都按材料的计划单位成本计价。材料明细账中收入材料和发出材料的金额都应根据收发料凭证按计划成本登记。

在这种情况下,为了进行材料的总分类核算,也应设立"原材料"等总账科目,根据收料凭证汇总表和发料凭证汇总表按计划成本汇总登记。为了核算材料采购的实际成本、计划成本和成本差异,调整发出材料的成本差异,计算发出和结存材料的实际成本,还应设立"材料采购"和"材料成本差异"两个总账科目,并应按照材料类别设立材料采购明细账和材料成本差异明细账。

(1)"材料采购"账户。基本结构是:借方反映采购材料的实际成本,应根据材料买价和运杂费等付款凭证或其汇总凭证登记;贷方反映验收材料的计划成本,应根据收料凭证或其汇总凭证登记。已经验收材料的实际成本大于计划成本的差额,为材料采购成本的超支差异,应从该账户的贷方转入"材料成本差异"账户的借方;已经验收材料的计划成本大于实际成本的差额,为材料采购成本的节约差异,应从该账户的借方转入"材料成本差异"账户的贷方。"材料采购"账户在转出材料采购成本差异以后,如果还有余额,余额一定在借方,为已经采购但尚未验收的在途材料的实际成本。

(2)"材料成本差异"账户。基本结构是:借方反映材料成本的超支差异,应根据转账凭证从"材料采购"等账户的贷方转入;贷方反映材料成本的节约差异,应根据转账凭证从"材料采购"等账户的借方转入。"材料成本差异"账户的借方余额,为结存材料的成本超支;贷方余额为结存材料的成本节约。"原材料"等材料账户按计划成本反映的余额,加上"材料成本差异"账户的借方余额或者减去"材料成本差异"账户的贷方余额,即为结存材料的实际成本。

为了调整发出材料的成本差异,计算发出材料的实际成本,还应根据"原材料"等材料账户登记的月初结存材料和本月收入材料的计划成本,以及"材料成本差异"账户登记的月初结存材料和本月收入材料的成本差异,计算材料成本差异率。其计算公式如下:

$$\text{材料成本差异率} = \frac{\text{月初结存材料成本差异} + \text{本月收入材料成本差异}}{\text{月初结存材料计划成本} + \text{本月收入材料计划成本}} \times 100\%$$

根据材料成本差异率和发出材料的计划成本,即可计算发出材料的成本差异和实际成本。其计算公式如下:

$$\text{发出材料成本差异} = \text{发出材料计划成本} \times \text{材料成本差异率}$$

$$\text{发出材料实际成本} = \text{发出材料计划成本} + \text{发出材料成本差异}$$

上列各计算公式中的材料成本差异,如为超支差异,按正数计算;如为节约差异,按负数计算。

二、直接材料费用的分配

材料费用的分配,就是按照材料用途把费用计入成本计算对象中去。凡属产品生产直接耗用的材料费用应尽可能直接计入有关产品的成本,如构成产品实体的原材料、直接用于产品生产工艺的燃料及动力等,应直接记入"基本生产成本"账户的"直接材料"成本项目;凡是几种产品共同耗用的材料费用,在领用时无法确定每种产品的耗用量,如化工生产中为几种产品共同耗用的原料,则需要按照一定的标准在各种产品之间进行分配,然后分别记入各有关产品的"直接材料"成本项目。对于生产车间中几种产品共同耗用的辅助材料、机物料等,不能视为直接材料费用,对这部分费用,先按照发生地点归集,列为综合性的制造费用,再分配计入有关产品成本。

对于几种产品共同耗用的材料费用,应选择合理的分配标准,分配计入各有关产品的成本。所谓分配标准的合理性,是指选择的标准与费用的发生有较密切的关系,尽可能做到多耗用多负担、少耗用少负担。同时,所选用的分配标准的资料应比较容易取得。材料费用分配标准可供选择的很多,如定额耗用量比例、定额费用比例、产品重量比例、产品体积比例、系数比例等。企业应根据耗用材料的情况选择合理的标准进行分配。

现以定额耗用量比例为例,说明共同耗用材料的分配方法。采用定额耗用量比例分配材料费用时,首先,根据各种产品的产量和单位消耗定额,分别计算出各种产品的定额耗用量;其次,计算材料分配率,即单位材料定额耗用量应分配的材料实际耗用量;再次,计算出某种产品应分配的材料实际耗用量;最后,根据材料单价,计算出某种产品应分配的材料费用。其计算公式如下:

$$\text{某种产品材料定额耗用量} = \text{某种产品实际产量} \times \text{单位产品材料消耗定额}$$

$$\text{材料分配率} = \frac{\text{全部产品的材料实际耗用量}}{\text{各种产品材料定额耗用量之和}}$$

$$\text{某种产品应分配的材料耗用量} = \text{某种产品材料定额耗用量} \times \text{材料分配率}$$

$$\text{某种产品应负担的材料费用} = \text{该种产品的材料耗用量} \times \text{材料单价}$$

【例3-3】 假设红星公司制造A、B两种产品,共同耗用原料2 090千克,每千克计划单价7元,计14 630元。A产品的实际产量为100件,单位消耗定额为5千克;B产品的实际产量为175件,单位消耗定额为8千克。现按定额耗用量比例,分配A、B两种产品应负担的材料费用如表3-2所示。

表3-2 共同耗用材料费用的分配

2017年10月31日

产品	实际产量	单位消耗定额	按实际产量计算的定额耗用量(千克)	分配率	实际耗用量的分配(千克)	材料费用 单价	材料费用 金额
(1)	(2)	(3)	(4)=(2)×(3)	(5)=(6)÷(4)	(6)=(4)×(5)	(7)	(8)=(6)×(7)
A	100	5	500	1.1	550	7	3 850
B	175	8	1 400	1.1	1 540	7	10 780
合计			1 900		2 090		14 630

在实际工作中,材料费用的归集和分配是根据当月审核、归类后的领、退料凭证及有关的资料(其中退料凭证中的数额应从相应的领料凭证的数额中扣除),按照材料费用发生的地点和用途,汇总编制"材料费用分配汇总表"后,再据以编制会计分录。

【例 3-4】 假设红星工厂有两个基本生产车间,一车间生产 A、B 两种产品,二车间生产 C 种产品,另设有机修、供电两个辅助生产车间,以及若干企业管理部门。月末该厂根据本月审核、归类后的领、退料凭证及有关的资料,编制"材料费用分配汇总表",如表 3-3 所示。

表 3-3 材料费用分配汇总表

2017 年 10 月　　　　　　　　　　　　　　　　　　　　金额单位:元

用　途	产量（件）	单位消耗定额（千克/件）	共同耗用材料费用			直接材料费用	合　计
			定额消耗量（千克）	分配率（元/千克）	分配额		
基本生产成本							
——A 产品	149	50	7 450		29 800	20 800	50 600
——B 产品	55	10	550		2 200	1 600	3 800
——C 产品						35 075	35 075
辅助生产成本							
——机修车间						7 750	7 750
——供电车间						1 550	1 550
制造费用							
——一车间						4 700	4 700
——二车间						2 400	2 400
——机修车间						275	275
——供电车间						265	265
管理费用						7 470	7 470
合　计					32 000	81 885	113 885

根据材料费用分配汇总表编制会计分录,并据以登记总账和明细分类账:

```
借:基本生产成本——A 产品                            50 600
            ——B 产品                             3 800
            ——C 产品                            35 075
   辅助生产成本——机修车间                           7 750
            ——供电车间                           1 550
   制造费用——一车间                               4 700
         ——二车间                               2 400
         ——机修车间                               275
         ——供电车间                               265
   管理费用                                     7 470
   贷:原材料                                  113 885
```

在采用计划成本计价情况下,材料费用分配汇总表中要分设"计划成本"和"成本差异"两栏,"计划成本"栏根据领料凭证上的计划成本加总填入,然后根据本月各类材料成本差异率分别计算应负担的差异数填入"成本差异"栏,按计划成本编制的材料费用分配汇总表格式如表 3-4 所示。

表 3-4 材料费用分配汇总表（按计划成本编制）

2017 年 10 月

应借账户	应贷账户		原材料	燃料	合计
基本生产成本	一车间	计划成本	91 500	13 000	104 500
		成本差异	−930	260	−670
	二车间	计划成本	175 000	24 000	199 000
		成本差异	−1 625	480	−1 145
	小计	计划成本	266 500	37 000	303 500
		成本差异	−2 555	740	−1 815
辅助生产成本	供电车间	计划成本	18 000	40 000	58 000
		成本差异	−360	800	440
	修理车间	计划成本	9 000		9 000
		成本差异	−180		−180
	小计	计划成本	27 000	40 000	67 000
		成本差异	−540	800	260
制造费用	一车间	计划成本	6 000		6 000
		成本差异	−80		−80
	二车间	计划成本	8 000	7 500	15 500
		成本差异	−160	150	−10
	小计	计划成本	14 000	7 500	21 500
		成本差异	−240	150	−90
管理费用		计划成本	5 000	2 500	7 500
		成本差异	−100	50	−50
合计		计划成本	312 500	87 000	399 500
		成本差异	−3 435	1 740	−1 695

【例 3-5】 假定某企业的材料成本差异率是按类别计算的：原料及主要材料为一个类别，本月为节约 1%；辅助材料和修理用备件合并为一个类别，本月为节约 2%；燃料单独为一个类别，本月为超支 2%。

假设燃料为一级账户，根据表 3-4，可作会计分录如下：

```
借：基本生产成本                              266 500
    辅助生产成本                               27 000
    制造费用                                   14 000
    管理费用                                    5 000
  贷：原材料                                              312 500
```

借：基本生产成本	2 555
辅助生产成本	540
制造费用	240
管理费用	100
贷：材料成本差异	3 435
借：基本生产成本	37 000
辅助生产成本	40 000
制造费用	7 500
管理费用	2 500
贷：燃料	87 000
借：基本生产成本	740
辅助生产成本	800
制造费用	150
管理费用	50
贷：材料成本差异	1 740

上述第二项会计分录为调整会计分录。因此，不论是超支补加还是节约冲减，其科目对应关系相同。但超支补加用蓝字登记，节约冲减应用红字登记。

第二节　职工薪酬的核算

一、职工薪酬概述

（一）职工薪酬的含义

人工成本是企业在生产产品或提供劳务活动中所发生的各种直接和间接人工费用的总和，主要由劳动报酬、社会保险、福利、教育、劳动保护、住房和其他人工费用等组成。长期以来，我国没有建立起比较广义的人工成本概念，人工成本中职工的范围和薪酬的内涵都比较狭窄，使得我国企业人工成本偏低，没有全面反映出企业实际承担的人工耗费水平，容易使企业在国际贸易中处于不利地位。

《企业会计准则第9号——职工薪酬》（以下简称职工薪酬准则）从广义的角度，根据构成完整人工成本的各类薪酬，从人工成本的理念出发，将职工薪酬界定为"企业为获得职工提供的服务而给予各种形式的报酬以及其他相关支出"。也就是说，从性质上凡是企业为获得职工提供的服务给予或付出的各种形式的对价，都构成职工薪酬，作为一种耗费构成人工成本，与这些服务产生的经济利益相匹配。

（二）职工及职工薪酬的范围

1. 职工的范围

职工薪酬准则所称的"职工"包括以下三类人员：
（1）与企业订立劳动合同的所有人员，含全职、兼职和临时职工。

(2) 未与企业订立劳动合同、但由企业正式任命的人员,如董事会成员、监事会成员等。

(3) 在企业的计划和控制下,虽未与企业订立劳动合同或未由其正式任命,但为其提供与职工类似服务的人员,也属于职工薪酬准则所称的职工。

2. 职工薪酬的范围

职工薪酬是企业因职工提供服务而支付或放弃的所有对价。职工薪酬准则规定的职工薪酬主要包括以下内容:

(1) 职工工资、奖金、津贴和补贴,是指按照构成工资总额的计时工资、计件工资、支付给职工的超额劳动报酬和增收节支的劳动报酬、为补偿职工特殊或额外的劳动消耗和因其他特殊原因支付给职工的津贴,以及为保证职工工资水平不受物价影响支付给职工的物价补贴等。

(2) 职工福利费,主要包括职工因公负伤赴外地就医路费、职工生活困难补助、未实行医疗统筹企业职工医疗费用,以及按规定发生的其他职工福利支出。

(3) 医疗保险费、养老保险费等社会保险费,是指企业按照国家规定的基准和比例计算,向社会保险经办机构缴纳的医疗保险费、养老保险费、失业保险费、工伤保险费和生育保险费。

(4) 住房公积金,是指企业按国家规定的基准和比例计算,向住房公积金管理机构缴存的住房公积金。

(5) 工会经费和职工教育经费,是指企业为了改善职工文化生活、为职工学习先进技术和提高文化水平和业务素质,用于开展工会活动和职工教育及职业技能培训等相关支出。

(6) 非货币性福利,是指企业以自己的产品或外购商品发放给职工作为福利,企业提供给职工无偿使用自己拥有的资产或租赁资产供职工无偿使用,比如提供给企业高级管理人员使用的住房,免费为职工提供诸如医疗保健的服务;或向职工提供企业支付了一定补贴的商品或服务,以低于成本的价格向职工出售住房等。

(7) 因解除与职工的劳动关系给予的补偿,是指由于分离办社会职能、实施主辅分离、辅业改制、重组、改组计划等原因,企业在职工劳动合同尚未到期之前解除与职工的劳动关系,或者为鼓励职工自愿接受裁减而提出补偿建议的计划中给予职工的经济补偿,即辞退福利。

(8) 其他与获得职工提供的服务相关的支出,是指除上述七种薪酬以外的其他为获得职工提供的服务而给予的薪酬,比如企业提供给职工以权益形式结算的认股权、以现金形式结算但以权益工具公允价值为基础确定的现金股票增值权等。

3. 职工薪酬的确认

职工薪酬准则规定,企业应当在职工为其提供服务的会计期间,将应付的职工薪酬确认为负债,并根据职工提供服务的受益对象,分别下列情况处理:

(1) 应由生产产品、提供劳务负担的职工薪酬,计入产品成本或劳务成本。但非正常消耗的直接生产人员和直接提供劳务人员的职工薪酬,应当在发生时确认为当期损益。

(2) 应由在建工程、无形资产负担的职工薪酬,计入固定资产或无形资产成本。

(3) 除直接生产人员、直接提供劳务人员、建造固定资产人员、开发无形资产人员以外的职工,包括公司总部管理人员、董事会成员、监事会成员等人员相关的职工薪酬,因难以确定直接对应的受益对象,均应当在发生时确认为当期损益。

对于货币性薪酬,企业应当根据职工提供服务情况和工资标准计算应计入职工薪酬的工资金额,按照受益对象计入相关的成本或当期费用,借记"基本生产成本""辅助生产成本""在建工程""研发支出""制造费用""管理费用""销售费用"等科目,贷记"应付职工薪酬"科目;发放时,借记"应付职工薪酬"科目,贷记"银行存款"等科目。对于职工福利费,企业应当根据历史经验数据和当期福利计划,预计当期应计入职工薪酬的福利费金额;每一资产负债表日,企业应当对实际发生的福利费金额和预计金额进行调整。

二、工资费用的原始记录

进行工资费用核算,必须有一定的原始记录作为依据。不同的工资制度所依据的原始记录不同。计算计时工资费用,应以考勤记录中的工作时间记录为依据;计算计件工资费用,应以产量记录中的产品数量和质量记录为依据。因此,考勤记录和产量记录是工资费用核算的主要原始记录。

(一) 考勤记录

在考勤记录中,应该登记企业内部每一单位、每一职工的出勤和缺勤的时间,并对这些时间进行归类分析。月末,考勤人员应该将经过车间、部门负责人检查、签章以后的考勤记录,送交会计部门审核。只有经过会计部门审核的考勤记录,才可据以作为计算职工工资的原始依据。

(二) 产量记录

产量记录是登记工人或生产小组在出勤时间内完成产品的数量、质量和生产产品所用工时数量的原始记录。认真做好产量记录,不仅可以为计算计件工资费用提供正确的依据,而且还为在各种产品之间分配与工时有关的费用提供合理的依据。因此,每一个工业企业,除了做好各单位的考勤记录以外,在生产车间中,还应做好产量记录。

会计部门应该对产量记录进行审核,经过审核的产量记录,即可作为计算计件工资的依据。

三、工资费用分配的核算

企业为了同职工办理工资结算手续,通常是按车间、部门编制工资结算单,用以反映企业与职工的工资结算情况。结算单中应区别职工类别和每一职工,反映企业应付工资、代扣款项和实发工资等项内容。工资结算单一式多份,其中一份经过职工签收后作为工资结算和付款的原始凭证。

为了反映整个企业全部工资的结算情况,还应根据工资结算单汇总编制工资结算汇总表。工资结算汇总表是进行工资结算、总分类核算和工资费用分配的依据。其格式如表 3-5、表 3-6 所示。

表 3-5 工资结算汇总表

2017 年 10 月

单位:元

车间或部门	职工类别	应付职工薪酬							代发款项	工扣款项				实发工资
		月标准工资	奖金	津贴和补贴		扣缺勤工资		应付工资合计	交通补贴	房租	公积金	水电气费	合计	
				补贴	津贴	病假	事假							
第一车间	生产工人	27 500	4 120	2 000	850	60	150	34 260	4 200	680	495	385	1 560	36 900
第二车间	生产工人	13 540	1 680	980	398	32	46	16 520	1 800	280	185	125	590	17 730
	小 计	41 040	5 800	2 980	1 248	92	196	50 780	6 000	960	680	510	2 150	54 630
第一车间	管理人员	2 580	560	240	50	4	30	3 396	120	70	90	50	210	3 306
第二车间	管理人员	(略)												
	小 计	(略)												
行政管理人员		(略)												
	小 计	(略)												
合 计														

表 3-6 职工薪酬分配表

2017 年 10 月

金额单位:元

应借账户		应贷账户	应付职工薪酬				福利费	应付职工薪酬合计
			计件工资	计时工资				
总分类账	明细账			生产工时	分配率	分配额		
基本生产成本	甲产品		5 400.00	3 000		18 829.20	3 392.09	27 621.29
	乙产品		2 800.00	2 000	6.2764	12 552.80	2 149.39	17 502.19
	小计		8 200.00	5 000		31 382.00	5 541.48	45 123.48
辅助生产成本	供电					1 800.00	252.20	2 052.20
	机修					1 600.00	2 240.00	18 240.00
制造费用	一车间					1 568.00	219.52	1 787.52
	二车间					897.00	125.58	1 022.58
	供电车间					720.00	100.80	820.80
	机修车间					3 400.00	476.00	3 876.00
管理费用						4 008.00	561.12	4 569.12
销售费用			8 200.00			1 435.00	200.90	1 635.90
合 计						61 210.00	9 762.60	79 127.60

在实际工作中,生产工人工资费用的分配还应注意工资制度的区别。在计件工资制度下,生产工人的工资可根据"工资结算单",直接计入某种产品生产成本相应的成本项目;在计时工资制度下,如果企业(或车间)只生产一种产品,亦可根据"工资结算单",直接计入某种产品生产成本相应的成本项目;如果企业(或车间)生产多种产品,这种计时工资属间接费用,应在采用适当的方法进行分配后,再分别计入各种产品生产成本相应的成本项目。分配标准通常是按各种产品的生产工时(实际工时或定额工时)比例进行分配。按产品实际生产工时比例分配工资费用的优点是能将产品所分配的工资费用与劳动生产率联系起来,但取得实际工时统计数据的工作量较大。因此,对于定额制度比较健全,各种产品的单件工时定额比较准确的企业,可以按产品的定额工时比例分配工资费用。工资费用分配计算公式如下:

$$工资分配率 = \frac{生产工人工资总额}{各种产品生产工时(实际或定额)总数}$$

$$\begin{matrix}某种产品\\应分配工资\end{matrix} = \begin{matrix}该种产品生产工时\\(实际或定额)\end{matrix} \times \begin{matrix}工\ 资\\分配率\end{matrix}$$

【例 3-6】 某企业"工资及职工福利费分配表"如表 3-6 所示,职工福利费据实列支。
根据工资及职工福利费分配表编制会计分录如下:
(1) 结转本月应付工资:

  借:基本生产成本——甲产品   24 229.20
       ——乙产品   15 352.80
    辅助生产成本——供电车间   1 800.00
        ——机修车间   16 000.00
    制造费用——一车间   1 568.00
       ——二车间   897.00
       ——供电车间   720.00
       ——机修车间   3 400.00
    管理费用   4 008.00
    销售费用   1 435.00
    贷:应付职工薪酬——工资   69 410.00

(2) 结转本月应付职工福利费:

  借:基本生产成本——甲产品   3 392.09
       ——乙产品   2 149.39
    辅助生产成本——供电车间   252.20
        ——机修车间   2 240.00
    制造费用——一车间   219.52
       ——二车间   125.58
       ——供电车间   100.80
       ——机修车间   476.00
    管理费用   561.12
    销售费用   200.90
    贷:应付职工薪酬——福利费   9 717.60

对于国务院有关部门、省、自治区、直辖市人民政府或经批准的企业年金计划规定了计提基础和计提比例的职工薪酬项目,企业应当按照规定的计提标准,计量企业承担的职工薪酬义务和计入成本费用的职工薪酬。其中:① "五险一金",即医疗保险费、养老保险费、失业保险费、工伤保险费、生育保险费和住房公积金。企业应当按照国务院、所在地政府或企业年金计划规定的标准,计量应付职工薪酬义务和应相应计入成本费用的薪酬金额。② 工会经费和职工教育经费。企业应当按照相关规定,分别按照职工工资总额的2%和1.5%的计提标准,计量应付职工薪酬(工会经费、职工教育经费)义务金额和应相应计入成本费用的薪酬金额;从业人员技术要求高、培训任务重、经济效益好的企业,可根据国家相关规定,按照职工工资总额的2.5%计量应计入成本费用的职工教育经费。按照明确标准计算确定应承担的职工薪酬义务后,再根据受益对象计入相关资产的成本或当期费用。

【例3-7】 2017年6月,安吉公司当月应发工资2 000万元,其中:生产部门直接生产人员工资1 000万元;生产部门管理人员工资200万元;公司管理部门人员工资360万元;公司专设产品销售机构人员工资100万元;建造厂房人员工资220万元;内部开发存货管理系统人员工资120万元。

根据所在地政府规定,公司分别按照职工工资总额的10%、12%、2%和10.5%计提医疗保险费、养老保险费、失业保险费和住房公积金,缴纳给当地社会保险经办机构和住房公积金管理机构。公司2017年应承担的职工福利费义务金额为职工工资总额的2%,职工福利的受益对象为上述所有人员。公司分别按照职工工资总额的2%和1.5%计提工会经费和职工教育经费。假定公司存货管理系统已处于开发阶段,并符合《企业会计准则第6号——无形资产》资本化为无形资产的条件。

$$\text{应计入生产成本的职工薪酬金额} = 1\,000 + 1\,000 \times (10\% + 12\% + 2\% + 10.5\% + 2\% + 2\% + 1.5\%) = 1\,400(\text{万元})$$

$$\text{应计入制造费用的职工薪酬金额} = 200 + 200 \times (10\% + 12\% + 2\% + 10.5\% + 2\% + 2\% + 1.5\%) = 280(\text{万元})$$

$$\text{应计入管理费用的职工薪酬金额} = 360 + 360 \times (10\% + 12\% + 2\% + 10.5\% + 2\% + 2\% + 1.5\%) = 504(\text{万元})$$

$$\text{应计入销售费用的职工薪酬金额} = 100 + 100 \times (10\% + 12\% + 2\% + 10.5\% + 2\% + 2\% + 1.5\%) = 140(\text{万元})$$

$$\text{应计入在建工程成本的职工薪酬金额} = 220 + 220 \times (10\% + 12\% + 2\% + 10.5\% + 2\% + 2\% + 1.5\%) = 308(\text{万元})$$

$$\text{应计入无形资产成本的职工薪酬金额} = 120 + 120 \times (10\% + 12\% + 2\% + 10.5\% + 2\% + 2\% + 1.5\%) = 168(\text{万元})$$

公司在分配工资、职工福利费、各种社会保险费、住房公积金、工会经费和职工教

育经费等职工薪酬时,应当作如下账务处理:

借:基本生产成本	14 000 000
制造费用	2 800 000
管理费用	5 040 000
销售费用	1 400 000
在建工程	3 080 000
研发支出——资本化支出	1 680 000
贷:应付职工薪酬——工资	20 000 000
——福利费	400 000
——社会保险费	4 800 000
——住房公积金	2 100 000
——工会经费	400 000
——职工教育经费	300 000

第三节　辅助生产费用的核算

一、辅助生产费用的含义及计算程序

在一些规模较大的工业企业中,除了生产产品的基本生产车间外,还设有另一类被称作辅助生产车间的辅助生产。这一类辅助生产,实际上是为保证产品生产的正常进行而向基本生产提供服务的生产车间,如为基本生产车间供电、供水,提供运输劳务、修理作业等服务,以及为基本生产从事工具、模具、夹具、修理用备件等的制造。

企业辅助生产发生的费用称为辅助生产费用。这些辅助生产部门在提供服务的过程中,会发生各种资源的耗费,如原材料费用、工资费用、固定资产折旧费、水电费、办公费、劳动保护费、保险费、修理费等。辅助生产所发生的各种耗费,即构成辅助生产提供劳务或产品的成本。由于辅助生产主要是为基本生产提供服务的,所以辅助生产费用中大部分应计入产品制造成本,然而其中相当大一部分费用不能直接计入产品成本,只能先计入制造费用,再分配计入产品制造成本。可见辅助生产费用归集和分配的正确与否,将会影响到产品成本计算的正确性。为了正确地反映各部门耗用劳务和作业的情况,必须将辅助生产的费用在各个受益部门之间进行合理分配。需要指出的是,辅助生产除了为基本生产车间提供服务外,还可能为行政管理部门、福利部门、采购部门或对外提供服务,应按谁受益谁承担的原则,分别计入有关的成本费用中。

对于辅助生产费用的计算,首先应将各辅助生产在提供服务过程中所发生的费用进行归集,然后将所归集的费用按各受益部门(产品)的受益量进行合理分配。需要注意的是,辅助生产费用的归集和分配应分别各辅助生产车间进行。其计算程序如图3-1所示。

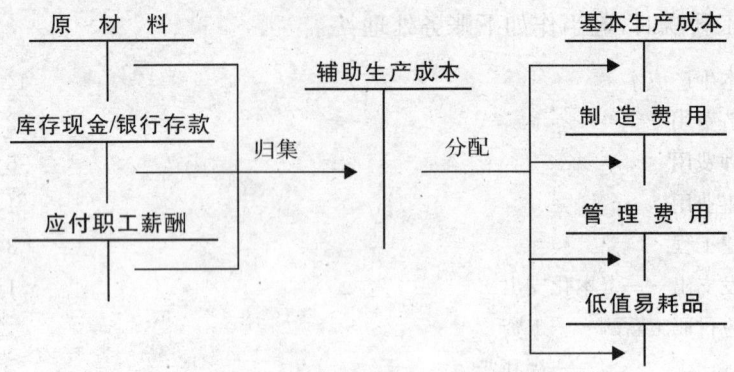

图 3-1 辅助生产费用计算程序图

二、辅助生产费用的归集

辅助生产有的只提供一种劳务或一种作业,如供电车间、供水车间、供汽车间、运输车队等,这类辅助生产车间称为单品种的辅助生产。单品种的辅助生产所归集的总费用即为该种劳务或作业的总成本,该总成本可按各受益部门的受益量的比例进行分配。由于这类辅助生产都是从事劳务、作业性质的生产,因此月末无在产品结存。另一类是多品种生产或提供多种服务的辅助生产车间,也称多品种的辅助生产,如生产工具、模具、夹具的工夹模具车间。多品种的辅助生产所发生的各项费用,如能分清是哪一种产品所耗用的,即为直接计入费用,应直接计入该种产品的成本中;如为不能分清的共同费用,也就是间接计入费用,如辅助生产为组织和管理生产所发生的费用,则先按辅助生产分别归集,然后采用一定的分配方法在各种产品之间进行分配,再计入成本。

为核算辅助生产费用,计算辅助生产成本,企业可以设置"辅助生产成本"一级账户,并按辅助生产车间设置二级账户,按成本项目设专栏进行辅助生产费用的核算。该账户属成本类账户,借方归集为生产产品、提供劳务而耗用的材料费用、工资费用、折旧费、修理费等;贷方登记辅助生产车间分配给各受益单位的辅助生产费用,以及完工入库的自制材料、自制工具、模具成本;期末借方余额表示辅助生产车间月末在产品成本。

辅助生产成本明细账的格式见表 3-7、表 3-8 所示。

表 3-7 辅助生产成本明细账

车间:供电车间　　　　2017 年 10 月　　　　单位:元

2017 年		凭证号数	摘　　　要	直接材料	直接人工	制造费用	合计
月	日						
10	×	(略)	根据原材料费用分配汇总表	4 600			4 600
	×		根据应付职工薪酬分配表		3 306		3 306
	×		根据制造费用分配表			1 094	1 094
10	31		本月发生额合计	4 600	3 306	1 094	9 000
10	31		结转本月发生额	4 600	3 306	1 094	9 000

表 3-8　辅助生产成本明细账

车间：供水车间　　　　　　　　2017 年 10 月　　　　　　　　　单位：元

2017年		凭证号数	摘　　要	直接材料	直接人工	制造费用	合计
月	日						
10	×	（略）	根据原材料费用分配汇总表	20 500			20 500
	×		根据动力费用分配表	2 480			2 480
	×		根据应付职工薪酬分配表		15 960		15 960
			根据制造费用分配表			6 060	6 060
10	31		本月发生额合计	22 980	15 960	6 060	45 000
10	31		结转本月发生额	22 980	15 960	6 060	45 000

对于辅助生产车间发生的制造费用，若数额较大，可分别按辅助生产车间设置"制造费用——××辅助生产车间"账户，专门归集各辅助生产车间的制造费用；若数额较小，也可以不设置"制造费用——××辅助生产车间"账户，而是将辅助车间为组织管理生产发生的各项费用直接记入"辅助生产成本——××辅助生产车间"多栏式明细账的"制造费用"项目。

辅助生产费用归集的总分类核算会计分录如下：

借：辅助生产成本
　　贷：原材料
　　　　材料成本差异
　　　　应付工资
　　　　应付职工薪酬
　　　　累计折旧
　　　　银行存款等

三、辅助生产费用的分配

（一）辅助生产费用分配的特点

归集在"辅助生产成本"账户及其明细账借方的辅助生产费用，由于辅助生产车间生产的产品和劳务种类不同，其转出分配的程序也有所不同。

（1）工具和模具车间生产的工具、模具和修理用备件等产品成本，应在产品完工入库时，从"辅助生产成本"账户的贷方分别转入"低值易耗品"和"原材料"账户的借方。

（2）动力、机修和运输等车间生产和提供的电、汽、水、修理和运输等产品和劳务所发生的费用，要在各受益单位之间按照所耗数量或其他比例进行分配。分配时，应从"辅助生产成本"总分类账户和所属明细账的贷方转入"基本生产成本""制造费用""销售费用""管理费用"和"在建工程"等账户的借方。

(二) 辅助生产费用的分配方法

1. 直接分配法

直接分配法是指在分配辅助生产费用时,不考虑各辅助生产车间之间相互提供劳务(或产品)的情况,而是将各种辅助生产费用直接分配给辅助生产车间以外的各受益单位。其分配程序是:首先根据各辅助生产车间实际发生的费用和向辅助生产车间以外的各受益对象提供的产品或劳务总量,计算出各辅助生产车间的实际单位生产成本;然后再按实际单位生产成本和各受益对象的耗用量进行分配。计算公式如下:

$$\text{某辅助生产车间产品或劳务单位成本} = \frac{\text{该车间生产费用总额}}{\text{该车间本月提供产品或劳务总量} - \text{其他辅助生产车间耗用量}}$$

$$\text{某受益对象分配额} = \text{该受益对象耗用量} \times \text{耗用辅助生产产品或劳务的单位成本}$$

【**例 3-8**】 红星工厂 2017 年 10 月各辅助生产车间发生的生产费用和提供产品、劳务的情况如表 3-9 所示。

表 3-9 辅助生产费用及产品、劳务供应汇总表

2017 年 10 月

辅助生产车间 受益对象	供 电 车 间		机 修 车 间	
	本月生产费用 (元)	本月供电 (度)	本月生产费用 (元)	本月修理 (工时)
供电车间	—	—		1 250
机修车间		1 500		—
小 计		1 500		1 250
基本生产成本——甲产品		9 000		
——乙产品		8 650		
——丙产品		10 800		
一车间		2 750		4 100
二车间		2 550		4 400
企业管理部门		2 250		1 500
小 计		36 000		10 000
合 计	9 000	37 500	45 000	11 250

根据表 3-9 中的有关资料,用直接分配法计算辅助生产费用的费用分配率如下:

供电车间费用分配率 = 9 000 ÷ (37 500 - 1 500) = 0.25(元/度)

机修车间费用分配率 = 45 000 ÷ (11 250 - 1 250) = 4.5(元/小时)

根据上述费用分配率计算各受益对象应负担的辅助生产费用,并编制"辅助生产费用分配表"如表 3-10 所示。

表 3-10 辅助生产费用分配表（直接分配法）
2017 年 10 月　　　　　　　　　　　　　　　　　　　金额单位：元

辅助生产车间			供电车间	机修车间	合　　计
应分配费用			9 000	45 000	54 000
分配数量			36 000	10 000	
分配率			0.25	4.5	—
分配额	甲产品	数量	9 000		9 000
		金额	2 250		2 250
	乙产品	数量	8 650		8 650
		金额	2 162.5		2 162.5
	丙产品	数量	10 800		10 800
		金额	2 700		2 700
	一车间	数量	2 750	4 100	—
		金额	687.5	18 450	19 137.5
	二车间	数量	2 550	4 400	—
		金额	637.5	19 800	20 437.5
	管理部门	数量	2 250	1 500	—
		金额	562.5	6 750	7 312.5

根据"辅助生产费用分配表"（表 3-10）编制会计分录如下：

借：基本生产成本——甲产品　　　　　　　　　　2 250.0
　　　　　　　　——乙产品　　　　　　　　　　2 162.5
　　　　　　　　——丙产品　　　　　　　　　　2 700.0
　　制造费用——一车间　　　　　　　　　　　　687.5
　　　　　　——二车间　　　　　　　　　　　　637.5
　　管理费用　　　　　　　　　　　　　　　　　562.5
　　贷：辅助生产成本——供电车间　　　　　　　9 000.0
借：制造费用——一车间　　　　　　　　　　　　18 450
　　　　　　——二车间　　　　　　　　　　　　19 800
　　管理费用　　　　　　　　　　　　　　　　　6 750
　　贷：辅助生产成本——机修车间　　　　　　　45 000

采用直接分配法的优点是简便易行，但由于在计算分配时扣除了辅助车间之间相互提供产品或劳务的数量，因而分配结果不够准确。这种方法适用于辅助生产车间之间相互提供产品或劳务较少，或相互分配费用差别较小的辅助生产。

2. 交互分配法

交互分配法是指先根据各辅助生产车间、部门相互提供劳务的数量和交互分配前的费用分配率(单位成本),进行一次交互分配;然后将各辅助生产车间、部门交互分配后的实际费用(即交互分配前的费用加上交互分配转入的费用,减去交互分配转出的费用),按对辅助生产以外提供劳务的数量,在辅助生产车间、部门以外的各受益单位之间进行分配。其计算公式如下:

第一步(交互分配):

$$费用分配率=\frac{某辅助车间生产费用总额}{该辅助车间提供产品或劳务总量}$$

某辅助车间分配额＝该辅助车间耗用量×交互分配率

第二步(对外分配):

$$费用分配率=\frac{某辅助车间生产费用总额+其他辅助车间分来的费用-分配给其他辅助车间的费用}{该辅助车间提供产品或劳务总量-分配给其他辅助车间的产品或劳务数量}$$

某受益对象分配额＝该受益对象耗用量×对外分配率

【例3-9】 仍以红星工厂的资料为例,采用交互分配法进行辅助生产费用分配。

具体步骤如下:

第一步:

供电车间交互分配率＝9 000÷37 500＝0.24(元/度)
机修车间应承担的电费＝1 500×0.24＝360(元)
机修车间交互分配率＝45 000÷11 250＝4(元/工时)
供电车间应承担的修理费＝1 250×4＝5 000(元)

第二步:

供电车间对外分配率＝(9 000＋5 000－360)÷(37 500－1 500)＝0.3789(元/度)
机修车间对外分配率＝(45 000＋360－5 000)÷(11 250－1 250)＝4.036(元/工时)

根据表3-9中的有关资料和上述计算结果,编制"辅助生产费用分配表",如表3-11所示。

根据"辅助生产费用分配表"编制会计分录如下:

交互分配:

借:辅助生产成本——机修车间	360
贷:辅助生产成本——供电车间	360
借:辅助生产成本——供电车间	5 000
贷:辅助生产成本——机修车间	5 000

对外分配:

借:基本生产成本——甲产品	3 410
——乙产品	3 277
——丙产品	4 092
制造费用——一车间	1 042
——二车间	966
管理费用	853
贷:辅助生产成本——供电车间	13 640

表 3-11 辅助生产费用分配表（交互分配法）

2017 年 10 月

金额单位：元

辅助生产车间		分配费用	分配数量	分配率	供电车间		机修车间		分 配 额								
									甲产品		乙产品		丙产品		一车间		二车间		管理部门	
					数量	金额	数量	金额	数量	金额	数量	金额	数量	金额	数量	金额	数量	金额	数量	金额
交互分配	供电车间	9 000	37 500	0.24	—	—	1 500	360													
	机修车间	45 000	11 250	4.00	1 250	5 000															
	小计	5 400	—	—																	
对外分配	供电车间	13 640	36 000	0.3789					9 000	3 410	8 650	3 277	10 800	4 092	2 750	1 042	2 550	966	2 250	853
	机修车间	40 360	10 000	4.036											4 100	16 548	4 400	17 758	1 500	6 054
	小计	54 000	—	—																	
合计		54 000								3 410		3 277		4 092		17 590		18 724		6 907

借：制造费用——一车间		16 548
——二车间		17 758
管理费用		6 054
贷：辅助生产成本——机修车间		40 360

由于采用交互分配法对各辅助生产车间之间相互提供的劳务和产品进行了交互分配，在一定程度上提高了分配结果的准确性。但因各种辅助生产费用都要计算两次单位成本，进行两次分配，增加了计算工作量，所以这种方法一般适用于辅助生产车间不多的企业采用。

3. 计划成本分配法

计划成本分配法是指按照辅助生产车间提供产品或劳务的计划单价和各受益对象的实际耗用量进行分配，然后再将其调整为实际成本的方法。其分配程序为：

第一步（按计划成本分配）：按计划单价和实际耗用量对包括辅助生产车间在内的受益对象进行分配。

第二步（成本差异结转分配）：将各辅助车间实际发生的费用，加上按计划单价、实际耗用量计算的、由其他辅助车间交互分配转入的费用，再减去本车间按计划单价分配转出的费用后的差额，按一定的分配标准（一般采用实际耗用量比例），分配给辅助车间以外的各受益对象。

【例 3-10】 仍以［例 3-9］资料为例，假定该企业供电车间每度电的计划单价为 0.26 元，机修车间每工时修理费计划单价为 4.00 元，其余资料同表 3-9。实际成本与计划的差额按各受益对象实际耗用量比例分配。采用计划成本分配法编制"辅助生产费用分配表"，如表 3-12 所示。

表 3-12 中成本差异分配计算如下：

(1) 供电车间：

　　　　待分配费用 = 9 000 + 5 000 − 9 750 = 4 250(元)

　　　　分配率 = 4 250 ÷ 36 000 = 0.118 1

(2) 机修车间：

　　　　待分配费用 = 45 000 + 390 − 45 000 = 390(元)

　　　　分配率 = 390 ÷ 10 000 = 0.039

根据表 3-12 编制会计分录如下：

按计划成本分配：

借：辅助生产成本——机修车间		390
基本生产成本——甲产品		2 340
——乙产品		2 249
——丙产品		2 808
制造费用——一车间		715
——二车间		663
管理费用		585
贷：辅助生产成本——供电车间		9 750

表 3-12　辅助生产费用分配表（计划成本分配法）

金额单位：元

辅助生产车间		分配数量	分配率	应分配费用	供电车间		机修车间		分　配　分　配　额								
									甲产品		乙产品		丙产品		一车间		二车间		管理部门	
					数量	金额	数量	金额	数量	金额	数量	金额	数量	金额	数量	金额	数量	金额	数量	金额
按计划成本分配	供电车间	37 500	0.26	9 750			1 500	390	9 000	2 340	8 650	2 249	1 080	2 808	2 750	715	2 550	663	2 250	585
	机修车间	11 250	4.00	45 000	1 250	5 000									4 100	16 400	4 400	17 600	1 500	6 000
	小计			54 750		5 000		390		2 340		2 249		4 808		17 115		18 263		6 585
按计划成本分配	供电车间	36 000	0.1181	4 251.6					9 000	1 062.9	8 650	1 021.57	10 800	1 275.48	2 750	324.78	2 550	301.16	2 250	265.71
	机修车间	10 000	0.039	390											4 100	159.90	4 400	171.60	1 500	58.50
	小计			4 641.6		—				1 062.9		1 021.57		1 275.48		484.68		472.76		324.21
合计				—						3 402.9		3 270.57		4 083.48		17 599.68		18 735.76		6 909.21

借：辅助生产成本——供电车间		5 000
制造费用——一车间		16 400
——二车间		17 600
管理费用		6 000
贷：辅助生产成本——机修车间		45 000

成本差异结转分配：

借：基本生产成本——甲产品		1 062.90
——乙产品		1 021.57
——丙产品		1 275.48
制造费用——一车间		324.78
——二车间		301.16
管理费用		265.71
贷：辅助生产成本——供电车间		4 251.60
借：制造费用——一车间		159.90
——二车间		171.60
管理费用		58.50
贷：辅助生产成本——机修车间		390.00

从上例中可以看出，计划成本分配法的基本原理与交互分配法基本相同，不同之处是第一步按计划单价进行辅助生产费用的分配。采用这种方法，可以避免因某一个辅助生产车间成本核算工作不及时而影响整个企业的成本核算工作。尤其是简化后的计划成本分配法，各辅助生产车间的生产费用，均按事先确定的计划单价只分配一次，不需单独计算费用分配率，因此简化了计算工作。此外，通过辅助生产成本差异的计算，还可反映、监督辅助生产成本计划的执行情况。由于按计划成本进行辅助生产费用的分配将影响到辅助生产成本核算的准确性，因此这种方法适用于计划成本资料完整并较为接近实际成本的企业。

4. 代数分配法

代数分配法是运用代数中的多元一次方程组计算辅助生产产品或劳务的单位成本（即分配率），再按照各受益对象的实际耗用量分配辅助生产费用的方法。

【例 3-11】 仍以[例 3-10]资料说明代数分配法的应用。

设：x 为每度电的成本，y 为每工时修理费的成本，联立二元一次方程组：

$$\begin{cases} 9\,000 + 1\,250y = 37\,500x \\ 45\,000 + 1\,500x = 11\,250y \end{cases}$$

解联立方程组，得：

$$\begin{cases} x = 0.375 \\ y = 4.05 \end{cases}$$

根据上述计算结果，编制辅助生产费用分配表，如表 3-13 所示。

表 3-13　辅助生产费用分配表（代数分配法）

2017 年 10 月　　　　　　　　　　　　　　　　金额单位：元

辅助生产车间			供电车间	机修车间	合　计
分配数量			37 500	11 250	
分配率			0.375	4.05	
分配额	供电车间	数量		1 250	
		金额		5 062.5	
	机修车间	数量	1 500		
		金额	562.5		
	甲产品	数量	9 000		
		金额	3 375		3 375
	乙产品	数量	8 650		
		金额	3 243.75		3 243.75
	丙产品	数量	10 800		
		金额	4 050		4 050
	一车间	数量	2 750	4 100	
		金额	1 031.25	16 605	17 636.25
	二车间	数量	2 550	4 400	
		金额	956.25	17 820	18 776.25
	企业管理部门	数量	2 250	1 500	
		金额	843.75	6 075	6 918.75

根据表 3-13 编制会计分录如下：

借：基本生产成本——甲产品　　　　　　　　　　　　　　　　3 375.00
　　　　　　　　——乙产品　　　　　　　　　　　　　　　　3 243.75
　　　　　　　　——丙产品　　　　　　　　　　　　　　　　4 050.00
　　辅助生产成本——机修车间　　　　　　　　　　　　　　　　562.50
　　制造费用——一车间　　　　　　　　　　　　　　　　　　1 031.25
　　　　　　——二车间　　　　　　　　　　　　　　　　　　　956.25
　　管理费用　　　　　　　　　　　　　　　　　　　　　　　　843.75
　贷：辅助生产成本——供电车间　　　　　　　　　　　　　　14 062.50

借：辅助生产成本——供电车间　　　　　　　　　　　　　　　5 062.50
　　制造费用——一车间　　　　　　　　　　　　　　　　　16 605.00
　　　　　　——二车间　　　　　　　　　　　　　　　　　17 820.00
　　管理费用　　　　　　　　　　　　　　　　　　　　　　　6 075.00
　贷：辅助生产成本——机修车间　　　　　　　　　　　　　　45 562.50

由[例 3-11]可以看出,代数分配法的最大优点是计算准确,但若辅助车间过多将使计算工作复杂化。因而这种方法主要适用于辅助车间较少,或需交互分配的辅助生产费用较少的企业。

在实际工作中,企业应根据其具体情况选择辅助生产费用的分配方法,一经选定不应轻易更改,以保证各期成本费用的可比性。

第四节 制造费用的核算

制造费用是指制造企业的各个生产单位(分厂、车间)为生产产品(或提供劳务)而发生的,应计入产品成本但没有专设成本项目的各项生产费用。制造费用大部分是间接用于产品生产的费用,例如,机物料消耗、辅助生产工人工资、车间厂房的折旧费等。制造费用还包括直接用于产品生产,而管理上不要求或者核算上不便于单独核算,因而没有专设成本项目的费用,例如,机器设备的折旧费、修理费,生产工具的摊销等。此外,制造费用还包括车间用于组织和管理生产的费用,如果企业的组织机构分为车间、分厂和总厂等若干层次,则分厂与车间相似,也是企业的生产单位,因而分厂用于组织和管理生产的费用,也作为制造费用核算。

一、制造费用的归集的核算

制造费用是通过设立费用项目进行归集的。制造费用的明细项目,可按费用的经济性质分类,也可按费用的经济用途设置,但为了便于各企业之间,以及企业不同时期之间进行制造费用的分析和考核,应根据制造费用发生的内容,规定统一的明细项目。制造费用的明细项目主要包括:工资及福利费、机物料消耗、折旧费、修理费、经常性租赁费、保险费、照明费、取暖费、水电费、办公费、劳动保护费、差旅费、设计制图费、试验检验费、在产品盘亏、毁损和报废(减盘盈)以及季节性和修理期间的停工损失,等等。

为了总括地反映企业在一定时期内发生的制造费用及其分配情况,应设置"制造费用"总分类账户,其借方归集企业在一定时期内发生的全部制造费用,贷方反映制造费用的分配,月末一般无余额。制造费用还应按不同的车间、部门设立明细账,账内按照费用的明细项目设立专栏或专户,分别反映各车间、部门各项制造费用的支出情况。

在生产经营活动过程中发生的有关上述费用,根据付款凭证、转账凭证和各种费用分配表,应借记"制造费用"账户,贷记"原材料""应付工资""应付职工薪酬""累计折旧""应付账款""银行存款"等账户。对于辅助生产车间发生的费用,如果辅助生产的制造费用是通过"制造费用"账户核算的,应比照基本生产车间发生的费用核算;如果辅助生产的制造费用不通过"制造费用"账户核算,则应全部借记"辅助生产成本"账户。

月末,应将"制造费用"账户借方所归集的制造费用,分别车间进行分配,计入有关的成本计算对象中。

(一)折旧费用的核算

企业在生产中使用的固定资产,虽然计提的折旧费是产品成本的重要组成部分,但由于使用情况和分配方法比较复杂,为了简化成本计算工作,没有单独设置折旧费成本项目。在会计实务中,固定资产折旧费是按照固定资产的使用部门归集后,再与各车间、部门发生的其他间接费用一起进行分配,计入产品成本或期间费用。

折旧费的计算是通过编制"固定资产折旧费用分配表"进行的。

【例3-12】 假设红星工厂采用分类折旧率计提折旧,根据该企业10月初应计折旧的固定资产原值和月分类折旧率,编制"固定资产折旧费用分配表",如表3-14,并据以编制会计分录。

表 3-14 固定资产折旧费用分配表

2017 年 10 月　　　　　　　　　　　　　　金额单位：元

应借账户	使用部门	固定资产项目	月初应计折旧的固定资产原值	月分类折旧率(‰)	月折旧额
制造费用	一车间	厂房	800 000	2.64	2 112.00
		机器设备	530 000	7.92	4 197.60
		其他设备	90 000	5.28	475.20
		小　计	1 420 000	—	6 784.80
	二车间	厂房	400 000	2.64	1 056.00
		机器设备	260 000	7.92	2 059.20
		其他设备	60 000	5.28	316.80
		小　计	720 000	—	3 432.00
	机修车间	厂房	330 000	2.64	871.20
		机器设备	210 000	7.92	1 663.20
		小　计	540 000	—	2 534.40
管理费用	管理部门	房屋及建筑物	650 000	1.98	1 287.00
		运输工具	250 000	9.89	2 472.50
		小　计	900 000	—	3 759.50
合　计			3 580 000	—	16 510.70

根据"固定资产折旧费用分配表",编制会计分录如下:

```
借:制造费用——基本生产车间(一车间)           6 784.80
        ——基本生产车间(二车间)           3 432.00
        ——辅助生产车间(机修车间)         2 534.40
    管理费用                              3 759.50
    贷:累计折旧                                    16 510.70
```

(二) 修理费用的核算

为了保证企业固定资产的正常运转和使用,企业应对固定资产进行定期或不定期的修理。企业发生的修理费,一般可直接计入当期的费用、成本。

【例 3-13】 某企业以银行存款支付基本生产一车间本月发生的固定资产日常修理费 5 400 元,编制会计分录如下:

借:制造费用——基本生产成本　　　　　　　　　　　　　　　　　5 400
　　贷:银行存款　　　　　　　　　　　　　　　　　　　　　　　　　5 400

若此项修理是由企业的辅助生产车间进行的,则应借记"制造费用——辅助生产车间"账户。

(三) 动力费的核算

企业耗用的动力来源于外购动力和自制动力。外购或自制动力在生产过程中有多种用途,有的直接用于产品生产工艺过程,如加热、熔解、焊接、机器动力等;有的用于生产组织、管理工作,如照明、取暖等。在归集分配动力费用时,无论是外购动力还是自制动力,只要用途相同,都应归在一起核算。对于产品生产工艺过程耗用的动力,应根据耗用情况计入相应的产品生产成本;对于生产车间和企业管理部门为组织、管理生产耗用的动力,应分别记入"制造费用"项目和"管理费用"项目。

企业耗用的动力一般可用仪器、仪表来计量。因此,有条件根据计量动力的仪器、仪表确定各部门、各种产品的实际耗用量的企业,可直接根据计量的数量乘以单价得到各部门、各种产品应负担的动力费用。其中,外购动力的单价以支付的费用总额除以各单位、各产品耗用量总数(从总表中扣除管、线损耗)求得。企业的辅助生产车间提供的自制动力,其单价取决于辅助生产费用分配的方法。

【例 3-14】 红星工厂本月耗用外购电力(扣除线路损耗后)共计 12 850 元,根据各部门、车间的电表计量统计结果,编制"动力费用分配表"如表 3-15 所示。

表 3-15　动力费用分配表

2017 年 10 月　　　　　　　　　　　　　　　　　金额单位:元

用　　途	耗用量(度)	单　价	金　额
甲产品	8 200		3 280
乙产品	5 920		2 368
丙产品	8 640		3 456
一车间——一般用	2 200		880
二车间——一般用	2 040		816
机修车间——生产用	1 200		480
机修车间——一般用	1 500		600
供电车间——一般用	625		250
企业管理部门	1 800		720
合　　计	32 125	0.40	12 850

根据"动力费用分配表"(表 3-15)编制会计分录如下:

借：基本生产成本——甲产品	3 280
——乙产品	2 368
——丙产品	3 456
制造费用——一车间	880
——二车间	816
——机修车间	600
——供电车间	250
辅助生产成本——机修车间	480
管理费用	720
贷：应付账款——供电局	12 850

对于企业在生产工艺过程中耗用的动力，如果不能直接根据计量仪器测定各种产品的耗用量，就需按照一定的分配标准将耗用的动力费用分配到各种产品成本中去。常用的分配标准有机器工时和马力工时。计算公式如下：

$$分配率=\frac{各种产品共同耗用动力总量}{各种产品机器工时（或马力工时）总数}$$

$$某种产品应负担的动力费=该产品机器工时数（或马力工时数）\times 分配率\times 单价$$

企业在生产工艺过程中消耗的动力和燃料，若在管理上需单独考核，可记入产品成本的"燃料及动力"成本项目，若不需单独考核，则应记入"直接材料"成本项目。

（四）其他费用的核算

其他费用的核算内容主要包括低值易耗品和出租出借包装物的摊销、预付财产保险费、预付经营租赁固定资产租金、预付报刊订阅费、固定资产修理费用、一次购买印花税票和一次缴纳税额较多且需要分月摊销的税金等。

1. 低值易耗品和出租出借包装物的摊销

企业会计准则应用指南规定，企业能够多次使用、逐渐转移其价值但仍保持原有实物形态不确认为固定资产的材料，如包装物和低值易耗品，属于周转材料。"周转材料"科目可按其种类，分别"在库""在用"和"摊销"进行明细核算，应当采用一次转销法或者五五摊销法进行摊销。

采用一次摊销法，应将领用的低值易耗品的价值，一次全部计入当期费用、成本。领用时应按其账面价值，借记"管理费用""生产成本""销售费用"等账户，贷记"周转材料"账户。周转材料报废时，应按报废周转材料的残料价值，借记"原材料"等账户，贷记"管理费用""生产成本""销售费用"等账户。这种方法适用于一次领用数量不多、单位价值低、使用期限较短或易破损的低值易耗品摊销。

采用五五摊销法，应将领用的低值易耗品的价值，在领用时摊销一半，报废时再摊销一半。领用时应按其账面价值，借记"周转材料——在用"账户，贷记"周转材料——在库"账户，同时按当期应摊销额（一半），借记"制造费用""管理费用""生产成本""销售费用"等账户，贷记"周转材料——摊销"账户。周转材料报废时应补提摊销额（另一半），借记"管理费用""生产成本""销售费用"等账户，贷记"周转材料——摊销"账户。

同时,按报废周转材料的残料价值,借记"原材料"等账户,贷记"管理费用""生产成本""销售费用"等账户;并转销全部已提摊销额,借记"周转材料——摊销"账户,贷记"周转材料——在用"账户。这种方法适用于使用期限较长、单位价值高,或一次额用数量较大的低值易耗品摊销。

按计划成本计价进行低值易耗品的日常核算时,领用的低值易耗品应按计划成本编制会计分录;月末调整领用低值易耗品的成本差异,借记"制造费用""基本生产成本""管理费用""销售费用"等账户,贷记或借记"材料成本差异"账户。

【例3-15】 红星工厂基本生产车间本月领用一批工具和劳保用品,其中专用工具计划成本9 000元,劳保用品计划成本800元,均采用一次摊销法。本月低值易耗品成本差异率为超支2%。编制会计分录如下:

(1)领用专用工具。

须用时:

借:制造费用　　　　　　　　　　　　　　　　　　　　　　　　9 180
　　贷:周转材料——低值易耗品　　　　　　　　　　　　　　　　　9 000
　　　　材料成本差异——低值易耗品成本差异　　　　　　　　　　　　180

(2)领用劳保用品。

借:制造费用　　　　　　　　　　　　　　　　　　　　　　　　　816
　　贷:周转材料——低值易耗品　　　　　　　　　　　　　　　　　　800
　　　　材料成本差异——低值易耗品成本差异　　　　　　　　　　　　　16

2.预付财产保险费、经营租赁固定资产租金和报刊订阅费

对预付财产保险费、预付经营租赁固定资产租金和预付的报刊费如何核算,可以根据重要性原则区别处理:如果预付金额小,不足以影响企业当期会计利润,则在预付上述款项时一次性计入成本或损益类科目,借记"管理费用""制造费用""销售费用"等账户,贷记"银行存款"等账户;如果预付金额大,对企业当期会计利润影响大,则在预付上述款项时先通过借记"预付账款"账户核算比较合理,具体在每一受益期分摊时借记"管理费用""制造费用""销售费用"等账户,贷记"预付账款"账户。

【例3-16】 红星工厂5月1日开出转账支票,预付第三季度财产保险费18 000元,其中:基本生产一车间35%,基本生产二车间22%,机修车间10%,行政管理部门20%,专设销售机构13%。根据有关付款凭证编制"保险费用分配表"如表3-16所示。

表3-16　保险费用分配表

金额单位:元

用　　途	费用项目	分配率(%)	应分配金额
基本生产车间——一车间	财产保险费	35	6 300
基本生产车间——二车间	财产保险费	22	3 960
机修车间	财产保险费	10	1 800
行政管理部门	财产保险费	20	3 600
专设销售机构	财产保险费	13	2 340
合　　计		100	18 000

根据"保险费用分配表"编制会计分录如下：

  借：制造费用——一车间　　　　　　　　　　　　　　　　6 300
  　　　　　　——二车间　　　　　　　　　　　　　　　　3 960
  　　辅助生产成本——机修车间　　　　　　　　　　　　 1 800
  　　管理费用　　　　　　　　　　　　　　　　　　　　 3 600
  　　销售费用　　　　　　　　　　　　　　　　　　　　 2 340
  　　贷：银行存款——保险费　　　　　　　　　　　　　18 000

若分三个月摊销，编制会计分录如下：

5月1日预付第二季度保险费时：

  借：预付账款——保险费　　　　　　　　　　　　　　　18 000
  　　贷：银行存款　　　　　　　　　　　　　　　　　　18 000

5、6、7月分期摊销保险费时：

  借：制造费用——一车间　　　　　　　　　　　　　　　 2 100
  　　　　　　——二车间　　　　　　　　　　　　　　　 1 320
  　　辅助生产成本——机修车间　　　　　　　　　　　　　 600
  　　管理费用　　　　　　　　　　　　　　　　　　　　 1 200
  　　销售费用　　　　　　　　　　　　　　　　　　　　　 780
  　　贷：预付账款——保险费　　　　　　　　　　　　　 6 000

3. 固定资产修理费用

企业会计准则规定，与固定资产有关的后续支出，符合准则规定的固定资产确认条件的，应当计入固定资产成本，不符合固定资产确认条件的，应当在发生时计入当期损益。固定资产的日常维护支出只是确保固定资产处于正常工作状态，通常不满足固定资产的确认条件，应在发生时计入管理费用或销售费用。

二、制造费用的分配方法

如上所述，无论是基本生产车间还是辅助生产车间所承担的制造费用，在月末最终都必须分配计入产品制造成本中。

在生产单一产品的生产单位中，所归集的制造费用全部由该种产品负担，直接计入该种产品的成本。在生产多种产品的生产单位中，因制造费用有多个受益对象，所发生的共同制造费用经归集后，应采用适当的方法进行分配，分别计入各种受益产品的制造成本中。

合理分配制造费用的关键在于正确选择分配标准。在选择分配标准时，应遵循的原则是：分配标准的资料必须比较容易取得，并且与制造费用之间存在客观的因果比例关系等。常用的分配标准有生产工人工时、生产工人工资、机器工时和标准产量等。

制造费用的分配方法可分为实际分配率法、预定分配率法和累计分配率法三大类。

(一) 实际分配率法

采用实际分配率法,应根据各车间和分厂归集的制造费用和耗用分配标准总量,分别计算各车间和分厂的制造费用分配率,然后根据制造费用分配率和各产品耗用的分配标准量计算出各产品应负担的制造费用。其分配的计算公式如下:

$$\text{某生产单位的制造费用分配率} = \frac{\text{该生产单位本期归集的制造费用总额}}{\text{该生产单位本期分配标准总量}}$$

$$\text{某种(批类)产品应负担的制造费用} = \text{该生产单位的制造费用分配率} \times \text{该种(批类)产品耗用的分配标准}$$

按实际分配率法分配制造费用,通常以生产工人工时、生产工人工资和机器工时为分配标准。

1. 生产工人工时比例法

生产工人工时比例法,简称生产工时比例法,这是按照各种产品耗用生产工人实际工时的比例分配费用的方法。

【例3-17】 假定红星工厂一车间、二车间制造费用明细账如表3-17、表3-18所示。

表3-17 制造费用明细账

车间:第一车间　　　　　　　　　　　　　　　　　　　　单位:元

2017年		凭证号数	摘要	费用项目								
月	日			工资及福利费	折旧费	办公费	低值易耗品摊销	机物料消耗	水电费	修理费	其他	合计
10	(略)	(略)	根据职工薪酬分配表	893.76								893.76
			根据折旧费计算表		3 500							3 500
			根据低值易耗品摊销分配表				1 750					1 750
			根据材料费用分配汇总表					4 700				4 700
			根据动力费用分配表						1 567.5			1 567.50
			根据辅助生产费用分配表						1 042	16 547.5		17 589.50
			根据其他费用分配表			299.24					2 100	2 399.24
10	31		合计	893.76	3 500	299.24	1 750	4 700	2 609.5	16 547.5	2 100	32 400
10	31		结转本月发生额	893.76	3 500	299.24	1 750	4 700	2 609.5	16 547.5	2 100	32 400

表 3-18 制造费用明细账

车间:第二车间　　　　　　　　　　　　　　　　　　　　　　　　　　　　单位:元

2017年		凭证号数	摘要	费用项目								
月	日			工资及福利费	折旧费	办公费	低值易耗品摊销	机物料消耗	水电费	修理费	其他	合计
10	(略)	(略)	根据职工薪酬分配表	511.29								511.29
			根据折旧费计算表		1 300							1 300
			根据低值易耗品摊销分配表				1 500					1 500
			根据材料费用分配汇总表					2 400				2 400
			根据动力费用分配表						1 453.5			1 453.50
			根据辅助生产费用分配表						966	17 758.5		18 724.50
			根据其他费用分配表			210.71					1 800	2 010.71
10	31		合　　计	511.29	1 300	210.71	1 500	2 400	2 419.5	17 758.5	1 800	27 900
10	31		结转本月发生额	511.29	1 300	210.71	1 500	2 400	2 419.5	17 758.5	1 800	27 900

假设一车间甲产品耗用生产工人工时为 26 325 小时,乙产品耗用 14 175 小时,二车间丙产品耗用 74 400 小时。该工厂按生产工人工时比例分配制造费用。计算如下:

一车间制造费用分配率 = 32 400 ÷ 40 500 = 0.80(元/小时)

甲产品分配额 = 26 325 × 0.80 = 21 060(元)

乙产品分配额 = 14 175 × 0.80 = 11 340(元)

二车间因只有一种产品,所以全部制造费用由丙产品负担,不进行分配。根据计算结果,编制"制造费用分配表",如表 3-19 所示。

表 3-19 制造费用分配表

2017 年 5 月　　　　　　　　　　　金额单位：元

项目 产品或车间名称	生产工人工资	分配率	分配金额
甲产品	26 325		21 060
乙产品	14 175	0.80	11 340
小　计	40 500		32 400
丙产品	37 200	—	27 900
合　计			60 300

根据表 3-19 编制会计分录如下：

借：基本生产成本——甲产品　　　　　　　　　　　21 060
　　　　　　　　——乙产品　　　　　　　　　　　11 340
　　　　　　　　——丙产品　　　　　　　　　　　27 900
　　贷：制造费用——一车间　　　　　　　　　　　32 400
　　　　　　　——二车间　　　　　　　　　　　27 900

按照生产工人工时比例分配制造费用，能将劳动生产率与产品负担的费用水平联系起来，使分配的结果比较合理，同时，该分配标准的资料容易取得，从而使分配计算的工作较为简便。但是，如果固定资产折旧费、修理费在制造费用中占的比重较大，且各种产品的机械化程度不同，按此标准分配制造费用，就会使机械化程度较高的产品少负担固定资产折旧费、修理费等，致使分配结果与制造费用的实际情况不相符合，因此，生产工人工时比例法适合在各产品生产的机械化程度大致相同的情况下采用。

如果产品的工时定额比较准确，制造费用也可以按生产工人定额工时的比例分配。

2. 直接工资比例法

直接工资比例法，是按照直接计入各种产品成本的生产工人实际工资的比例分配制造费用的方法。

【例 3-18】 现以红星工厂一车间的制造费用分配为例，假设一车间甲、乙产品本月耗用直接工资分别为 15 120 元、6 480 元，按直接工资比例法分配制造费用计算如下：

$$分配率 = 32\ 400 \div (15\ 120 + 6\ 480) = 1.5$$

月末，编制"制造费用分配表"，如表 3-20 所示。

表 3-20 制造费用分配表（直接工资比例法）

车间：一车间　　　　　2017 年 5 月　　　　　　　金额单位：元

产品名称	直接工资费用	分配率	分配额
甲产品	15 120	1.5	22 680
乙产品	6 480		9 720
合　计	21 600		32 400

由于产品成本计算单中有现成的生产工人工资的资料,分配标准容易取得,分配计算工作比较简便。采用这种方法时,各种产品生产的机械化程度或者产品加工的技术等级也不能相差悬殊,否则机械化程度高、产品加工技术等级低的产品,由于工资费用少,分配负担的制造费用也少,影响费用分配的合理性,从而影响产品成本计算的正确性。因此这种方法适用于各产品机械化程度和产品加工技术等级大致相同的情况。

3. 机器工时比例法

机器工时比例法,是按照各种产品生产所耗用机器设备运转时间的比例分配制造费用的方法。采用这种方法时,如果生产车间中机器设备的类型大小不一,应将机器设备划分为若干类别,按照不同类归集和分配制造费用,也可以对不同机器设备按系数折成标准工时进行分配,以提高分配结果的合理性。这种方法适用于机械化、自动化程度较高的生产车间,因为这种车间所发生的制造费用中,折旧费、修理费、动力费等费用所占比重较大,而且这些费用的发生又与机器设备的使用密切相关,因此按机器工时分配制造费用是较为合理的,但应予以指出的是,分厂制造费用与车间的机器工时没有直接关系,因此分厂制造费用分配不应采用此种方法。

(二) 预定分配率法

预定分配率法,亦称计划分配法,这是按照各生产单位年度的制造费用预算和计划产量的定额工时,以及预先确定的预定分配率分配制造费用的方法。其计算公式如下:

$$\text{某生产单位的制造费用预定分配率} = \frac{\text{该生产单位年度制造费用预算总额}}{\text{该生产单位计划产量的定额工时总数}}$$

$$\text{某种(批、类)产品应负担的制造费用} = \text{该生产单位的制造费用预定分配率} \times \text{该种(批、类)产品当月实际产量的定额工时数}$$

$$\text{某种产品应负担的制造费用} = \text{该种产品本月实际业务量(工时或生产工人工资)} \times \text{预定计划分配率}$$

采用预定分配率法,不管各月实际发生的制造费用多少,每月计入各产品制造成本的制造费用,都是按预定分配率分配。对各月按预定分配率分配的制造费用与实际发生的制造费用之间的差额,月末不进行调整分配,这样,年内各月末"制造费用"账户就会有余额,余额可能在借方,也可能在贷方,借方余额表示超过计划的预付费用,贷方余额表示按照计划应付而未付的费用,月末编制资产负债表时,应将借方余额列入"预付账款"项目内,将贷方余额列入"预收账款"项目内。但到年终时,必须将逐月累计的制造费用余额,按已分配的比例一次分配计入12月份的各产品制造成本中,调增或调减当年产品的成本。经年终调整后,"制造费用"账户应无余额。现举例说明制造费用分配的预定分配率法。

【例3-19】 假设某厂某季节性生产车间,年度制造费用计划数为84 000元,全年计划生产甲、乙两种产品的定额总工时为30 000小时。本月甲产品实耗工时为3 000小时,乙产品实耗工时为1 875小时,按预定计划分配率法计算如下:

制造费用年度预定计划分配率=84 000÷30 000=2.80(元/小时)

月末,编制"制造费用分配表",见表3-21所示。

表 3-21　制造费用分配表（计划分配率法）

××车间　　　　　　　　　　2017 年 5 月

产品名称	实际生产工时（小时）	计划分配率	分配额（元）
甲产品	3 000	2.80	8 400
乙产品	1 875		5 250
合计	4 875		13 650

根据"制造费用分配表"（表 3-21）编制会计分录如下：

　　借：基本生产成本——甲产品　　　　　　　　　　　　　　　8 400
　　　　　　　　　　——乙产品　　　　　　　　　　　　　　　5 250
　　　贷：制造费用——××车间　　　　　　　　　　　　　　　13 650

年终，假定该车间制造费用账户贷方余额为 4 500 元，按计划分配率甲产品已分配 52 080 元，乙产品已分配 31 920 元，按已分配比例进行调整。由于实际发生的制造费用（79 500 元）小于计划分配数（84 000 元），故应调整减少各种产品的制造费用。

　　甲产品调整数=（52 080÷84 000）×4 500=2 790（元）

　　乙产品调整数=（31 920÷84 000）×4 500=1 710（元）

　　借：基本生产成本——甲产品　　　　　　　　　　　　　　　2 790
　　　　　　　　　　——乙产品　　　　　　　　　　　　　　　1 710
　　　贷：制造费用——××车间　　　　　　　　　　　　　　　4 500

如果实际发生额小于计划分配额，为超支差异，年终进行调整分配时，应编制蓝字分录。调整分配后，"制造费用"账户年终无余额。

这种分配方法，在一定程度上简化了分配手续，便于及时计算产品成本，特别适用于季节性生产的企业。因为在这种制造企业中，生产旺季和淡季的产量悬殊，而各月制造费用却相差不多，如果按实际费用分配，会导致各月产品制造成本水平波动太大，使淡季成本水平偏高，而旺季偏低，从而不利于成本分析工作的进行。采用预定分配率法要求企业必须有较高的计划工作和定额管理的水平，否则年度制造费用的计划数脱离实际太远，就会影响成本计算的正确性。

对于制造费用的分配计算，应按照生产单位分别编制制造费用分配明细表，根据该表的分配结果，登记各产品成本计算单，以反映各产品成本应承担的制造费用，同时还应根据制造费用明细表，汇总编制企业制造费用分配汇总表，据以进行制造费用分配的总分类核算。

第五节　生产损失的核算

生产损失是指企业在生产过程中由于原材料质量不符合要求、生产工人违规操作、机器设备故障等原因而发生的各种损失。生产损失都是与产品生产直接有关的损失，因此生产损失应由产品制造成本承担，是产品制造成本的组成部分。生产损失主要包括废品损失和停工损失,下面着重阐述制造企业中废品损失和停工损失归集与分配的核算。

一、废品损失的核算

(一) 废品损失的含义

废品,是指由于生产原因而造成的不符合规定的技术标准,不能按照原定用途使用,或者需要重新加工修理才能使用的在产品、半成品或产成品。不论是在生产过程中发现的废品,还是在入库后发现的废品,都应包括在内。

废品按其能否修复分为可修复废品和不可修复废品。可修复废品,是指经过修理可以使用,而且所花费的修复费用在经济上是合算的废品;不可修复的产品,则指不能修复,或者所花费的修复费用在经济上不合算的废品。

废品损失是指由于产生废品而发生的损失。废品损失包括在生产过程中和入库后发现的不可修复废品的生产成本,以及可修复废品的修复费用,扣除回收的废品残料价值和应由过失单位或个人赔款以后的净损失。经过质量检验部门鉴定不需要返修、可以降价出售的不合格品的成本与合格品的成本相同;其降价损失,应在计算销售损益中体现,不应作为废品损失处理。产成品入库后,由于保管不善等原因而损坏变质的损失,属于管理上的问题,应作为管理费用处理,也不作为废品损失处理。实行包退、包修、包换"三包"的企业,在产品出售以后发现的废品所发生的一切损失,也应计入管理费用,不包括在废品损失内。

(二) 废品损失核算的账户设置

废品损失的核算一般有单独核算废品损失和不单独核算废品损失两种方式。在不单独核算废品损失的企业中,可修复废品的损失应直接计入有关的成本项目;不可修复废品只扣除产量,不结转成本;废品的残料价值可直接冲减相应产品成本明细账中的"直接材料"成本项目。

在单独核算废品损失的企业中,单独设置"废品损失"总账账户,进行废品损失的归集和分配。该账户借方登记不可修复废品已耗的生产成本、可修复废品的修复费用以及退回废品而支付的运杂费,贷方登记废品残值和责任人的赔偿款。该账户借贷双方上述内容相抵后的差额,即为本月发生的废品净损失,应由本期完工的产品成本负担。月终,将废品净损失从"废品损失"账户的贷方,转至"基本生产成本"账户的借方,"废品损失"账户月末一般无余额。"废品损失"账户应按生产车间设置明细分类账,账内按不同的成本计算对象开设专栏。

由于可修复废品与不可修复废品的组成内容不同,其废品损失的归集计算方法也不一样。下面分别介绍。

(三) 不可修复废品损失的核算

不可修复废品的损失,是指不可修复废品的生产成本扣除废品残料和赔偿款后的净损失。归集不可修复废品的损失,需首先计算不可修复废品已耗的成本。由于不可修复废品的损失是包括在合格产品成本之内的,因此计算不可修复废品的损失,就需采用一定的方法,将产品的各成本项目费用在合格品与废品之间进行分配,计算出不可修复废品的已耗成本,然后再减去不可修复废品的残值和责任人的赔偿款后,即可计算出不可修复废品的损失。

不可修复废品的已耗成本的计算,可按实际成本计算,也可按计划(或定额)成本计算。

1. 按实际成本计算的不可修复废品的核算

根据合格产品和不可修复废品实际耗用的总成本,按合格产品与不可修复废品的数量或定额工时的比例计算。

当不可修复废品发生在完工入库时,合格品与废品应负担同等的费用,因而可以按两者的产量作为分配标准进行分配。其计算公式如下:

费用分配率=待分配生产费用÷(合格品数量+废品数量)

合格品应负担的生产费用=合格品数量×费用分配率

不可修复废品应负担的生产费用=不可修复废品产量×费用分配率

当废品发生在生产过程中,原材料系一次投入,则原材料等直接材料仍可按产量作为分配标准,其他费用则应按生产工时作为分配标准;如果原材料系分次投入,并与完工程度一致,则应按废品的约当产量(即以废品数量乘以废品完工程度)作为分配标准进行分配。计算公式与上述相同,只需将公式中的"产量"换成"生产工时"或"约当产量"即可。如果原材料费用在生产费用中所占比重较大,为简化核算,也可只将原材料费用在废品与合格品之间分配,其他费用则全部由合格品负担。

【例3-20】 某厂×车间本月完工甲产品3 000件,入库时,经检验合格品为2 970件,不可修复废品30件。本月生产共耗用2 500工时,其中废品生产耗用25工时。本月生产费用直接材料30 000元,直接人工7 500元,制造费用13 500元;废品残值估价200元,已交仓库验收入库,应由过失人赔偿60元。原材料系一次投入。假定该企业的直接材料费用按产量比例分配,其他费用按工时比例分配。

根据以上资料编制"废品损失计算表",如表3-22所示。

表3-22 废品损失计算表

产品名称:甲产品

××车间　　　　　　　　　　2017年5月　　　　　　　　　　金额单位:元

项　目	直接材料	直接人工	制造费用	合　计
生产费用总额	30 000	7 500	13 500	51 000
分配标准	2 970+30	2 475+25	2 475+25	
分配率	10	3	5.4	
废品成本	300	75	135	510
减:残值	200			200
赔款		60		60
废品损失	100	15	135	250

根据表3-22,编制会计分录如下:

(1) 将不可修复废品30件的已耗成本从"基本生产成本"账户转出:

  借:废品损失——甲产品   510
    贷:基本生产成本——甲产品   510

(2) 结转回收废品残料价值:

  借:原材料   200
    贷:废品损失——甲产品   200

(3) 假定应由过失人赔偿60元:

  借:其他应收款——×××   60
    贷:废品损失——甲产品   60

(4) 将废品净损失转入合格品成本:

  借:基本生产成本——甲产品   250
    贷:废品损失——甲产品   250

按实际成本计算、分配废品损失,其结果较为准确,但工作量较大,并且只能在月末产品生产费用算出后才能进行,不利于及时控制废品损失。

2. 按计划(或定额)成本计算不可修复废品损失的核算

按定额成本计算不可修复废品损失是将不可修复废品按照工时定额和各种费用定额计算废品成本,实际成本与定额成本的差额全部由合格品负担。

【例3-21】 假设某厂×车间产品验收时发现甲产品中不可修复废品30件,每件甲产品的费用定额为直接材料11元,直接人工22.5元,制造费用26.25元。其他资料同上例。根据上述资料编制"废品损失计算表"见表3-23,会计分录编制同[例3-20]。

表3-23 废品损失计算表

2017年5月

××车间 产品名称:甲产品 废品:30件 单位:元

项 目	直接材料	直接人工	制造费用	合 计
单位产品费用定额	11	22.5	26.25	59.75
废品定额成本	330	675	787.5	1 792.5
减:残值	200			200
赔款		60		60
废品损失	130	615	787.5	1 532.5

采用费用定额计算废品成本方法简便、计算及时,有利于控制废品损失,故应用较为广泛。此方法适用于定额成本资料较完善、准确的企业。

(四) 可修复废品损失的核算

可修复废品损失是指在废品修复过程中所发生的修复费用,包括为修复废品所耗用的直接材料、直接人工、制造费用等。

可修复废品的修复费用的归集,可根据各要素费用分配表,借记"废品损失"账户,贷记"原材料""应付职工薪酬""制造费用"等账户。如有残值回收和应收赔偿款,应冲减废品成本,即分别根据"废料交库单"和有关结算凭证,将残料价值由"废品损失"账户的贷方转入"原材料"等有关账户的借方,将应收赔偿款由"废品损失"账户的贷方转入"其他应收款"账户的借方;最后,将废品净损失(即修复费用减去残值和赔款的差额)由"废品损失"账户贷方转入"基本生产成本"账户借方。

二、停工损失的核算

(一)停工损失的含义

停工损失是指企业或生产车间或班组因停工而发生的各种费用,包括停工期间支付的生产工人工资、职工福利费、耗用的燃料和动力以及应负担的制造费用。企业的停工可分为计划内停工和计划外停工两种:计划内停工是指计划规定的停工,如因计划减产、季节性停产期间造成的停工;计划外停工是指各种事故造成的停工,如各种事故(停工待料、电力中断、设备故障等)和非常灾害等造成的停工。在单独核算停工损失的情况下,停工损失一般应单独计入产品成本,但不是所有的停工损失都要计入产品成本。对于非常灾害造成的停工损失,应记入"营业外支出"项目;对于季节性停产、修理期间停产以及全车间或一个班组停工不满一个工作日的停工损失,应记入"制造费用"项目。

(二)停工损失的归集与分配

停工损失的核算应以"停工通知单"作为核算的原始凭证。在"停工通知单"中,应填明停工原因、停工时间、应计工人工资、经济责任单位或人员等。财会部门须根据经有关部门、领导审核签章后的"停工通知单"核算停工损失。

为了单独核算停工损失,应设置"停工损失"账户。该账户的借方归集本月发生的停工损失,贷方分配结转停工损失,月末一般无余额。"停工损失"账户应按车间设置明细账户,账内按计划内停工和计划外停工分设专栏进行核算。企业发生停工时,应由车间填制"停工单",经财会部门审核后,"停工单"成为停工损失归集的依据。停工期间发生应计入停工损失的各种费用,都应在"停工损失"账户的借方归集,根据停工单和各种费用分配表等,借记"停工损失"账户,贷记"原材料""应付职工薪酬"和"制造费用"等账户。

在"停工损失"账户借方归集的费用,应根据不同情况进行分配处理:应由责任者(或单位)和保险公司负担的赔款,以及因非常灾害引起的停工损失等,应借记"其他应收款""营业外支出"账户,贷记"停工损失"账户。发生的计划内停工损失,一般应通过预提、待摊的方式分期计入开工期所生产的产品成本中。对于计划外的停工损失,应全部计入当月生产的产品成本中,在月末分配结转停工损失时,应借记"基本生产成本"账户,贷记"停工损失"账户。如果该车间生产多种产品,停工损失可按照制造费用的分配方法,在各种产品之间进行分配。只有在车间发生全月停工的情况下,停工损失可保留在"停工损失"账户中,由下月生产的产品负担,否则,停工损失都应由当月完工产成品负担,在产品和自制半成品不负担停工损失。

复习思考题

1. 直接材料成本和间接材料成本有何区别?
2. 采用计划成本计价情况下,如何确定发出材料的实际成本?
3. 如何编制材料费用分配明细表和材料费用分配汇总表?
4. 哪些人员的工资可计入产品制造成本?
5. 制造费用一般包括哪些费用项目?
6. 制造费用分配有哪些方法可供选择?各种方法是如何进行分配计算的?各种分配方法有何优缺点?其适用性如何?
7. 采用预定分配率法有什么好处?年终如何调整"制造费用"账户的金额?
8. 辅助生产部门发生的辅助生产费用应如何进行归集和分配?
9. 什么是直接分配法?如何应用这种方法分配辅助生产费用?
10. 什么是计划分配法?如何应用这种方法分配辅助生产费用?
11. 什么是交互分配法?如何应用这种方法分配辅助生产费用?
12. 什么是代数分配法?如何应用这种方法分配辅助生产费用?
13. 什么是生产损失?生产损失包括哪些内容?
14. 什么是废品?如何确定可修复废品和不可修复废品?
15. 什么是停工损失?停工损失包括哪些内容?

测 试 题

一、单项选择题

1. 生产车间耗用的机物料,应借记的账户是( )。
   A. "基本生产成本" B. "辅助生产成本" C. "制造费用" D. "管理费用"
2. 在企业生产产品成本中,"直接人工"项目不包括( )。
   A. 直接参加生产的工人的工资
   B. 按生产工人工资计提的福利费
   C. 直接参加生产的工人的计件工资
   D. 企业行政管理人员工资
3. 辅助生产车间完工的修理用备件入库时,应借记的账户是( )。
   A. "低值易耗品" B. "基本生产成本" C. "辅助生产成本" D. "原材料"
4. 下列方法中,属于辅助生产费用分配的方法的是( )。
   A. 定额成本法
   B. 计划成本分配法
   C. 生产工时比例分配法
   D. 机器工时比例分配法
5. 辅助生产交互分配后的实际费用,应再在( )进行分配。
   A. 各基本生产车间
   B. 各辅助生产车间以外的受益单位之间
   C. 各受益的基本生产车间
   D. 各辅助生产车间
6. 在各辅助生产车间相互提供劳务很少的情况下,适宜采用的辅助生产费用分配方法是( )。
   A. 直接分配法 B. 交互分配法 C. 计划成本分配法 D. 代数分配法
7. 在辅助生产费用的各种分配方法中,分配结果最正确的是( )。
   A. 交互分配法 B. 直接分配法 C. 计划成本分配法 D. 代数分配法
8. 采用辅助生产费用分配的交互分配法,对外分配的费用总额是( )。
   A. 交互分配前的费用

B. 交互分配前的费用加上交互分配转入的费用

C. 交互分配前的费用减去交互分配转出的费用

D. 交互分配前的费用再加上交互分配转入的费用、减去交互分配转出的费用

9. 采用计划成本分配法分配辅助生产费用时,辅助生产车间实际发生的费用应该是( )。

    A. 该车间待分配费用减去分配转出的费用

    B. 该车间待分配费用加上分配转入的费用

    C. 该车间待分配费用加上分配转出的费用减去分配转入的费用

    D. 该车间待分配费用加上分配转入的费用减去分配转出的费用

10. 辅助生产车间发生的制造费用( )。

    A. 必须通过"制造费用"总账账户核算

    B. 不必通过"制造费用"总账账户核算

    C. 根据具体情况可记入"制造费用"总账账户,也可直接记入"辅助生产成本"账户

    D. 首先记入"辅助生产成本"账户

11. 按年度计划分配率分配制造费用的方法适用于( )。

    A. 制造费用数额较大的企业   B. 季节性生产企业

    C. 基本生产车间规模较小的企业   D. 制造费用数额较小的企业

12. 能够将劳动生产率和产品负担的费用水平联系起来,使分配结果比较合理的制造费用分配方法是( )。

    A. 生产工人工时比例分配法   B. 按年度计划分配率分配法

    C. 生产工人工资比例分配法   D. 机器工时比例分配法

13. 机器工时比例分配法适用于( )。

    A. 季节性生产的车间   B. 制造费用较多的车间

    C. 机械化程度大致相同的各种产品   D. 机械化程度较高的车间

14. 除了按年度计划分配率分配制造费用以外,"制造费用"账户月末( )。

    A. 没有余额   B. 一定有借方余额   C. 一定有贷方余额   D. 有借方或贷方余额

15. 适用于季节性生产的车间分配制造费用的方法是( )。

    A. 生产工资比例法   B. 机器工时比例分配法

    C. 生产工时比例法   D. 年度计划分配率法

16. 下列属于制造费用分配方法的是( )。

    A. 约当产量法   B. 定额比例法   C. 分步法   D. 生产工人工时比例法

17. 下列不属于制造费用的是( )。

    A. 车间机物料消耗   B. 融资租入固定资产的租赁费

    C. 劳动保护费   D. 季节性停工损失

18. 下列项目中,应该计入产品成本的停工损失是( )。

    A. 由于自然灾害引起的非正常停工损失   B. 非正常原因发生的停工损失

    C. 固定资产修理期间的停工损失   D. 非季节性停工损失

19. 生产车间固定资产修理期间发生的停工损失应计入( )。

    A. 产品成本   B. 营业外支出   C. 管理费用   D. 废品损失

20. 可修复废品的废品损失是指( )。

    A. 返修前发生的原材料费用

B. 返修前发生的制造费用

C. 返修后发生的修理费用

D. 返修前发生的生产费用加上返修后发生的修理费用

21. 在下列各项中，不属于停工损失的是（　　）。
   A. 停工期间的工资费用　　　　　　B. 电力中断造成的停工损失
   C. 机器设备出现故障的停工损失　　D. 节假日停工发生的费用

22. 下列各项中，不应计入废品损失的是（　　）。
   A. 不可修复废品的生产成本　　　　B. 可修复废品的生产成本
   C. 用于修复废品的人工费用　　　　D. 用于修复废品的材料费用

23. 采用交互分配法分配辅助生产费用时，交互分配是指（　　）。
   A. 各受益单位之间进行分配　　　　　　　　　B. 各受益的基本生产车间之间进行分配
   C. 辅助生产以外的各受益单位之间进行分配　　D. 各受益的辅助生产车间之间进行分配

24. 在按计划成本计价进行材料发出的核算时，对于已经验收材料的实际成本大于计划成本的差额，应该作为材料采购的（　　）。
   A. 超支差异　　　B. 节约差异　　　C. 计划成本　　　D. 实际成本

25. 季节性停工损失，应计入（　　）。
   A. 管理费用　　　B. 产品成本　　　C. 其他业务支出　　　D. 营业外支出

26. 某种产品发生不可修复废品时，如果废料不予回收，将会使该种产品的（　　）。
   A. 总成本降低，单位成本增加　　　B. 总成本不变，单位成本增加
   C. 总成本增加，单位成本增加　　　D. 总成本与单位成本均不变

27. 产品生产的机械化程度较高的车间，制造费用的分配一般采用（　　）。
   A. 生产工人工资比例法　　　　B. 生产工时比例法
   C. 年度计划分配率法　　　　　D. 机器工时比例法

28. 企业支付外购动力费用时，一般应借记（　　）账户，贷记"银行存款"账户。
   A. "应付账款"　　　　　　　B. "生产成本""制造费用"等
   C. "预付账款"　　　　　　　D. "应收账款"

29. 下列不在制造费用账户归集的费用是（　　）。
   A. 基本生产车间机器设备的折旧费用　　B. 季节性停工损失
   C. 辅助生产车间工人工资　　　　　　　D. 生产车间照明费用

30. 生产过程中或入库前发现的各种废品损失，不包括（　　）。
   A. 修复废品的工资　　　　　　B. 修复废品领用材料
   C. 不可修复废品的报废损失　　D. 实行"三包"的损失

31. 下列情形造成的停工损失应当计入营业外支出的是（　　）。
   A. 季节性停工　　　　　　　　　　　　B. 因计划压缩产量使主要车间停工10天
   C. 因灾害使企业停工20天　　　　　　　D. 因机器故障使主要车间停工5天

二、多项选择题

1. 在按实际成本进行材料日常核算的企业中，计算发出材料单位成本的方法有（　　）。
   A. 个别计价法　　　B. 历史成本法　　　C. 后进先出法　　　D. 加权平均法

2. 下列提法中，正确的有（　　）。
   A. "物资采购"账户的借方反映采购材料实际成本

B. "物资采购"账户期末无余额
C. "材料成本差异"账户的贷方反映材料成本节约差异
D. "材料成本差异"账户的期末余额方向不定

3. 产品成本项目中的直接材料,包括直接用于产品生产的(　　)。
   A. 原料　　　　　B. 主要材料　　　C. 辅助材料　　　D. 包装物
   E. 修理用备件

4. 以下工资费用中应分配计入各产品成本的费用有(　　)。
   A. 生产工人计时工资　　　　　　B. 生产工人津贴和补贴
   C. 个人计件工资　　　　　　　　D. 集体计时工资

5. 辅助生产车间对各受益单位分配费用的方法有(　　)。
   A. 直接分配法　　B. 顺序分配法　　C. 交互分配法　　D. 代数分配法

6. 分配折旧费用时,可以借记的账户有(　　)。
   A. "基本生产成本"　B. "辅助生产成本"　C. "制造费用"　D. "生产费用"

7. 各生产车间分配制造费用时,可以借记的账户有(　　)。
   A. "生产成本——辅助生产成本"账户　　B. "累计折旧"账户
   C. "生产成本——基本生产成本"账户　　D. "废品损失"账户

8. 下列属于辅助车间的制造费用可以直接计入"辅助生产成本"账户的条件有(　　)。
   A. 制造费用很少　　　　　　　　B. 生产车间规模很小
   C. 辅助生产车间数量很少　　　　D. 辅助生产车间不对外提供商品

9. 下列费用分配表中,可以直接作为基本生产车间产品成本明细账登记依据的有(　　)。
   A. 直接材料费用分配表　　　　　B. 直接人工费用分配表
   C. 折旧费用分配表　　　　　　　D. 制造费用分配表

10. 通过辅助生产费用的归集和分配,应计入本月产品成本的生产费用,都已分别归集在(　　)总账账户和所属明细账的借方。
    A. "基本生产成本"　B. "辅助生产成本"　C. "管理费用"　D. "制造费用"

11. 辅助生产费用的分配方法,主要包括(　　)。
    A. 交互分配法　　B. 直接分配法　　C. 按计划成本分配法　D. 代数分配法

12. 下列项目中,属于制造费用的项目有(　　)。
    A. 机物料消耗　　　　　　　　B. 修理期间的停工损失
    C. 税金　　　　　　　　　　　D. 保险费

13. 下列应在"制造费用"账户核算的是(　　)。
    A. 车间管理人员的工资　　　　B. 企业直接从事生产的工人工资
    C. 车间管理人员的福利费　　　D. 车间固定资产的折旧费

14. 辅助生产费用分配的交互分配法,具有的特点有(　　)。
    A. 核算工作量较大　　　　　　B. 核算工作较简便
    C. 需计算两个费用分配率　　　D. 核算结果较正确
    E. 核算结果不很正确

15. 核算废品损失过程中,可能贷记的账户有(　　)。
    A. "基本生产成本"　B. "废品损失"　C. "应付工资"　D. "制造费用"
    E. "原材料"

16. 可修复废品必须同时具备的条件包括（　　）。
    A. 经过修复可以使用　　　　　　　　B. 经过修复仍不能使用
    C. 所花费的修复费用在经济上合算　　D. 可以修复，但在经济上不合算
17. 下列项目中，不属于废品损失项目的有（　　）。
    A. 产成品入库后，因保管不善而毁损变质的损失
    B. 质检鉴定不需返修，可降价出售的不合格品成本
    C. 可修复废品的材料费用
    D. 实行"三包"的产品出售后发生的废品损失
18. 下列各项中，在计算废品损失时应扣除的是（　　）。
    A. 回收的可修复废品的废料价值　　B. 回收的不可修复废品的废料价值
    C. 应收的赔款　　　　　　　　　　D. 不可修复废品的生产成本
19. 企业的停工损失包括（　　）。
    A. 停工期间发生的原材料费用　　　B. 停工期间发生的工资及福利费
    C. 停工期间发生的制造费用　　　　D. 停工不满一个工作日的损失
20. 在单独反映和控制停工损失的企业中，停工损失的核算内容包括停工期间发生的（　　）。
    A. 直接材料费用　　　　　　　　　B. 直接人工费用
    C. 应由过失单位负担的赔款　　　　D. 制造费用

三、判断题

1. 基本生产车间生产产品领用的材料，应直接计入各成本计算对象的产品成本明细账。（　）
2. 用于几种产品生产共同耗用的、构成产品实体的原材料费用，可以直接计入各种产品成本。（　）
3. 生产车间耗用的材料，全部记入"直接材料"成本项目。（　）
4. 车间领用的材料在产品完工时，如有余料，应填制退料凭证及时退回仓库。对于下个月需要继续耗用的材料，为简化核算，可以办理"假退料"手续。（　）
5. 实行计件工资制的企业，由于材料缺陷产生的废品，不付计件工资。（　）
6. 生产车间所有职工的工资费均记入"直接人工"成本项目。（　）
7. 用交互分配法分配辅助生产费用，实际上是进行了两次费用分配。（　）
8. 辅助生产费用肯定全部计入产品生产成本。（　）
9. 在辅助生产费用分配的各种方法中，交互分配法的结果最正确。（　）
10. 生产多种辅助产品或提供多种劳务的辅助生产车间，其制造费用应单独核算。（　）
11. 在直接分配法下，其费用分配率（单位成本）应以待分配费用除以供应的劳务总量。（　）
12. 采用按计划成本分配法分配辅助生产费用，不必在辅助生产车间之间进行交互分配。（　）
13. 采用交互分配法算出的某辅助生产车间交互分配率，就是该车间提供劳务的实际单位成本。（　）
14. 采用直接分配法分配辅助生产费用时，应考虑各辅助生产车间之间相互提供产品或劳务的情况。（　）
15. 辅助生产费用的分配，应遵循谁受益谁负担的原则，分配方法力求简便、合理、易行。（　）
16. 制造费用计划分配率的计算公式应该等于本期实际制造费用总额除以分配标准总额。（　）
17. 制造费用分配标准的选择主要是考虑制造费用与产品的关系或制造费用与生产量的关系。（　）

18. 在按年度计划分配率法分配制造费用时,全年实际发生的制造费用与计划分配额的差额,在当年不作处理。（   ）
19. 机械化程度较高的企业,其制造费用分配的方法适宜采用机器工时比例分配法。（   ）
20. 如果不可修复废品是在完工以后发现的,可以按照合格品产量和废品的数量比例分配各项生产费用。（   ）
21. 实践中,废品损失仅指生产原因产生的废品所造成的损失。（   ）
22. 可修复废品是指经过修复可以使用,而且在经济上合算的废品。（   ）
23. 产成品入库后,由于保管不善等原因而损坏变质的损失,不作为废品损失处理。（   ）
24. 计划内停工损失和计划外停工损失的核算方法是一样的。（   ）
25. 固定资产修理期间的停工损失计入产品成本。（   ）

四、计算分析题

（一）

一、目的　练习直接材料费用的分配的定额耗用量比例法。

二、资料　某厂生产A、B、C三种产品。本月三种产品共同耗用甲材料33 600千克,每千克12.5元,总金额为420 000元。三种产品本月投产量分别为4 000件、3 200件和2 400件,甲材料消耗定额分别为3千克、2.5千克和5千克。

三、要求　利用表3-24采用定额耗用量比例分配法分配甲材料费用。

表3-24　甲材料费用分配表

2017年10月　　　　　　　　　　　　　　　　金额单位：元

产品	产品投产量	单位定额	定额消耗总量	分配率	实际消耗总量	分配率	应分配材料费用
A产品							
B产品							
C产品							
合计							

（二）

一、目的　练习分配结转直接材料费用的账务处理。

二、资料　根据某厂本月耗用材料汇总表记录的资料,该厂本月消耗甲材料520 000元,其中产品生产直接消耗420 000元,车间一般消耗30 000元,厂部管理部门消耗70 000元。产品生产耗用的材料在A、B、C三种产品之间的分配见本章练习一,即上表的分配结果。

三、要求　根据资料编制分配结转本月耗用甲材料的会计分录。

（三）

一、目的　练习直接材料费用分配的系数分配法。

二、资料　某厂生产A_1、A_2、A_3、A_4和A_5五种产品,五种产品单位产品甲材料消耗定额分别为30、27.5、25、20、17.5,本月实际产量分别为400、500、1 000、200、160件,本月实际消耗甲材料59 850元,见表3-25。

三、要求　利用下表,以A_3产品为标准产品,采用系数分配法分配甲材料费用。

表 3-25　甲材料费用分配表

2017 年 10 月　　　　　　　　　　　　　　　　金额单位：元

产品名称	单位消耗定额数	系　数	实际产量	标准产量（总系数）	费用分配率	应分配材料费用
A₁						
A₂						
A₃						
A₄						
A₅						
合　计						

（四）

一、目的　练习计时工资的分配。

二、资料　某企业当月基本生产车间生产工人的计时工资共计16 620元，生产A、B两种产品，A产品产量9 500件，每件定额工时为30分钟，B产品产量8 700件，每件定额工时为15分钟。

三、要求　按定额工时比例在A、B两种产品之间分配人工费用。

（五）

一、目的　练习直接人工费用分配的生产工时比例法。

二、资料　长江股份有限公司本月应付工资100 000元，其中产品生产工人79 500元，车间管理人员5 500元，厂部管理人员15 000元；本月生产的A、B、C三种产品，实际生产工时分配为800、400小时和300小时。本月应付福利费计提比例为14%。

三、要求　利用表3-26、3-27完成如下事项：

(1) 采用生产工时分配法分配生产工人工资及提取福利费。

(2) 编制分配结转工资和应付福利费的会计分录。

表 3-26　工资费用分配表

2017 年 10 月　　　　　　　　　　　　　　　　金额单位：元

产　品	实际生产工时（小时）	分配率	分配金额
A产品			
B产品			
C产品			
合　计			

表 3-27　提取福利费计算表

2017 年 10 月　　　　　　　　　　　　　　　　金额单位：元

产品名称或人员类别	工资总额	计提比例	提取职工福利费
产品生产工人			
A产品			
B产品			
C产品			
车间管理人员			
厂部管理人员			
合　计			

(六)

一、目的 练习外购动力费用的分配及会计处理。

二、资料 黄河股份有限公司本月应付外购电费18 000元,其中产品生产用电15 000元,车间管理部门用电1 000元,厂部管理部门用电2 000元。本月该厂生产的A、B、C三种产品的实际生产工时分别为4 000、2 000小时和1 500小时。

三、要求 利用表3-28完成如下事项:
(1) 采用生产工时分配法分配外购电费。
(2) 编制分配结转应付电费的会计分录。

表 3-28 外购电费分配表

2017年10月   金额单位:元

产 品	实际工时(小时)	分配率	分配金额
A产品			
B产品			
C产品			
合 计			

(七)

一、目的 练习辅助生产费用分配的直接分配法。

二、资料 某重型机械厂设有供电和机修两个辅助生产车间,在分配费用前,供电车间本月生产费用为58 240元,机修车间为53 760元。本月供电车间供电44 000度,其中机修车间耗用4 000度,产品生产耗用30 000度,基本生产车间照明耗用3 000度,行政管理部门耗用7 000度。本月机修车间修理工时为4 240小时,其中供电车间240小时,基本生产车间3 000小时,行政管理部门1 000小时。

三、要求 利用表3-29采用直接分配法分配辅助生产费用,并编制分配结转辅助生产费用的会计分录。

表 3-29 辅助生产费用分配表(直接分配法)

2017年10月   金额单位:元

辅助生产车间	应分配费用	分配数量	分配率	分配额					
				产 品		车间管理		行政管理部门	
				数量	金额	数量	金额	数量	金额
供电车间									
机修车间									
合 计									

(八)

一、目的 练习辅助生产费用分配的一次交互分配法。

二、资料 见习题(七)资料。

三、要求 利用表3-30采用一次交互分配法分配辅助生产费用,并编制分配结转辅助生产费用的会计分录。

表 3-30　辅助生产费用分配表（交互分配法）

2017 年 10 月　　　　　　　　　　　　　　　　金额单位：元

辅助生产车间		应分配费用	分配数量	分配率	分　　配　　额									
					供电车间		机修车间		产品		车间管理		行政管理部门	
					数量	金额	数量	金额	数量	金额	数量	金额	数量	金额
交互分配	供电车间													
	机修车间													
	小计													
对外分配	供电车间													
	机修车间													
	小计													
合　计														

（九）

一、目的　练习制造费用归集的核算。

二、资料　中华实业股份有限公司设有一个基本生产车间，大量生产 A、B、C 三种产品，本月有关基本生产车间制造费用的经济业务如下：

（1）根据耗用材料汇总表，本月领用材料实际成本 40 000 元，其中产品生产消耗 36 000 元、车间一般消耗 2 500 元、行政管理部门消耗 1 500 元。

（2）根据工资结算汇总表，本月应付工资 30 000 元，其中产品生产工人 25 000 元，车间管理人员 2 000 元，行政管理人员 3 000 元。

（3）根据上述人员工资总额，按照 14% 的比例计提本月应付福利费。

（4）以银行存款 300 元支付办公用品费，其中生产车间 100 元，行政管理部门 200 元。

（5）根据月初在用固定资产原价，本月应计提折旧 4 000 元，其中生产车间 3 000 元、行政管理部门 1 000 元。

（6）以银行存款 500 元支付生产车间设备修理费。

（7）本月生产车间领用低值易耗品 1 000 元（采用一次摊销法）。

（8）车间刘主任报销差旅费 300 元，结清原借备用金 250 元，补付现金 50 元。

（9）以银行存款 1 000 元支付生产车间劳动保护费。

（10）以银行存款 500 元支付生产车间本月固定资产租赁费。

（11）以银行存款 3 500 元支付本月水电费，其中产品生产直接耗用 2 500 元，车间一般消耗 200 元，厂部消耗 600 元。

（12）根据待摊费用明细账资料，本月生产车间应摊销固定资产保险费 500 元。

三、要求　利用表 3-31 完成如下事项：

（1）根据资料编制会计分录。

（2）登记生产车间制造费用明细账并结出本月发生额合计。

表 3-31　制造费用明细账

生产单位：基本生产车间　　　　　　　　　　　　　　　　　　　　　单位：元

年月	日	凭证字号	摘要	费用明细项目										合计
				工资	福利费	折旧费	修理费	机物料消耗	低值易耗品摊销	办公费	差旅费	劳动保护费	租赁费	保险费	水电费	
		合计													

（十）

一、目的　练习制造费用分配的生产工时比例法。

二、资料　中兴股份有限公司本月基本生产车间生产的 A 产品、B 产品、C 产品三种产品，产品生产工人工时分别为 3 000、5 000 小时和 4 000 小时，本月该车间发生的制造费用见习题（九）明细账。

三、要求

(1) 利用表 3-32 采用生产工时分配法分配本月制造费用。

(2) 编制分配结转制造费用的会计分录。

表 3-32　制造费用分配表

生产单位：基本生产车间　　　　　2017 年 10 月　　　　　　　　金额单位：元

产品名称	生产工时	分配率	分配金额
A 产品			
B 产品			
C 产品			
合计			

（十一）

一、目的　练习制造费用分配的机器工时比例法。

二、资料　某棉麻机械厂第一基本生产车间用甲、乙两类设备生产 A、B、C 三种产品。本月该车间制造费用总额为 300 000 元；三种产品本月机器总工时为 175 000 小时，其中 A 产品 75 000 小时、B 产品 50 000 小时，C 产品 50 000 小时；本月甲类设备运转 75 000 小时，其中 A 产品 25 000 小时，B 产品 10 000 小时，C 产品 40 000 小时；乙类设备运转 100 000 小时，其中 A 产品 50 000 小时，B 产品 40 000 小时，C 产品 10 000 小时。该车间甲类设备工时系数定为 1，乙类设备工时系数定为 1.25。

三、要求

(1) 利用表 3-33 采用机器工时分配法分配制造费用。

(2) 编制分配结转制造费用的会计分录。

表 3-33 制造费用分配表

生产单位：第一基本车间　　　　　2017年10月　　　　　金额单位：元

产品名称	标准机器工时（小时）				费用分配率	分配金额
	甲类设备（标准机器工时）	乙类设备（系数1.25）		标准机器工时合计		
		实际工时	标准工时			
A产品						
B产品						
C产品						
合　计						

（十二）

一、目的　练习制造费用分配的计划分配率法。

二、资料　某企业基本生产车间全年计划制造费用163 200元，全年各产品的计划产量：甲产品24 000件，乙产品18 000件。单位产品工时定额：甲产品4小时，乙产品6小时。1月份实际产量：甲产品1 800件，乙产品1 500件；1月份实际发生制造费用13 000元。11月份，月初"制造费用"账户贷方余额150元，该月实际产量：甲产品1 200件，乙产品1 000件；实际制造费用为9 100元。12月份实际产量：甲产品900件，乙产品800件，该月实际制造费用为6 200元。

三、要求

（1）计算制造费用年度计划分配率。

（2）计算并结转1月份应分配转出的制造费用。

（3）计算并结转11月份应分配转出的制造费用。

（4）计算并结转12月份应分配转出的制造费用。对计划制造费用与实际制造费用差额进行调整。

（十三）

一、目的　练习制造费用分配的计划分配率法。

二、资料　某工业企业的第一基本生产车间全年制造费用预算总额为115 460元，全年各种产品的计划产量为：甲产品2 200件，乙产品1 500件；单件产品的工时定额为：甲产品8小时，乙产品5小时。假设车间3月份的实际产量为：甲产品180件，乙产品120件。采用计划分配率法分配3月份的制造费用。假定到本年年末，采用预定分配率法已分配制造费用116 000元，其中甲产品已分配76 000元，乙产品已分配40 000元。全年实际发生制造费用114 608元。

三、要求

（1）按年度计划分配率分配法分配制造费用。

（2）对年末余额作出账务处理。

（十四）

一、目的　练习不可修复废品损失的核算。

二、资料　兴华机械厂第二车间本月完工入库合格乙产品1 880件，生产中产生不可修复废品120件，本月乙产品累计生产费用为125 688元，其中直接材料为43 200元，直接人工为47 136元，制造费用为35 352元，乙产品月初月末无在产品。废品生产成本的计算中，直接材料项目按合格品同等负担，直接人工和制造费用可将120件废品折算为84件合格品，再在废品和合格品之间分配。废品残料处理回收现金1 020元，已决定由过失人赔偿300元。

三、要求　利用表3-34、3-35完成如下事项：

（1）计算并结转不可修复废品生产成本。

（2）登记并结转回收废品残料价值。

(3) 登记并结转过失人应赔偿款。

(4) 计算并结转废品净损失。

(5) 根据会计分录登记废品损失明细账和产品生产成本计算单。

表 3-34　废品损失明细账

生产单位：第二车间　　　　　　　　　　　　　　　　　　产品：乙产品

2017 年		凭证字号	摘要	借方	贷方	余额
月	日					
10						

表 3-35　产品生产成本计算单

生产单位：第二车间　　　　　　2017 年 10 月　　　　　　产品：乙产品

摘要	直接材料	直接人工	制造费用	废品损失	合计
累计生产费用					
转出废品生产成本					
转入废品净损失					
合格品总成本					
合格品单位成本					

（十五）

一、目的　练习不可修复废品损失的核算。

二、资料　某企业生产一批甲产品，合格品共 1 000 件，废品 60 件。共发生工时 30 000 小时，其中废品工时 1 800 小时。共发生费用：直接材料 69 960 元，直接工资 60 000 元，制造费用 15 000 元，不可修复废品残料价值 500 元。原材料是一次投料，直接材料按实际数量在合格品与废品之间分配，其他费用按工时比例进行分配。

三、要求　利用表 3-36、3-37 完成如下事项：

(1) 编制废品成本计算表，计算不可修复废品的生产成本。

(2) 登记废品损失明细账。

(3) 编制有关不可修复废品损失核算的会计分录。

表 3-36　废品成本计算表

项目	产量	直接材料	生产工时	直接工资	制造费用	合计
费用总额						
分配率						
废品成本						

表 3-37　废品损失明细账

摘要	直接材料	直接工资	制造费用	合计
不可修复废品成本				
残料价值				
合计				
结转废品净损失				

(十六)

一、目的 练习可修复废品损失的核算。

二、资料 某厂加工车间所产甲产品中,发现可修复废品80件,已修复验收入库。根据本月"耗用材料汇总表"、"直接人工费用分配表"和"制造费用分配表"提供的资料,本月修复甲产品领用材料8 000元,修复甲产品实际耗用工时1 000小时,小时工资分配率为11元(不含应提取的应付福利费),小时制造费用分配率为6元;本月修复废品应分配人工费用12 540元,其中生产工人工资11 000元,提取应付福利费1 540元;应分配制造费用6 000元。按规定,本月发生的80件废品应由过失人赔偿1 200元。

三、要求

(1) 编制发生可修复废品修复费用的会计分录。

(2) 编制应收过失人赔款的会计分录。

(3) 结转本月废品净损失。

(十七)

一、目的 练习废品损失的核算。

二、资料 某工业企业各种费用分配表中列示甲种产品可修复废品的修复费用为:原材料2 130元,应付生产工人工资850元,提取的生产工人福利费119元,制造费用1 360元。

不可修复废品成本按定额成本计价。不可修复废品的定额成本资料为:不可修复废品5件,每件原材料费用定额100元;每件定额工时为30小时。每小时工资福利费3元,制造费用4元。

可修复废品和不可修复废品的残料价值按计划成本计价,共160元,作为辅助材料入库;应由过失人赔款120元。废品净损失由当月同种产品成本负担。

三、要求

(1) 计算甲种产品不可修复废品的生产成本。

(2) 计算甲种产品不可修复废品和可修复废品的净损失。

(3) 编制有关的会计分录。

(十八)

一、目的 练习废品损失的核算。

二、资料 某企业规定不可修复废品成本按定额成本计价。某月某产品的不可修复废品40件,每件直接材料定额为30元;40件废品的定额工时共为260小时。每小时的费用定额为:直接人工10元,制造费用14元。该月产品的可修复废品的修复费用为:直接材料1 000元,直接人工720元,制造费用1 600元。废品的残料作为辅助材料入库,计价200元。应由责任售货员赔偿的废品损失400元。废品净损失由当月同种产品成本负担。

三、要求

(1) 计算不可修复废品的生产成本。

(2) 计算全部废品的净损失。

(3) 编制归集废品修复费用,以及结转不可修复废品生产成本、废品残值、应收赔款和废品净损失的会计分录。

第四章 生产费用在完工产品与在产品之间分配的核算

第一节 在产品的数量核算

生产费用经过一系列的分配、汇总后,应计入产品成本的各项费用,按成本项目全部归集在"基本生产成本"账户及其所属明细账中。如果产品全部完工,所归集的生产费用,就是该种完工产品的成本;如果期末既有完工产品,又有在产品,就需将期初在产品费用与本期发生的生产费用之和,在本期完工产品与期末在产品之间进行分配。

在产品是指没有完成企业全部生产过程,不能作为商品销售的产品。在产品有狭义和广义之分。狭义在产品是指在生产车间内进行加工的在制品,以及正在返修的废品和已完成车间生产,但尚未验收入库的产品;而广义在产品是从整个企业范围来说,不仅包括狭义在产品,还包括已经完成部分加工阶段,已由中间仓库验收,但还需继续加工的半成品,以及等待返修的废品。对于不准备在本企业继续加工,等待对外销售的自制半成品,应作为商品产品,不应列入在产品之内。本书述及的在产品为狭义在产品。

生产费用在完工产品与在产品之间的分配方法,从在产品成本确定的先后顺序上看,主要有两种类型:一是先确定月末在产品成本,然后确定完工产品成本;二是完工产品成本与在产品成本同时确定,也就是将本月生产费用与月初在产品费用之和,按一定比例在完工产品与月末在产品之间进行分配,不分先后地计算出完工产品成本和月末在产品成本。无论采用哪类方法,都必须先取得有关在产品实物数量的核算资料。

对在产品实物数量的核算,主要包括在产品收发结存的日常核算和在产品的清查两项工作。

一、在产品收发结存的日常核算

为进行在产品收发结存的日常核算,应分别车间按产品品种和在产品的名称(如零件、部件的名称)设立"在产品收发结存账",以便用来反映各种在产品的收入、发出和结存的数量。在实际工作中,这种账簿也被称为在产品台账。根据生产工艺特点与管理需要,在按生产车间设置在产品台账的情况下,可在各台账中按每一道工序分设栏目,反映各工序的收发结存数量。简化的在产品台账格式如表4-1所示。

表 4-1 在产品台账

车　　　间：一车间
产品名称：A 种在产品　　　　20××年 8 月　　　　计量单位：件

日期	摘要	收入		转出			结存		备注
		凭证号数	数量	凭证号数	合格品	废品	完工	未完工	
1		1101	10	2201	9		1		
8		1104	16	2204	12	1	2	1	
合计			180		220	2	6	4	

"在产品台账"一般由车间核算人员登记,也可由各班组核算员登记、车间核算员汇总。

二、在产品清查的核算

为了正确确定在产品的实物数量,在进行在产品收发结存数量核算的同时,还必须对在产品定期或不定期地进行清查盘点,及时发现在产品的盈亏情况,以确保在产品账面数量与实物数量相符合。清查后,应根据盘点结果,编制在产品盈亏报告,查明盈亏原因并及时进行处理。

在产品清查结算的账务处理是通过"待处理财产损溢——待处理流动资产损溢"账户进行的。具体处理程序如下。

1. 在产品盘盈的核算

(1) 在产品盘盈时:

　借:基本生产成本
　　　贷:待处理财产损溢——待处理流动资产损溢

(2) 经批准核销盘盈时:

　借:待处理财产损溢——待处理流动资产损溢
　　　贷:制造费用等

2. 在产品盘亏毁损的核算

(1) 在产品盘亏、毁损时:

　借:待处理财产损溢——待处理流动资产损溢
　　　贷:基本生产成本

(2) 经批准按不同情况进行处理。

收回残值时:

　借:原材料等
　　　贷:待处理财产损溢——待处理流动资产损溢

应向有关单位、部门、过失人索赔时：

　　借：其他应收款
　　　　贷：待处理财产损溢——待处理流动资产损溢

因意外灾害或无法索赔的损失：

　　借：营业外支出
　　　　贷：待处理财产损溢——待处理流动资产损溢

应计入产品成本的损失：

　　借：制造费用等
　　　　贷：待处理财产损溢——待处理流动资产损溢

第二节　生产费用在完工产品和在产品之间分配的方法

一、约当产量比例法

约当产量比例法是按照完工产品数量与月末在产品约当产量的比例分配计算完工产品成本与月末在产品成本的一种方法。所谓约当产量，是指将月末在产品数量按其投料程度和加工程度折算为相当于完工产品的数量（也就是完工程度为100%的约当产量），本月完工产品产量与月末在产品约当产量之和，称为约当总产量，简称约当产量。约当产量比例法适用范围较广泛，当月末在产品数量较大，而且变化也大，不宜采用其他分配方法时，采用此种方法尤为合适。按约当产量比例法分配完工产品与在产品成本的计算公式如下：

$$\frac{月末在产品}{约当产量} = 月末在产品结存数量 \times 在产品加工程度（或投料程度）$$

$$费用分配率 = \frac{月初在产品成本 + 本月生产费用}{完工产品产量 + 月末在产品约当产量}$$

$$月末在产品成本 = 月末在产品约当产量 \times 费用分配率$$

【例4-1】　某企业生产丙产品，3月份结存在产品40件，加工程度60%。本月投产360件。本月完工产量为300件，月末在产品100件，加工程度为50%。丙产品所耗直接材料在生产开始时投入全部材料的70%，当加工程度达到80%时，再投入其余30%的直接材料。丙产品其他资料如下：

	直接材料(元)	直接人工(元)	制造费用(元)
月初在产品成本	768.40	73.00	165.10
本月生产费用	8 481.60	1 467.00	2 004.90

根据上述资料,采用约当产量比例法,完工丙产品和月末在产品成本计算如下:

(1) 直接材料成本的分配。

$$月末在产品约当产量 = 100 \times 70\% = 70(件)$$

$$约当产量单位成本 = \frac{768.40 + 8\,481.60}{300 + 70} = 25(元)$$

$$完工产品应负担的直接材料成本 = 300 \times 25 = 7\,500(元)$$

$$月末在产品应负担的直接材料成本 = 70 \times 25 = 1\,750(元)$$

(2) 直接人工成本的分配。

$$月末在产品约当产量 = 100 \times 50\% = 50(件)$$

$$约当产量单位成本 = \frac{73 + 1\,467}{300 + 50} = 4.40(元)$$

$$完工产品应负担的直接人工成本 = 300 \times 4.40 = 1\,320(元)$$

$$月末在产品应负担的直接人工成本 = 50 \times 4.40 = 220(元)$$

(3) 制造费用的分配。

$$月末在产品约当产量 = 100 \times 50\% = 50(件)$$

$$约当产量单位成本 = \frac{165.10 + 2\,004.90}{300 + 50} = 6.20(元)$$

$$完工产品应负担的制造费用 = 300 \times 6.20 = 1\,860(元)$$

$$月末在产品应负担的制造费用 = 50 \times 6.20 = 310(元)$$

(4) 计算完工产品成本和月末在产品成本。

$$300\text{ 件完工丙产品成本} = 7\,500 + 1\,320 + 1\,860 = 10\,680(元)$$

$$3\text{ 月末在产品成本} = 1\,750 + 220 + 310 = 2\,280(元)$$

从以上例子可见,以约当产量计算分配费用时,在产品的投料程度和完工程度的测定,对于费用分配的正确性影响很大。在实际工作中,材料投入和产品加工情况千差万别,需要根据具体情况分别计算投料程度和完工程度,下面介绍投料程度和完工程度的确定方法。

1. 投料程度的确定

(1) 原材料在生产开始时一次投入,则每件在产品与每件完工产品的原材料消耗相同,其在产品投料程度亦为100%,直接材料成本项目不需要计算月末在产品约当产量,可按照完工产品数量与在产品数量的比例进行分配。

(2) 原材料在生产过程中随生产加工进度陆续投入,在产品的投料程度与完工程度的计算方法相同,参见以下述及的完工程度的计算方法。

(3) 原材料分工序投入,并在每道工序开始时一次投入。其计算公式如下:

$$某道工序上的在产品投料程度 = \frac{到本工序止的累计材料消耗定额}{完工产品材料消耗定额}$$

【例 4-2】 戊产品由两道工序制成,其原材料分工序在每道工序开始时一次投入。戊产品的原材料消耗定额和在产品数量资料,以及投料程度和约当产量的计算,如表4-2所示。

表 4-2 分工序投料约当产量计算表

工序	原材料消耗定额（千克）	月末在产品数量（件）	在产品投料程度	在产品约当产量（件）
1	350	1 600	350÷500×100%=70%	1 600×70%=1 120
2	150	800	(350+150)÷500×100%=100%	800×100%=800
合计	500	2 400		1 920

如果戊产品本月完工 5 120 件,月初在产品直接材料成本和本月发生的直接材料费用合计为 36 608 元。假设月末在产品按加权平均法计价,则直接材料成本分配计算如下:

直接材料约当产量单位成本＝36 608÷(5 120＋1 920)＝5.20(元)
完工产品应负担的直接材料成本＝5.20×5 120＝26 624(元)
月末在产品应负担的直接材料成本＝5.20×1 920＝9 984(元)

2. 完工程度的确定

(1) 如果企业生产进度比较均衡,月末在产品在各工序加工数量都相差不多的情况下,后面各工序在产品多加工的程度可以抵补前面各工序少加工的程度,为简化核算,月末在产品的完工程度均可按 50% 计算。

(2) 如果月末在产品各工序加工数量不均衡,则必须根据各工序在产品的累计工时定额占完工产品工时定额数的比率,分别计算各工序在产品的完工程度。其计算公式如下:

$$\text{某道工序在产品完工程度} = \frac{\text{前面各道工序累计工时定额} + \text{本道工序工时定额} \times 50\%}{\text{产品工时定额}} \times 100\%$$

上述公式中的"本道工序工时定额"均按 50% 计算,是因为该工序中各件在产品的加工程度虽然不同,但为简化起见,对本工序的加工程度一般不逐一测定,都按平均加工 50% 计算。对于从上一道工序转入下一道工序的在产品,因其上一道工序已加工完成,因此前面各道工序的工时定额都以 100% 计入。

【例 4-3】 设某种产品经三道工序加工完成,各工序有关资料及计算结果如表 4-3 所示。

表 4-3 各工序有关资料及计算结果表

生产工序	工时定额（小时）	完工程度（%）	月末在产品数量（件）	在产品约当产量（件）
一	120	20	270	54.00
二	100	57	225	128.25
三	80	87	180	156.60
合计	300	—	—	338.85

表 4-3 完工程度计算如下：

$$\text{第一道生产工序在产品完工程度} = \frac{120 \times 50\%}{300} \times 100\% = 20\%$$

$$\text{第二道生产工序在产品完工程度} = \frac{120 + 100 \times 50\%}{300} \times 100\% = 57\%$$

$$\text{第三道生产工序在产品完工程度} = \frac{120 + 100 + 80 \times 50\%}{300} \times 100\% = 87\%$$

这种方法适用于各道工序在产品数量和各道工序的完工程度差别较大的企业或车间。

二、定额比例法

定额比例法是指按照完工产品和月末在产品的定额消耗量（或定额成本）比例分配生产费用的方法。其计算公式如下：

$$\text{费用分配率} = \frac{\text{月初在产品费用} + \text{本月生产费用}}{\text{完工产品定额耗用量(成本)} + \text{月末在产品定额耗用量(成本)}}$$

$$\text{完工产品某项目实际成本} = \text{该项目费用分配率} \times \text{完工产品该项目定额耗用量(成本)}$$

$$\text{月末在产品某项目实际成本} = \text{该项目费用分配率} \times \text{月末在产品该项目定额耗用量(成本)}$$

该方法适用于定额制度管理基础较好，各项消耗定额制度比较健全、稳定，各月末在产品数量变动较大的产品。在具体按成本项目进行分配时，对于直接材料成本项目，如果产品只耗用一种材料，可按直接材料的定额耗用量或定额成本比例进行分配，但如果产品耗用的直接材料不止一种时，由于各种直接材料的单位成本不可能完全相符，就必须按定额成本的比例进行分配。对于直接人工与制造费用成本项目，按定额耗用量和定额成本比例进行分配的结果是相同的，由于定额耗用量资料容易取得，所以一般均按定额耗用量比例进行分配。

【例 4-4】 大华企业基本生产车间 2004 年 8 月份生产的乙产品完工 100 件，月末在产品 20 件。月初在产品成本和本月生产费用的合计为：直接材料 36 000 元，直接人工 21 000 元，制造费用 15 000 元。单位在产品定额成本为：直接材料 40 元/件，直接人工 3 元/小时，制造费用 2 元/小时，单位产品工时定额 50 小时/件。假设其月末在产品完工程度为 50%，材料系一次投入，按定额费用比例法计算如下：

（1）直接材料分配率 $= \dfrac{36\,000}{100 \times 40 + 20 \times 40} = 7.5$

完工产品应负担的直接材料费 $= 100 \times 40 \times 7.5 = 30\,000$（元）

在产品应负担的直接材料费 $= 20 \times 40 \times 7.5 = 6\,000$（元）

（2）直接人工分配率 $= \dfrac{21\,000}{100 \times 3 \times 50 + 20 \times 3 \times 50 \times 50\%} = 1.27273$

完工产品应负担的直接人工费 $= 100 \times 3 \times 50 \times 1.27273 = 19\,091$（元）

在产品应负担的直接人工费 $= 20 \times 3 \times 50 \times 50\% \times 1.27273 = 1\,909$（元）

（3）制造费用分配率 $= \dfrac{15\,000}{100 \times 2 \times 50 + 20 \times 2 \times 50 \times 50\%} = 1.36364$

完工产品应负担的制造费用 $= 100 \times 2 \times 50 \times 1.36364 = 13\,636$（元）

在产品应负担的制造费用 $= 20 \times 2 \times 50 \times 50\% \times 1.36364 = 1\,364$（元）

(4) 完工产品成本=30 000+19 091+13 636=62 727(元)

　　在产品成本=6 000+1 909+1 364=9 273(元)

三、按定额成本法

定额成本法是指月末在产品以定额成本计价的方法。采用这种方法时，可根据实际结存的在产品数量、投料和加工程度，以及单位产品定额成本计算出月末在产品的定额成本，将其从月初在产品定额成本与本月生产费用之和中扣除，余额即为本月完工产品成本。就是说，每月生产费用脱离定额的差异，全部计入当月完工产品成本。其计算公式如下：

$$在产品材料定额成本 = 在产品数量 \times 单位材料消耗定额 \times 计划单价$$

$$在产品工资(费用)定额成本 = 在产品数量 \times 单位工时定额 \times 单位定额工资(费用)$$

$$月末在产品定额成本 = 在产品材料定额成本 + 在产品工资定额成本 + 在产品费用定额成本$$

或

$$月末在产品定额成本 = 月末在产品数量 \times 单位在产品定额成本$$

$$完工产品成本 = 月初在产品成本 + 本月生产费用 - 月末在产品定额成本$$

在产品按定额成本计价法，适用于定额管理工作较好，各项消耗定额比较准确、稳定，而且各月末在产品结存数量比较稳定的产品。

【例 4-5】 仍依上述大华企业的资料为例，按定额成本法计算如下：

单位在产品定额成本=40+(3+2)×50×50%=165(元/件)

月末在产品定额成本=20×165=3 300(元)

月末完工产品成本=(36 000+21 000+15 000)−3 300=68 700(元)

四、其他方法

在实际工作中，为了进一步简化核算工作，企业可根据具体情况采用一些简化的方法进行月末在产品成本计算。

1. 在产品不计价法

这是一种不计算在产品成本的方法。对于各月末在产品数量很少，价值很低，是否计算在产品成本对完工产品影响不大，在这种情况下，为了简化成本计算工作，可以不计算在产品成本，即当月发生的生产费用，全部由当月完工产品负担。

2. 在产品成本按年初在产品成本计价

这种方法的特点是：年内各月末在产品成本均按年初在产品成本计算。年终时，根据在产品的实际盘点数重新确定年末在产品成本，并将其作为次年在产品成本计算的依据。

这种方法适用于各月在产品数量较少，或虽然数量较多，但各月在产品数量比较均衡，月初月末在产品成本差额较小，在产品成本计算对各月完工产品成本影响不大的企业采用。

3. 在产品成本按所耗直接材料费用计价

采用这种方法时，月末在产品只负担直接材料成本(也可包括燃料和动力费)，直接人工费和制造费用则全部由完工产品成本负担。这种方法适用于各月在产品数量较多,或数量不稳定,直接材料在成本中所占比重较大的企业采用。

第三节 完工产品成本的结转

一、完工产品成本的归集

制造企业发生的生产费用,采用前述方法在各成本计算对象之间以及完工产品与月末在产品之间分配后,就可以计算出各种完工产品的实际成本,为完工产品结转的账务处理提供了可靠的依据。

制造业的完工产品,包括产成品、自制材料、自制工具和模具等。企业应该在产品验收入库后,根据取得的产品交库单和产品成本计算表进行归集,编制"完工产品成本汇总表"。"完工产品成本汇总表"的格式请参见表4-4所示。

二、结转完工产品成本的账务处理

企业根据产品成本计算单所提供的完工产品的实际成本,从"基本生产成本"账户的贷方转入各有关账户的借方,其中完工入库产成品的成本,应转入"产成品"账户的借方;完工入库自制半成品、自制材料、自制工具、模具的成本,应分别转入"自制半成品""原材料"和"低值易耗品"账户的借方。"基本生产成本"账户的期末余额,就是基本生产尚未加工完成的各项在产品的成本。

【例4-6】红星企业2017年5月月末,会计部门根据产品入库单汇总编制"完工产品成本汇总表"如表4-4所示。

表4-4 完工产品成本汇总表

2017年5月　　　　　　　　　　　　　　　　　　　　　单位:元

成本项目 \ 产品名称	甲成本(500件)		乙产品(400件)		总成本合计
	总成本	单位成本	总成本	单位成本	
直接材料	159 000	318	56 000	140	215 000
直接人工	20 500	41	36 800	92	57 300
制造费用	16 000	32	14 800	37	30 800
合　计	195 500	391	107 600	269	303 100

根据表4-4将完工产品成本从"基本生产成本"总账及其所属明细账的贷方转入"产成品"总账及有关明细账的借方。其会计分录如下:

借:产成品——甲产品　　　　　　　　　　　　　　　　195 500
　　　　　——乙产品　　　　　　　　　　　　　　　　107 600
　贷:基本生产成本——甲产品　　　　　　　　　　　　195 500
　　　　　　　　　——乙产品　　　　　　　　　　　　107 600

复习思考题

1. 什么是在产品？如何区分狭义在产品和广义在产品？
2. 为什么要加强产品实物的日常管理？
3. 如何进行在产品盘盈、盘亏的账务处理？
4. 完工产品与在产品成本划分有哪几种方法？各种方法的运用条件是什么？
5. 在产品不计价法和在产品按固定成本计价法有何异同？
6. 在产品按定额成本计价及按定额比例法分配完工产品与在产品成本有什么区别？
7. 什么是约当产量？如何计算约当产量？
8. 如何确定在产品的投料程度和加工程度？
9. 完工产品如何结转？

测 试 题

一、单项选择题

1. 狭义的在产品包括（　　）。
   A. 正在车间加工的产品　　　　　　B. 需进一步加工的半成品
   C. 对外销售的自制半成品　　　　　D. 产成品
2. 原材料在每一道工序开始时一次投料的情况下，分配原材料费用的在产品完工率，为（　　）与完工产品消耗定额的比率。
   A. 所在工序累计消耗定额之半　　　B. 所在工序累计消耗定额
   C. 所在工序消耗定额　　　　　　　D. 所在工序消耗定额之半
3. （　　）适用于定额管理基础较好，各项消耗定额或费用定额较准确、稳定，但各月末在产品数量变动较大的产品。
   A. 在产品按所耗原材料费用计价法　B. 在产品按定额成本计价法
   C. 在产品按固定成本计价法　　　　D. 定额比例法
4. 约当产量比例法适用于（　　）的产品。
   A. 月末在产品数量较大　　　　　　B. 各月之间在产品数量变化较大
   C. 产品成本中各项费用比重相关不多　D. 以上三项条件同时具备
5. 分配加工费用时所采用的在产品完工率，是指产品（　　）与完工产品工时定额的比率。
   A. 所在工序的工时定额
   B. 前面各工序工时定额之和与所在工序工时定额之半的合计数
   C. 所在工序的累计工时定额
   D. 所在工序的工时定额之半
6. 如果某种产品的月末在产品数量较大，各月在产品数量变化也较大，产品成本中各项费用的比重相差不多，生产费用在完工产品与月末在产品之间分配，应采用的方法是（　　）。
   A. 不计在产品成本法　　　　　　　B. 约当产量比例法
   C. 在产品按完工产品计算法　　　　D. 定额比例法
7. 某种产品的各项定额准确、稳定，其各月末在产品数量变动不大，为了简化成本计算工作，其生产费用在完工产品与在产品之间进行分配应采用（　　）。
   A. 定额比例法　　　　　　　　　　B. 约当产量比例法

C. 在产品按定额成本计价法 D. 在产品按完工产品计算法

8. 对于各项消耗定额或费用定额比较准确稳定，但月末在产品数量变动较大的产品，其生产费用在完工产品和月末在产品之间的分配宜采用（　　）。
    A. 定额比例法 B. 在产品按定额成本计价法
    C. 约当产量法 D. 在产品按完工产品计算法

9. 在产品采用定额成本计价法计算时，其实际成本与定额成本之间的差异应计入（　　）。
    A. 在产品成本 B. 营业外支出 C. 完工产品成本 D. 期间费用

10. 对于盘盈的在产品，在有关部门批准后，应该记入的账户是（　　）。
    A."制造费用" B."基本生产成本" C."管理费用" D."营业外支出"

11. 采用在产品按定额成本计算法分配费用时，应具备的条件是（　　）。
    A. 无在产品盘盈盘亏情况发生 B. 月末在产品数量较多
    C. 月末在产品数量变化较大 D. 各月末在产品数量变化较小

12. 在产品为（　　）与完工产品工时定额的比率。
    A. 所在工序工时定额之半
    B. 所在工序累计工时定额
    C. 上道工序累计工时定额与所在工序工时定额之半的合计
    D. 所在工序工时定额

13. 采用约当产量法时，分配直接人工费用和制造费用的在产品完工率，其计算公式为（　　）与产品工时定额之比。
    A. 前面各道工序定额之和与所在工序工时定额之半的合计
    B. 所在工序工时定额
    C. 所在工序工时定额之半
    D. 各道工序的累计工时定额

14. 甲产品期初在产品30件，本期投产160件，期末在产品15件，其本期完工产品为（　　）件。
    A. 145 B. 160 C. 175 D. 190

15. 某种产品经两道工序加工完成。工序的工时定额分别为24小时、16小时。各道工序的在产品在本道工序的加工程度按工时定额的50%计算。据此计算的第二道工序在产品累计工时定额为（　　）小时。
    A. 16 B. 20 C. 32 D. 40

16. 某种产品经两道工序加工完成。第一道工序的月末在产品数量为100件，完工程度为20%；第二道工序的月末在产品数量为200件，完工程度为70%。据此计算的月末在产品约当产量为（　　）件。
    A. 20 B. 135 C. 140 D. 160

17. 某企业产品经过两道工序，各工序的工时定额分别为30小时和40小时，则第二道工序的完工率为（　　）。
    A. 68% B. 69% C. 70% D. 71%

18. 采用约当产量法计算完工产品在产品成本时，若原材料不是在开工时一次投入，而是随生产进度陆续投入，且在每道工序是一次投入的，第一道工序材料消耗定额为30千克，第二道工序为60千克，则第二道工序在产品的完工率为（　　）。
    A. 67% B. 33% C. 100% D. 97%

19. 若某产品的生产为陆续投料，经两道工序完成，第一道工序投料40%，第二道工序投料60%，则处于第二道工序的在产品在计算投料成本时的完工程度应为（　　）。
    A. 100% B. 70% C. 60% D. 40%

二、多项选择题

1. 约当产量法适用的是( )。
   A. 月末产品接近完工的产品
   B. 产品成本中原材料费用和加工费用比重相差不大的产品
   C. 各月末在产品数量较大的产品
   D. 月末完工产品数量较大的产品

2. 采用在产品按所耗原材料费用计价法,分配完工产品和月末在产品费用,应具备的条件有( )。
   A. 原材料费用在产品成本中占比重较大　　B. 各月末在产品数量较大
   C. 各月末在产品数量比较稳定　　　　　　D. 各月末在产品数量变化较大

3. 生产费用在完工产品和月末在产品之间分配的方法有( )。
   A. 定额比例法　　　　　　　　　　　　　B. 按定额成本计价法
   C. 约当产量比例法　　　　　　　　　　　D. 计划成本分配法
   E. 不计在产品成本法

4. 采用约当产量比例法,必须正确计算在产品的约当产量,而在产品约当产量计算正确与否取决于产品完工程度的测定,测定在产品完工程度的方法有( )。
   A. 按50%平均计算各工序完工率　　　　　B. 分工序分别计算完工率
   C. 按定额比例法计算　　　　　　　　　　D. 按定额工时计算
   E. 按原材料消耗定额

5. 如果企业的各项消耗定额或费用定额不准确,且经常变化,在完工产品与在产品之间分配费用时,不能选用的方法有( )。
   A. 约当产量比例法　　　　　　　　　　　B. 在产品按定额成本计算法
   C. 定额比例法　　　　　　　　　　　　　D. 在产品按年初成本计算法

6. 采用在产品按年初成本计算法应具备的条件是( )。
   A. 月末在产品数量大,但较稳定　　　　　B. 月末在产品数量大,且不稳定
   C. 月末在产品数量较小　　　　　　　　　D. 月初、月末在产品数量变化不大

7. 约当产量比例法适用于分配( )。
   A. 直接人工费用　　　　　　　　　　　　B. 制造费用
   C. 直接材料费用(一次投料)　　　　　　　D. 直接材料费用(分阶段投料)

8. 采用约当产量法对在产品进行计价的前提假设有( )。
   A. 期初在产品优先在本期加工　　　　　　B. 期末在产品完工程度容易估计且准确
   C. 各月在产品数量比较稳定　　　　　　　D. 各项费用消耗定额比较准确

三、判断题

1. 月末在产品数量较多,但各月末在产品数量变化不大的产品,其月末在产品可按年初成本计价。( )

2. 在产品按其所耗原材料费用计价时,在产品所耗加工费用全部由完工产品成本负担。( )

3. 在随产品加工进度陆续投料,且投入程度与加工进度一致的情况下,分配原材料费用的在产品完工率与分配加工费用的在产品完工率相同。( )

4. 某道工序在产品完工率=(本工序工时定额+前面各工序定额之和×50%)÷产品工时定额。( )

5. 生产费用在完工产品和在产品之间分配时,如果不计算在产品成本,则每月发生的生产费用之和,就是完工产品的成本。( )

6. 如果原材料随着加工进度陆续投入,原材料投入的程度与加工进度完全一致或基本一致,则

单件的完工产品与不同完工程度的在产品所耗用的原材料不相等。　　　　　　　（　　）

7. 采用约当产量法分配原材料费用的完工率与分配加工费用的完工率是通用的。（　　）

8. 定额比例法的适用范围是各项消耗定额比较准确稳定,但月末在产品数量变化很小的产品。
　　　　　　　　　　　　　　　　　　　　　　　　　　　　　　　　　　（　　）

9. 约当产量比例法适用于月末在产品数量较大、各月在产品数量变化也较大且原材料费用在产品中所占比重较大的产品。　　　　　　　　　　　　　　　　　　　　　　　（　　）

10. 各月末的在产品数量变化不大的产品,可以不计算在产品成本。　　　　　　（　　）

四、计算分析题

(一)

一、目的　练习约当产量法。

二、资料　某厂生产的甲产品本月完工验收入库数量为 4 000 件,月末盘点在产品数量为 800 件,在产品完工程度为 50%,材料系开工时一次投入,甲产品生产成本明细账归集的生产费用表明,月初在产品成本为 800 000 元,其中直接材料 600 000 元,直接人工 88 000 元,制造费用 112 000 元,甲产品本月发生的生产费用为 6 871 200 元,其中直接材料为 4 866 200 元,直接人工为 882 200 元,制造费用为 1 122 800 元。

三、要求

(1) 利用表 4-5 采用约当产量法计算甲产品月末在产品成本和本月完工产品成本。

(2) 编制结转本月完工入库产品成本的会计分录。

表 4-5　产品成本计算单

产品:甲产品　　产量:4 000 件　　2017 年 10 月　　　　　　　金额单位:元

摘　要	直接材料	直接人工	制造费用	合　计
月初在产品成本				
本月生产费用				
生产费用合计				
完工产品数量				
月末在产品约当产量				
生产量合计				
费用分配率(单位成本)				
完工产品总成本				
月末在产品成本				

(二)

一、目的　练习约当产量法。

二、资料　某基本生产车间生产甲产品,采用约当产量比例法分配费用。甲产品单件工时定额 20 小时,经三道工序制造。各工序工时定额:第一道工序 4 小时,第二道工序 8 小时,第三道工序 8 小时。各道工序内均按 50% 的完工程度计算。本月完工 200 件,在产品 120 件,其中:第一道工序 20 件,第二道工序 40 件,第三道工序 60 件。月初加本月发生费用合计分别为:原材料 16 000 元,工资及福利费 7 980 元,制造费用 8 512 元,原材料在生产开始时一次投入。

三、要求

(1) 计算各道工序在产品完工率。

(2) 计算月末在产品的约当量。

(3) 按约当产量比例分配计算完工产品和月末在产品成本。

（三）

一、目的 练习约当产量法。

二、资料 某企业生产的丁产品分三道工序制成,各道工序的原材料消耗定额为:第一道工序100千克,第二道工序60千克,第三道工序40千克。在产品数量:第一道工序150件,第二道工序200件,第三道工序250件。

三、要求
(1) 假设该产品原材料在每道工序开始时一次投入,计算各道工序完工率和约当产量。
(2) 假设该产品原材料随着生产进度陆续投入,计算各道工序完工率及约当产量。

（四）

一、目的 练习约当产量法。

二、资料 某企业生产A产品,分三道工序制成,A产品工时定额为100小时,其中:第一道工序40小时,第二道工序30小时,第三道工序30小时,每道工序按本道工序工时定额的50%计算,在产品数量:第一道工序1 000件,第二道工序1 200件,第三道工序1 500件。

三、要求 计算在产品各道工序的完工率和约当产量。

（五）

一、目的 练习投料程度的计算。

二、资料 某企业生产丁产品,月初在产品与本月材料费用的合计为13 920元、直接工资为12 320元、制造费用为11 440元。本月完工400件,月末结存在产品80件,加工程度为50%。

三、要求 根据以下三种原材料投入方式,采用约当产量法在完工产品和在产品之间分配原材料费用。

(1) 原材料在生产开始时一次投入的；
(2) 生产开始时投入材料的80%,加工到60%时再投入其余的20%；
(3) 当原材料在生产过程中陆续均衡投入时。

（六）

一、目的 练习加工程度的确定。

二、资料 设某工厂某月生产A产品,其单件工时定额为40小时,经两道工序制成,其中第一、第二道工序的工时定额分别为16小时和24小时。本月完工产品600件,第一、第二道工序的在产品数量分别为200件、100件。月初在产品和本月发生的制造费用共计26 270元。

三、要求 确定在产品加工程度,并对制造费用进行分配。

（七）

一、目的 练习定额比例法。

二、资料 某车间生产甲产品,本月完工产品600件,月末在产品100件,原材料系生产开始时一次投入,月末在产品的完工程度均为50%,完工产品单位定额耗用量为15千克,定额工时为10小时,本月共发生材料费用21 000元,人工费用11 700元,制造费用10 400元。

三、要求 利用表4-6采用定额比例法计算完工产品成本和在产品成本。

表4-6 产品成本计算单

摘　　要	直接材料	直接人工	制造费用	合　　计
本月合计 分配率 完工产品成本 在产品成本				

（八）

一、目的　练习在产品按定额成本计价法。

二、资料　某产品月初和本月发生的生产费用合计：直接材料48 020元，直接工资15 250元，制造费用12 000元。原材料在生产开始时一次投料，单位产品直接材料费用定额70元。完工产品产量420件，月末在产品100件，定额工时共计1 300小时。每小时费用定额：工资2.05元，制造费用2.40元。

三、要求　利用表4-7采用月末在产品按定额成本计价法，分配计算月末在产品成本和完工产品成本。

表4-7　产品成本计算单

成本项目	生产费用合计	月末在产品成本	完工产品成本
直接材料			
直接工资			
制造费用			
合　计			

（九）

一、目的　练习定额比例法。

二、资料　某企业生产A产品，月初在产品直接材料费用30 000元，直接人工费用2 500元，制造费用1 500元。本月实际发生直接材料费用194 000元，直接人工费25 000元，制造费用15 000元。完工产品5 000件，单件原材料费用定额30元，单件工时定额3.8小时。月末在产品400件，单件原材料费用定额25元，工时定额2.5小时。

三、要求　采用定额比例法，计算完工产品成本与期末在产品成本。

（十）

一、目的　练习定额比例法。

二、资料　某企业采用定额比例法分配费用，9月份丙产品生产成本明细账的有关资料如表4-8。

表4-8　生产成本明细账

成本项目	月初在产品费用		本月生产费用	
	定　额	实　际	定　额	实　际
直接材料	3 000	3 500	7 000	7 500
直接工资	2 000（工时）	2 500	3 000（工时）	3 500
制造费用		1 500		2 500
合　计		7 500		13 500

本月丙产品完工100件。单件定额：原材料80元，工时定额40小时。

三、要求　计算完工产品和月末在产品成本。

（十一）

一、目的　练习定额比例法。

二、资料　某企业生产甲产品采用定额比例法分配费用，原材料费用按定额费用比例分配，其他费用按定额工时比例分配。9月份甲产品生产成本明细账部分数据见表4-9。

表 4-9 产品成本明细账

摘　　要		原材料	直接人工	制造费用	合　计
月初在产品成本		1 120	950	830	2 900
本月生产费用		8 890	7 600	6 632	23 122
合　计					
完工产品	定额	5 600	3 860(工时)		
	实际				
月末在产品	定额	3 500	1 880(工时)		
	实际				

三、要求

(1) 计算各项费用分配率。

(2) 分配计算完工产品和月末在产品成本。

(3) 登记甲产品成本明细账。

(十二)

一、目的　练习定额比例法。

二、资料　某制造企业本月完工甲产品 320 台，该产品的月初在产品成本为：直接材料 120 000 元，直接人工 27 360 元，制造费用 6 000 元。本月发生的成本费用为：直接材料 320 000 元，直接人工 109 440 元，制造费用 34 000 元。完工产品的原材料定额耗用量为 18 000 千克，工时定额耗用量为 8 400 小时，月末在产品的原材料定额耗用量为 2 000 千克，工时定额耗用量为 1 600 小时。

三、要求　采用定额比例法在完工产品和在产品之间分配生产费用。

(十三)

一、目的　练习生产费用在完工产品与在产品之间的划分。

二、资料　某制造企业生产甲产品的工时定额为 48 小时，经三道工序完工。每道工序的工时定额分别为 18、24、6 小时。假定甲产品本月完工产品数量为 600 件，各道工序月末在产品数量为：第一道工序 120 件，第二道工序 80 件，第三道工序 160 件。月初和本月发生的制造费用共计 16 450 元。

三、要求　计算完工产品和月末在产品负担的制造费用。

(十四)

一、目的　练习在产品不计价法。

二、资料　某企业生产 A 产品，5 月份发生生产费用：原材料费用 7 200 元，燃料及动力费用 2 400 元，工资和福利费用 1 800 元，制造费用 800 元。本月完工产品 200 件，月末在产品 2 件。

三、要求　计算 5 月份 A 产品完工产品的总成本和单位成本。

(十五)

一、目的　练习在产品只按耗用原材料成本计价法。

二、资料　某产品原材料费用在产品成本中所占的比重较大。月初在产品的直接材料成本 8 000 元，本月耗用原材料 32 000 元，直接工资 1 140 元，制造费用 1 800 元。本月完工产品 180 件，月末在产品 20 件，材料在生产开始时一次投入。

三、要求　计算完工产品成本和在产品成本。

第五章 生产类型与产品成本计算方法

第一节 生产类型特点及管理要求对成本计算方法的影响

制造企业产品成本计算的过程,就是对生产经营过程中所发生的费用,按照一定的对象进行归集,并在完工产品和在产品之间进行分配,计算出产品的总成本和单位成本的过程。由于各企业的生产类型特点及管理要求不同,计算产品成本时所采用的成本计算方法亦不同。因此,为了正确计算产品成本,企业必须根据其生产特点,并考虑成本管理的要求,选择适当的成本计算方法。

一、生产的分类

生产的类型,就是指产品的生产特点。按照制造业生产的一般特点,生产的类型可作如下分类。

(一) 按生产工艺过程的特点分类

产品生产工艺过程是指产品从投料到完工的生产工艺、加工制造的过程。按生产工艺过程的特点,可以将产品生产分为单步骤生产和多步骤生产。

1. 单步骤生产

单步骤生产亦称简单生产,是指产品的生产工艺过程不能中断,也不便于分散在不同地点、由几个车间协作进行的生产,如发电、采掘、铸造等。

2. 多步骤生产

多步骤生产亦称复杂生产,是指产品的生产工艺过程由若干个可以间断的、分散在不同地点的生产步骤组成,除最后加工步骤生产产成品外,其他加工步骤的完工产品,都是自制半成品,如纺织、机械、冶金等的生产。多步骤生产按其产品的加工方式,又可分为以下两种:

(1) 连续加工式生产。它是指原材料投入生产后,要经过若干个连续加工步骤,才能加工成为产品,如纺织、冶金等的生产。

(2) 平行加工式生产亦称装配式生产。它是指先将各种原材料平行地进行加工,制成各种零件、部件,然后再将零件、部件装配成产成品,如汽车、机械等的生产。

（二）按生产组织方式的分类

生产组织方式是指企业生产的专业化程度，具体是指在一定时期内生产产品品种的多少，同种类产品的数量以及生产的重复程度。按生产组织方式，可以将企业生产分为大量生产、成批生产和单件生产。

1. 大量生产

大量生产是指不断地重复生产品种相同产品的生产。其主要特点是产品品种较少，每种产品产量大，产品品种比较稳定，如发电、面粉、纺织、造纸等的生产。

2. 成批生产

成批生产是指按规定的产品批别和数量进行的生产。其主要特点是产品的品种较多，每隔一定时期重复生产一批，如服装、机械、药品等的生产。成批生产按照产品批量的大小，又可以分为大批生产、中批生产和小批生产。大批生产，由于产品批量大，往往在几个月内不断重复生产一种或几种产品，因而与大量生产相接近；小批生产，由于生产的产品批量小，一批产品一般可以同时完工，因而与单件生产相接近。

3. 单件生产

单件生产是指根据订货单位所提出的要求，进行特定规格和数量的产品生产。其主要特点是产品的品种很多，产量较小，且很少重复生产，或不定期重复生产，如专用设备、造船、重型机械等的生产。

一般情况下，单步骤生产和连续加工式的多步骤生产的组织方式往往是大量生产或大批生产。平行加工式的多步骤生产的组织方式，可能是大量生产或大批生产，也可能是小批或单件生产。

二、影响产品成本计算方法的因素

企业采用什么成本计算方法，在很大程度上是由产品的生产特点即生产类型所决定的，而生产类型不同，对成本管理的要求也不一样。生产特点和管理要求必然对产品成本计算产生影响。这一影响主要表现在：成本计算对象的确定、成本计算期的确定、生产费用在完工产品与在产品之间的分配等三个方面。

（一）对成本计算对象的影响

成本计算对象是指生产费用归集和分配的对象，即生产费用的承担者。从成本核算的角度看，不同的成本计算对象，形成不同的成本计算的基本方法。确定成本计算对象，是为了确定按多大范围来归集生产费用，计算产品成本。在成本核算过程中，一个品种、一批产品、一类产品，以及生产过程中各步骤的半成品，都可以作为成本计算对象。

在简单生产条件下，材料一经投入生产，各生产步骤就不能中断，直到生产出产品。由此决定各生产步骤不仅没有期末在产品，也没有半成品，因而成本计算对象比较单一，通常以最终完工的产品为成本计算对象。

在连续式复杂生产条件下，虽然生产是按照一定的生产顺序进行的，但在不同的生产步骤之间是可以间断的。并且，在各生产步骤都能产生一定使用价值的半成品。所以，在这种类型的企业中，除了要以最终完工的产品作为成本计算对象外，由于半成品可以直接对外销售,或为便于成本管理和考核,往往还要计算半成品的成本,因此,半成品也是成本计算对象。

在装配式复杂生产条件下,由于各步骤半成品的生产工艺过程特点基本是相同的,所以对成本计算的影响主要在于生产组织方面。如果生产组织是单件或小批生产,一般是以订货人的订单所确定的某一件或某一批产品作为其成本计算对象;如果生产组织是大批或大量生产,通常是以最终完工产品作为成本计算对象。

(二) 对成本计算期的影响

成本计算期即计算成本的时期。虽然不同生产类型企业的成本计算期不尽相同,其起止日期是否与会计报告期或生产周期一致,主要取决于企业生产组织的特点。

在大量、大批生产中,由于生产是连续不断进行的,企业不断地投入原材料,同时不断地生产出产品来。因此,为计算陆续产出的产品的成本,一般以会计报告期作为成本计算期,定期计算产品成本,成本计算期可能与生产周期不一致,但与会计报告期一致。根据成本管理的要求,通常需要按月计算产品成本。

在单件和小批生产中,由于生产一般是不重复进行的,小批生产批量不大,批内产品基本都能同时完工,所以产品成本只能在某件或某批产品完工以后才最终确定,因而成本计算是不定期的,与产品的生产周期一致。

(三) 对生产费用在完工产品和月末在产品之间分配的影响

在单步骤大量、大批生产条件下,由于生产不能间断,产品生产周期短,生产过程是连续不断地、均衡地进行的,一般没有在产品,或者月末在产品数量很少,或各期在产品数量大致相同,因而在计算产品成本时,生产费用不需在完工产品和月末在产品之间进行分配。

在多步骤大量、大批生产条件下,由于生产连续进行,不断地投入和产出,投料与完工同时存在,各生产步骤必然保持一定数量不同完工程度的在产品,而且各期在产品数量及完工程度往往不等,在月末计算产品成本时,就必须将生产费用在完工产品和在产品之间进行分配。

在多步骤单件、小批生产条件下,单件生产时,完工即产成品,未完工即在产品,生产费用不需在完工产品与月末在产品之间进行分配;小批生产可能当月完工,也可能跨月陆续完工,同批产品未全部完工前,所归集的生产费用都是在产品成本。同批产品全部完工后,所归集的生产费用即是该批完工产品的成本,故也不需要将生产费用在完工产品和月末在产品之间进行分配。

第二节 产品成本计算的主要方法

由于制造企业产品生产特点和成本管理要求的不同,其成本计算对象、成本计算期、在产品成本的计算也不尽相同。将不同的成本计算对象、不同的成本计算期及生产费用在完工产品与在产品之间不同的分配方法等因素组合在一起,就形成了各种不同的成本计算方法。而成本计算对象,则是决定成本计算方法的主要因素。

一、产品成本计算的基本方法

为了适应各种类型生产的特点和管理要求,在产品成本计算工作中有着三种不同的产品成本计算对象,以及以产品成本计算对象为标志的三种不同的产品成本计算方法。

(一) 品种法

品种法是指以产品品种为成本计算对象的产品成本计算方法。品种法适用于大量大批的单步骤生产或管理上不要求分步骤计算成本的多步骤生产。

(二) 分批法

分批法是指以产品批别为成本计算对象的产品成本计算方法。分批法适用于单件小批的单步骤生产或管理上不要求按步骤计算成本的多步骤生产。

(三) 分步法

分步法是指以产品生产步骤为成本计算对象的产品成本计算方法。分步法适用于大量大批且管理上要求分步骤计算成本的多步骤生产。

这三种方法是计算产品实际成本必不可少的方法,因而是产品成本计算的基本方法。由于产品成本计算对象不外乎品种、批别和步骤三种,因而成本计算的基本方法总的来说也只有这三种。

二、产品成本计算的辅助方法

在实际工作中,除了上述三种基本方法之外,还采用了一些其他的成本计算方法。

(1) 在产品品种、规格繁多的工业企业中,为了简化成本计算工作,可采用一种简便的产品成本计算方法——分类法。

(2) 为了提高成本计算结果的准确性,可采用一种将间接生产费用按成本动因进行分配的产品成本计算方法——作业成本法。

(3) 在定额管理工作有一定基础的工业企业中,为了配合和加强生产费用和产品成本的定额管理,可采用一种将符合定额的费用和脱离定额的差异分别核算的产品成本计算方法——定额成本法。

(4) 为了加强企业内部成本控制和分析,可采用一种只计算产品的标准成本,而将成本差异直接计入当期损益的标准成本法。

从计算产品实际成本的角度来说,分类法、作业基础成本法、定额成本法和标准成本法都不是必不可少的,因而统称为辅助方法。

前已述及,产品成本计算方法的构成因素主要是产品成本计算对象、成本计算期和生产费用在完工产品与在产品之间的分配。由于产品成本计算对象不仅是设置产品成本明细账的依据,而且直接影响生产费用的归集及其计入产品成本的程序和方法,所以产品成本计算对象既是决定成本计算方法的最基本的因素,也是区别不同成本计算方法的主要标志。此外,在制造业中,确定不同的成本计算对象,采用不同的成本计算方法,主要是为了适应企业的生产类型特点和管理要求,正确提供产品成本资料,为成本管理服务。不论什么类型的企业,不论采用哪种成本计算方法,最终都必须按产品品种为对象提供产品成本资料,因此,品种法是成本计算基本方法中最基本的方法。

企业生产类型和成本管理要求对成本计算方法的影响如表 5-1 所示。

表 5-1 产品成本计算的基本方法特点

生产组织特点	生产工艺特点	成本管理要求	成本计算方法特点			基本成本计算方法	适用企业类型
			成本计算对象	成本计算期	在产品成本计算		
大量大批生产	单步骤	要求按品种计算成本	产成品	按月计算	不需计算在产品成本	品种法	发电、采掘等
	多步骤	不要求按步骤计算成本		按月计算	需要计算在产品成本		砖瓦、造纸、食品、水泥等
		要求按步骤计算成本	半成品产成品	按月计算	需要计算在产品成本	分步法	冶金、纺织、汽车、自行车、机床、机械、专用设备等
单件小批生产	单步骤或多步骤	要求按步骤计算成本	半成品产成品	按月计算			
		只要求按批别计算成本	产成品	按批别计算	不需计算在产品成本	分批法	船舶、重型机械等

复习思考题

1. 为什么说生产组织特点与管理要求决定成本计算对象,成本计算对象决定成本计算方法?
2. 生产类型是指什么?它与成本计算有何关系?
3. 生产类型、成本管理对成本计算方法有哪些影响?
4. 成本计算有哪几种基本方法?
5. 企业如何根据生产类型、成本管理的要求来选择恰当的成本计算方法?

测 试 题

一、单项选择题

1. 工业企业的( ),是按照生产组织的特点来划分的。
   A. 单步骤生产   B. 复杂生产   C. 多步骤生产   D. 大量生产
2. 生产特点和管理要求对成本计算方法的影响主要表现在( )。
   A. 生产组织的特点   B. 工艺过程的特点
   C. 生产管理的要求   D. 产品成本计算对象的确定
3. 下列成本计算方法中,不属于成本计算基本方法的是( )。
   A. 品种法   B. 分类法   C. 分步法   D. 分批法
4. 在大批量单阶段生产的企业里,要求连续不断地重复生产一种或者若干种产品,因而管理上只要求而且也只能按照（　　）。
  A. 产品的批别计算成本　　　　B. 产品的品种计算成本
  C. 产品的类别计算成本　　　　D. 产品的步骤计算成本
 5. 决定成本计算对象的因素是生产特点和（　　）。
  A. 成本计算实体　B. 成本计算时期　C. 成本管理要求　D. 成本计算方法
 6. 下列方法中，最基本的成本计算方法是（　　）。
  A. 分步法　　　　B. 分批法　　　　C. 品种法　　　　D. 定额法

二、多项选择题

1. 制造业的生产，按照工艺过程划分，可以分为（　　）。
  A. 大批生产　　　B. 小批生产　　　C. 单步骤生产　　D. 多步骤生产
2. 受生产特点和管理要求的影响，产品成本计算的对象有（　　）。
  A. 产品品种　　　B. 产品类别　　　C. 产品批别　　　D. 产品生产步骤
3. 制造企业的生产按照生产组织方式划分，可分为（　　）。
  A. 大量生产　　　B. 小批生产　　　C. 成批生产　　　D. 单件生产
4. 产品成本计算的辅助方法包括（　　）。
  A. 品种法　　　　B. 定额法　　　　C. 分类法　　　　D. 分批法
5. 下列方法中，属于产品成本计算基本方法的有（　　）。
  A. 分步法　　　　B. 分类法　　　　C. 定额法　　　　D. 分批法
6. 成本计算的辅助方法有（　　）。
  A. 不能单独应用　　　　　　　　B. 能够单独应用
  C. 必须与基本方法结合应用　　　D. 根据需要确定是否与基本方法结合应用
7. 在品种规格繁多且可按一定标准划分为若干类别的企业或车间中，能够应用分类法计算成本的产品生产类型有（　　）。
  A. 大量大批单步骤生产　　　　　B. 大量大批多步骤生产
  C. 单件大批单步骤生产　　　　　D. 单件小批多步骤生产

三、判断题

1. 制造业的生产，按其生产组织的特点划分，可分为大量生产、成批生产和单件生产三大类。（　　）
2. 生产类型不同，管理要求不同，产品成本计算对象也应有所不同。（　　）
3. 产品成本计算的对象，包括产品品种、产品批别和产品类别三种。（　　）
4. 产品成本计算的基本方法包括品种法、分批法、分步法三种。（　　）
5. 由于每个企业最终都必须按照产品品种算出成本，因此，品种法是成本计算方法中最基本的方法。（　　）

第六章 产品成本计算的品种法

第一节 品种法的意义和特点

一、品种法的意义

成本计算品种法,是按照产品品种计算成本的一种比较简单的方法,通常又称简单法。这种方法,既不要求按照产品批次计算成本,也不要求按照生产步骤计算成本。它一般适用于单步骤大量大批生产的企业,也适用于不需要分生产步骤计算成本的多步骤大量大批生产的企业。

在单步骤生产情况下,通常由于工艺技术的连续性,在时间上不能间断,或者由于受到工作场地的制约,在空间上不可分开,因此对产品的生产过程不可能清楚地划分为若干个生产步骤;同时,在单步骤生产情况下,产品生产一般都采用大量大批的形式,原材料不断投入,产品不断产出,因此无法清楚地区分产品的生产批次,因此,只能以产品品种作为成本计算的对象。

在多步骤生产情况下,由于产品制造过程是分生产步骤进行的,因此一般应分别生产步骤归集生产耗费,但如果生产规模较小,或产品在一个生产车间内加工完成,或产品是按生产流水线组织生产的,那么在成本管理上可以不要求按产品生产步骤计算成本,因此,也可以采用品种法计算。

二、品种法的特点

成本计算品种法的特点,归纳起来有三点。

1. 成本计算对象

以每种产品为成本计算对象,分别设置产品成本明细账,分别按产品归集生产费用,而不需要分别生产批次和生产步骤,直接计算各产品的总成本和平均单位成本。

2. 成本计算期

成本计算按会计期间进行,以日历月份作为成本计算期,定期在每月月末计算,与会计报告期一致,但与生产周期不相一致。

3. 在产品计价

企业只生产一种产品,只需开设一个成本明细账,其生产耗费都是直接费用,可直接计入该产品成本。如果该产品月末没有在产品,或虽有在产品,但数量很少,且价值很低,那么,可以不计在产品成本。只有在在产品数量多、变动大的情况下,才对完工产品和在产品进行费用分配。企业生产多种产品,就需要按照产品的品种分别开设产品成本明细账,计入各产品耗用的直接费用;采用适当的分配方法将分别以发生地点归集的间接费用在各产品间进行分配,并计入各产品成本。

尽管成本计算有多种方法,但是没有哪一种成本计算方法的最后计算对象不是以产品的品种为归宿的,因此,品种法也可以说是各种成本计算方法中最基本的方法。

第二节 品种法的程序与应用

一、品种法的程序

1. 按产品品种设置生产成本明细账

设置产品成本明细账,分别以直接材料、直接人工和制造费用等成本项目设置专栏。在只生产一种产品的情况下,发生的各项生产费用都是直接费用,依成本项目进行归集。在生产多种产品的情况下,发生的各项生产费用,要分别不同品种的产品进行归集;直接费用直接记入各该品种产品成本明细账,间接费用要按一定分配方法在各品种产品间进行分配后记入各产品成本明细账。

2. 编制各种费用分配明细表

对于能直接确定所属成本计算对象的直接材料、直接人工,直接记入所属产品成本明细账的相应成本项目中;对于无法直接确定所属产品的制造费用,先按其发生地点或部门归集,月末,采用一定的分配方法通过费用分配明细表进行分配,然后,将各产品应负担的制造费用记入各该产品成本明细账。

3. 计算总成本和单位成本

月末,根据各品种产品的总成本与实际完工产量,计算出产品的单位成本,即将各种产品成本明细账所归集的本期生产耗费与月初在产品成本加总后,扣除月末结存在产品成本,求得本月完工本产品的总成本,除以产量,便计算出产成品的单位成本。

据此,品种法成本计算的程序如图 6-1 所示。

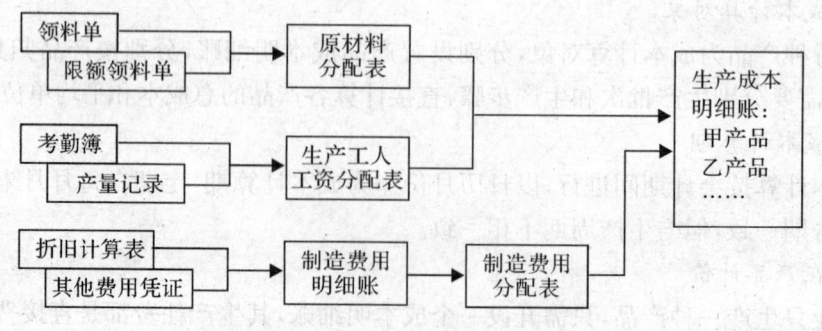

图 6-1 品种法下成本计算程序

二、品种法的应用

【例 6-1】 假定某机械厂设有铸造、机加工等两个基本生产车间,属大量大批生产。铸造车间生产甲、乙两种产品,机加工车间生产丙产品。另设置一个修配车间为各车间部门提供修配劳务。该厂按约当产量法计算完工产品和月末在产品成本。甲、乙两种产品均为生产开始时一次投料,丙产品随完工程度逐步投料,假设投料程度与完工程度一致。期初在产品成本、各种产成品数量,期末在产品数量和完工程度已在各产品成本明细账内列支。

首先,开设生产成本明细账,并按成本项目设专栏。甲、乙、丙三种产品成本明细账分别参见表 6-11、表 6-12 和表 6-13;其次,根据本月份有关成本计算资料,归集和分配有关费用,并计入各产品成本明细账的有关成本项目。

(1) 根据领料原始凭证,按用途编制材料费用分配表,如表 6-1 所示。

表 6-1 材料费用分配表

2017 年 8 月 31 日 金额单位:元

费用分配 分配对象		直接耗用材料	共同耗用材料					合计
			本月投产量	单耗定额	定额耗用量	分配率	分配费用	
基本生产	甲产品	32 000	1 000	3	3 000		8 880	40 880
	乙产品	20 000	1 200	1	1 200	2.96	3 552	23 552
	小计	52 000			4 200		12 432	64 432
	丙产品	12 000						12 000
	合计	64 000					12 432	76 432
辅助生产	修配车间	9 600						9 600
制造费用	铸造车间	5 200						5 200
	机加工车间	3 000						3 000
	小计	8 200						8 200
企业管理部门耗用		2 000						2 000
总 计		83 800					12 432	96 232

根据材料费用汇总分配表编制记账凭证,会计分录如下:

借:基本生产成本——甲产品 40 880
　　　　　　　　——乙产品 23 552
　　　　　　　　——丙产品 12 000
　　辅助生产成本 9 600
　　制造费用——铸造车间 5 200
　　　　　　——机加工车间 3 000
　　管理费用 2 000
　贷:原材料 96 232

(2) 根据应付职工薪酬,编制职工薪酬分配表,如表 6-2 所示。其中铸造车间基本生产工人工资需进一步按生产工时分配到甲、乙两种产品上去。

表 6-2 应付职工薪酬分配表

2017 年 8 月　　　　　　　　　　　　　金额单位:元

分配对象	费用分配	生产工时	分配率	应付职工薪酬	合计
基本生产	甲产品	8 000	2.28	18 240	18 240
	乙产品	5 000		11 400	11 400
	小计	13 000		29 640	29 640
	丙产品	3 600		9 120	9 120
	合计	13 600		38 760	38 760
辅助生产	修配车间			15 960	15 960
制造费用	铸造车间			9 120	9 120
	机加工车间			6 840	6 840
	小计			15 960	15 960
企业管理部门				5 700	5 700
总　　计				76 380	76 380

根据工资及职工福利费分配表编制会计分录如下:

```
借:基本生产成本——甲产品                        18 240
            ——乙产品                        11 400
            ——丙产品                         9 120
    辅助生产成本                              15 960
    制造费用——铸造车间                         9 120
          ——机加工车间                       6 840
    管理费用                                  5 700
    贷:应付职工薪酬                            76 380
```

(3) 根据固定资产折旧计算表,编制折旧费用分配表,如表 6-3 所示。

表 6-3 折旧费用分配表

2017 年 8 月　　　　　　　　　　　　　　　单位:元

分配对象	费用分配	应计提折旧的固定资产原值	应计提折旧额（月折旧率0.2%）
辅助生产	修配车间	480 000	960
制造费用	铸造车间	800 000	1 600
	机加工车间	720 000	1 440
	小　　计	1 520 000	3 040
企业管理部门		100 000	200
合　　计		2 100 000	4 200

根据折旧费用分配表(表6-3)编制会计分录如下:

借:辅助生产成本　　　　　　　　　　　　　　　　960
　　制造费用——铸造车间　　　　　　　　　　　1 600
　　　　　　——机加工车间　　　　　　　　　　1 440
　　管理费用　　　　　　　　　　　　　　　　　　200
　　贷:累计折旧　　　　　　　　　　　　　　　4 200

(4) 根据有关电费记录,计算分配电费并编制动力费用分配表,如表 6-4 所示。

表 6-4　动力费用分配表

2017 年 8 月　　　　　　　　　　　　　　　金额单位:元

产品及部门名称		生产工时	分配率	分配额
基本生产用	甲产品	6 000		4 800
	乙产品	4 000	0.8	3 200
	丙产品	5 000		4 000
	小　计	15 000		12 000
辅助生产用	修配车间	1 000		600
基本车间照明用	铸造车间			1 000
	机加工车间			800
	小　计			1 800
企业管理部门用				600
合　　计				15 000

根据动力费用分配表(表 6-4)编制会计分录如下:

借:基本生产成本——甲产品　　　　　　　　　4 800
　　　　　　　　——乙产品　　　　　　　　　3 200
　　　　　　　　——丙产品　　　　　　　　　4 000
　　辅助生产成本　　　　　　　　　　　　　　　600
　　制造费用——铸造车间　　　　　　　　　　1 000
　　　　　　——机加工车间　　　　　　　　　　800
　　管理费用　　　　　　　　　　　　　　　　　600
　　贷:银行存款(应付账款)　　　　　　　　15 000

(5) 各车间、部门为制造产品而发生的其他各项间接费用支出,根据有关付款凭证,并按费用发生地点和用途编制其他费用分配表,如表 6-5 所示。

表 6-5　其他费用分配表

2017 年 8 月　　　　　　　　　　　　　　　　　　　　　　单位：元

车间及部门	办公费	水费	其他	合计
铸造车间	1 600	100	40	1 740
机加工车间	800	80	20	900
修配车间	1 600	60	40	1 700
企业管理部门	1 000	100	50	1 150
合计	5 000	340	150	5 490

根据其他费用分配表（表 6-5）编制会计分录如下：

借：辅助生产成本　　　　　　　　　　　　　　　　1 700
　　制造费用——铸造车间　　　　　　　　　　　　1 740
　　　　　　——机加工车间　　　　　　　　　　　　900
　　管理费用　　　　　　　　　　　　　　　　　　1 150
　　贷：银行存款（其他应付款）　　　　　　　　　5 490

（6）归集和分配辅助生产费用。根据上述各项费用分配表及有关凭证，登记辅助生产明细账，如表 6-6 所示。

表 6-6　辅助生产明细账

车间名称：修配车间　　　　2017 年 8 月 31 日　　　　　　　　单位：元

月	日	摘要	材料	工资	福利费	折旧费	水电费	办公费	其他费用	合计
(略)	(略)	根据材料费用分配表	9 600							9 600
		根据职工薪酬分配表		15 960						15 960
		根据折旧费用分配表				960				960
		根据动力费用分配表					600			600
		根据其他费用分配表					60	1 600	40	1 700
		本月发出	9 600	15 960		960	660	1 600	40	28 820
		本月转出	9 600	15 960		960	660	1 600	40	28 820

根据修配车间为基本生产车间提供的修理工时，分配辅助生产费用，如表 6-7 所示。

表 6-7　辅助生产费用分配表

车间名称：修配车间　　　　2017 年 8 月 31 日　　　　　　　金额单位：元

分配费用	修理总工时（小时）	工时分配率	铸造车间		机加工车间	
			修理工时	分配费用	修理工时	分配费用
28 820	1 000	28.82	600	17 292	400	11 528

根据辅助生产费用分配表(表 6-7)编制会计分录如下：

　　借：制造费用——铸造车间　　　　　　　　　　　　　17 292
　　　　　　　　——机加工车间　　　　　　　　　　　　11 528
　　　贷：辅助生产成本　　　　　　　　　　　　　　　　28 820

(7) 归集和分配制造费用。首先应根据上述各种费用分配表，分别按车间登记归集制造费用明细账如表 6-8 和表 6-9 所示。

表 6-8　制造费用明细账

车间：铸造车间　　　　2017 年 8 月 31 日　　　　　　　　　单位：元

月	日	摘　要	材料	职工薪酬	折旧费	水电费	办公费	其他费用	修理费	合计
(略)	(略)	根据材料费用分配表	5 200							5 200
		根据工资及福利费分配表		9 120						9 120
		根据折旧费用分配表			1 600					1 600
		根据动力费用分配表				1 000				1 000
		根据其他费用分配表				100	1 600	40		1 740
		根据辅助生产费用分配表							17 292	17 292
		本月发出	5 200	9 120	1 600	1 100	1 600	40	17 292	35 952
		本月转出	5 200	9 120	1 600	1 100	1 600	40	17 292	35 952

表 6-9　制造费用明细账

车间：机加工车间　　　　　2017 年 8 月 31 日　　　　　　　　　　　　　　单位：元

月	日	摘　要	材料	职工薪酬	折旧费	水电费	办公费	其他费用	修理费	合计
(略)	(略)	根据材料费用分配表	3 000							3 000
		根据工资及福利费分配表		6 840						6 840
		根据折旧费用分配表			1 440					1 440
		根据动力费用分配表				800				800
		根据其他费用分配表				80	800	20		900
		根据辅助生产费用分配表							11 528	11 528
		本月发出	3 000	6 840	1 440	880	800	20	11 528	24 580
		本月转出	3 000	6 840	1 440	880	800	20	11 528	24 580

然后，在月末编制制造费用分配表分配制造费用，如表 6-10。由于铸造车间生产甲、乙两种产品，故其制造费用尚需采用适当方法在甲、乙两种产品之间进行分配后，再分别记入甲、乙两种产品成本明细账的"制造费用"成本项目；机加工车间由于只生产丙产品一种产品，故其制造费用可直接记入丙产品成本明细账的"制造费用"成本项目。

表 6-10　制造费用分配表

2017 年 8 月 31 日　　　　　　　　　　　　　　　　金额单位：元

产品＼项目	生产工时	分配率	分配费用
甲产品	24 000	0.8988	21 571.2
乙产品	16 000		14 380.8
小　计	40 000		35 952
丙产品	20 000		24 508
合　计	60 000		60 460

根据制造费用分配表(表 6-10)编制会计分录如下：

　　借：基本生产成本——甲产品　　　　　　　　　　　　　　　21 571.20
　　　　　　　　　　——乙产品　　　　　　　　　　　　　　　14 380.80
　　　　　　　　　　——丙产品　　　　　　　　　　　　　　　24 508.00
　　　贷：制造费用　　　　　　　　　　　　　　　　　　　　　60 460.00

最后,根据甲、乙、丙三种产品基本生产成本明细账计算出完工产品总成本和单位成本。

(1)根据各种费用分配表及记账凭证,登记甲、乙、丙三种产品成本明细账后,再将其所登记的全部生产成本,采用约当产量法,在本月完工产品和月末在产品之间进行分配,从而计算出完工产品总成本和单位成本,分别如表 6-11、表 6-12 和表 6-13 所示。

表 6-11　基本生产成本明细账

车间名称:铸造车间　　　2017 年 8 月 31 日　　　月末在产品数量:800 件
产品名称:甲产品　　　　产成品投量:1 000 件　　在产品完工程度:50%

月	日	摘　　要	直接材料	直接人工	制造费用	合　计
(略)	(略)	月初在产品成本	11 920	1 752	6 436	20 108
		根据材料费用分配表	40 880			40 880
		根据职工薪酬分配表		18 240		18 240
		根据动力费用分配表	4 800			4 800
		根据制造费用分配表			21 571.2	21 571.2
		合　　计	57 600	19 992	28 007.2	105 599.2
		产成品单位成本	32	14.28	20	66.28
		结转产成品总成本	32 000	14 280	20 000	66 280
		月末在产品成本	25 600	5 712	8 007.2	39 319.2

表 6-12　基本生产成本明细账

车间名称:铸造车间　　　2017 年 8 月 31 日　　　月末在产品数量:800 件
产品名称:乙产品　　　　产成品数量:2 000 件　　在产品完工程度:50%

月	日	摘　　要	直接材料	直接人工	制造费用	合　计
(略)	(略)	月初在产品成本	9 984	1 992	2 040	14 016
		根据材料费用分配表	23 552			23 552
		根据职工薪酬分配表		11 400		11 400
		根据动力费用分配表	3 200			3 200
		根据制造费用分配表			14 380.8	14 380.8
		合　　计	36 736	13 392	16 420.8	66 548.8
		产成品单位成本	13.12	5.58	6.84	25.54
		结转产成品总成本	26 240	11 160	13 680	51 080
		月末在产品成本	10 496	2 232	2 740.8	15 468.8

表 6-13　基本生产成本明细账

车间名称：机加工车间　　　　2017 年 8 月 31 日　　　　月末在产品数量：500 件
产品名称：丙产品　　　　　　产成品数量：1 500 件　　　　在产品完工程度：80%

月	日	摘　　要	直接材料	直接人工	制造费用	合　计
(略)	(略)	月初在产品成本	16 984	10 488	2 928	30 400
		根据材料费用分配表	12 000			12 000
		根据职工薪酬分配表		9 120		9 120
		根据动力费用分配表	4 000			4 000
		根据制造费用分配表			24 508	24 508
		合　　　计	32 984	19 608	27 436	80 028
		产成品单位成本	17.36	10.32	14.44	42.12
		结转产成品总成本	26 040	15 480	21 660	63 180
		月末在产品成本	6 944	4 128	5 776	16 848

甲产品完工产品产量为 1 000 件，在产品约当产量为 400 件（800×50%），材料系一次投料。则：

　　直接材料分配率（单位成本）＝57 600÷(1 000＋800)＝32(元/件)
　　甲产品完工产品材料费用＝32×1 000＝32 000(元)
　　甲产品月末在产品材料费用＝57 600－32 000＝25 600(元)
　　直接人工分配率（单位成本）＝19 992÷(1 000＋400)＝14.28(元/件)
　　甲产品完工产品人工费用＝14.28×1 000＝14 280(元)
　　甲产品月末在产品人工费用＝19 992－14 280＝5 712(元)
　　制造费用分配率（单位成本）＝28 007.2÷(1 000＋400)＝20(元/件)
　　甲产品完工产品制造费用＝20×1 000＝20 000(元)
　　甲产品期末在产品制造费用＝28 007.2－20 000＝8 007.2(元)

乙产品完工产品产量为 2 000 件，月末在产品约当产量为 400 件（800×50%），材料系一次投料。则：

　　直接材料分配率（单位成本）＝36 736÷(2 000＋800)＝13.12(元/件)
　　乙产品完工产品材料费用＝13.12×2 000＝26 240(元)
　　乙产品月末在产品材料费用＝36 736－26 240＝10 496(元)
　　直接人工分配率＝13 392÷(2 000＋400)＝5.58(元)
　　乙产品完工产品人工费用＝5.58×2 000＝11 160(元)
　　乙产品月末在产品人工费用＝13 392－11 160＝2 232(元)
　　制造费用分配率（单位成本）＝16 420.8÷(2 000＋400)＝6.84(元/件)
　　乙产品完工产品制造费用＝6.84×2 000＝13 680(元)
　　乙产品月末在产品制造费用＝16 420.8－13 680＝2 740.8(元)

丙产品完工产品 1 500 件，在产品约当产量 400 件（500×80%），材料系按完工程度逐步投入。则：

直接材料分配率＝32 984÷(1 500＋400)＝17.36(元/件)
丙产品完工产品材料费用＝17.36×1 500＝26 040(元)
丙产品月末在产品材料费用＝32 984－26 040＝6 944(元)
直接人工分配率＝19 608÷(1 500＋400)＝10.32(元/件)
丙产品完工产品人工费用＝10.32×1 500＝15 480(元)
丙产品月末在产品人工费用＝19 608－15 480＝4 128(元)
制造费用分配率＝27 436÷(1 500＋400)＝14.44(元/件)
丙产品完工产品制造费用＝14.44×1 500＝21 660(元)
丙产品月末在产品制造费用＝27 436－21 660＝5 776(元)

(2) 根据甲、乙、丙三种产品基本生产成本明细账计算的完工产品总成本和单位成本，编制"产品成本汇总表"，如表6-14所示。

表 6-14　产品成本汇总表

2017 年 8 月　　　　　　　　　　　　　　　　　　　　　　　单位：元

成本项目＼产品名称	甲产品 1 000 件		乙产品 2 000 件		丙产品 1 500 件		合计
	总成本	单位成本	总成本	单位成本	总成本	单位成本	
直接材料	32 000	32	26 240	13.12	26 040	17.36	84 280
直接人工	14 280	14.28	11 160	5.58	15 480	10.32	40 920
制造费用	20 000	20	13 680	6.84	21 660	14.44	55 340
合　计	66 280	66.28	51 080	25.54	63 180	42.12	180 540

根据产品成本汇总表(表6-14)，编制会计分录登记产成品总账及明细账，作会计分录如下：

借：产成品——甲产品　　　　　　　　　　　　　　　　　　66 280
　　　　　　——乙产品　　　　　　　　　　　　　　　　　　51 080
　　　　　　——丙产品　　　　　　　　　　　　　　　　　　63 180
　　贷：基本生产成本　　　　　　　　　　　　　　　　　　180 540

复 习 思 考 题

1. 什么是产品成本计算的品种法？它有哪些特点？
2. 如何应用品种法计算产品的生产成本？其成本计算要通过哪些步骤？
3. 在生产单一产品和多种产品的企业，应用品种法计算产品生产成本有何区别？

测 试 题

一、单项选择题

1. 在大量大批多步骤生产的情况下，如果管理上不要求分步骤计算产品成本，其所采用的成本计算方法应是(　　)。

A. 品种法　　　　B. 分批法　　　　C. 分步法　　　　D. 分类法
2. 适用于大量大批的单步骤生产的产品成本计算方法是(　　)。
A. 品种法　　　　B. 分类法　　　　C. 分步法　　　　D. 分批法
3. 品种法适用的生产组织是(　　)。
A. 大量成批生产　B. 大量大批生产　C. 大量小批生产　D. 单件小批生产
4. 作为最基本的成本计算方法,(　　)的计算程序代表了产品成本计算的一般程序。
A. 分批法　　　　B. 分类法　　　　C. 品种法　　　　D. 分步法

二、多项选择题

1. 品种法适用于(　　)。
   A. 小批单件单步骤生产
   B. 大量大批单步骤生产
   C. 管理上不要求分步骤计算产品成本的小批单件多步骤生产
   D. 管理上不要求分步骤计算产品成本的大量大批多步骤生产
   E. 管理上要求分步骤计算产品成本的大量大批多步骤生产
2. 品种法是(　　)。
   A. 最基本的成本计算方法　　　　B. 适用于小批量的单步骤生产
   C. 不要求按产品批别计算成本　　D. 适用于大量大批单步骤生产
3. 产品成本计算的品种法的适用范围是(　　)。
   A. 大量大批单步骤生产
   B. 大量大批多步骤生产,管理上不要求分步计算产品成本
   C. 企业供水、电、气单步骤辅助生产的大量生产
   D. 小批单件单步骤生产,管理上不要求分批计算产品成本
4. 下列企业中,适合运用品种法计算产品成本的有(　　)。
   A. 糖果厂　　　　B. 饼干厂　　　　C. 拖拉机厂　　　D. 造船厂
   E. 发电厂
5. 品种法的特点主要体现在(　　)等方面。
   A. 成本计算对象
   B. 成本计算期
   C. 生产费用的归集
   D. 生产费用一般不需在完工产品与在产品之间进行分配

三、判断题

1. 品种法只适用于单步骤生产。　　　　　　　　　　　　　　　　　　　　(　　)
2. 品种法一般适用于计算大量大批多步骤生产的产品生产。　　　　　　　　(　　)
3. 单步骤生产的企业由于工艺过程不能间断,因而只能按照产品的品种计算成本。(　　)
4. 按品种法计算产品成本时,不存在将生产费用在各种产品之间分配的问题。(　　)
5. 按品种法计算产品成本时,不存在将生产费用在完工产品和在产品之间分配的问题。(　　)
6. 品种法下,成本计算期一般与会计报告期一致,而与生产周期不一致。　　(　　)

四、计算分析题

(一)

一、目的　练习产品成本计算的品种法。

二、资料　某企业设有一个基本生产车间和供电、锅炉两个辅助生产车间,大量生产A、B两种产品,根据生产特点和管理要求,采用品种法计算产品成本。有关成本计算资料如下:

(1) 月初在产品成本:

A产品月初在产品成本为80 000元,其中直接材料40 000元,直接人工24 000元,制造费用16 000元;B产品无月初在产品成本。

(2) 本月生产数量:

A产品本月实际生产工时81 000小时,本月完工1 600件,月末在产品800件,在产品原材料已全部投入,加工程度为50%。B产品本月实际生产工时为54 000小时,本月完工1 000件,月末无在产品。

供电车间本月供电612 000度,其中锅炉车间60 000度,产品生产400 000度、基本生产车间一般消耗20 000度,厂部管理部门消耗132 000度。

锅炉车间本月供气29 000立方米,其中供电车间2 000立方米,基本生产车间20 000立方米,厂部管理部门消耗7 000立方米。

(3) 本月发生生产费用:

① 本月发出材料汇总表见表6-15。

表6-15　发出材料汇总表

材料类别:原材料　　　　　2017年10月　　　　　　　　　　单位:元

领料用途	直接领用	共同耗用	耗料合计
产品生产直接消耗	600 000	120 000	720 000
A产品	400 000		
B产品	200 000		
基本生产车间一般消耗	8 000		8 000
供电车间消耗	124 000		124 000
锅炉车间消耗	20 000		20 000
厂部管理部门消耗	12 000		12 000
合　　计	764 000	120 000	884 000

② 本月工资结算汇总表及职工福利费列支表见表6-16。

表6-16　职工薪酬汇总表

2017年10月　　　　　　　　　　　　　　　　单位:元

人员类别	应付工资总额	列支福利费
产品生产工人	540 000	75 600
供电车间人员	20 000	2 800
锅炉车间人员	24 000	3 360
基本生产车间管理人员	16 000	2 240
厂部管理人员	60 000	8 400
合　　计	660 000	92 400

③ 本月应提折旧费98 000元,其中基本生产车间60 000元,供电车间12 000元,锅炉车间10 000元,厂部管理部门16 000元。

④ 本月支付修理费10 000元,其中基本生产车间4 000元,供电车间2 400元,锅炉车间1 600元,厂部管理部门2 000元。

⑤ 本月以现金支付的费用为12 000元,其中基本生产车间办公费2 800元,供电车间办公费800

元,锅炉车间办公费400元、修理费1 600元、行政管理部门办公费1 200元、差旅费5 200元。

⑥ 本月以银行存款支付的费用为142 000元,其中基本生产车间水费4 000元、办公费2 000元,供电车间外购电力和水费80 000元、锅炉车间水费40 000元、办公费1 600元、修理费2 400元,行政管理部门办公费3 600元、差旅费8 000元、招待费400元。

三、要求

(1) 开设A产品、B产品成本计算单(见表6-25、表6-26);开设供电车间、锅炉车间生产成本明细账(见表6-19、表6-20);开设基本生产车间制造费用明细账(见表6-23)。其他总账和明细账从略。供电车间和锅炉车间发生的制造费用,分别记入各自生产成本明细账,不通过制造费用账户。

(2) 根据资料进行费用分配和成本计算,编制会计分录并记入有关账户。具体要求如下:

① 根据A、B两种产品直接耗用原材料比例分配共同用料(见表6-17),根据发出材料汇总表(见表6-15)和分配结果(见表6-17),编制会计分录并记入有关账户。

表6-17　直接材料费用分配表

2017年10月　　　　　　　　　　　　　　　　　　金额单位:元

产　品	直接耗用材料	分配率	分配共同用料	耗料合计
A产品				
B产品				
合　计				

② 根据A、B两种产品的实际生产工时分配产品生产工人工资和福利费(见表1-8),根据应付工资和福利费汇总表(见表6-16)及分配结果(见表6-18),编制会计分录并记入有关账户。

表6-18　直接人工费用分配表

2017年10月　　　　　　　　　　　　　　　　　　金额单位:元

产　品	生产工时	工资分配		福利费分配	
		分配率	分配金额	分配率	分配金额
A产品					
B产品					
合　计					

③ 编制计提本月折旧的会计分录并记入有关账户。

④ 编制本月分摊待摊费用的会计分录并记入有关账户。

表6-19　辅助生产成本明细账

2017年10月　　　　　　　　　　　　　　　　生产单位:供电车间

摘　要	费　用　项　目					合　计
	材料	人工	折旧	外购电力	其他费用	
合　计						

表 6-20　辅助生产成本明细账

2017 年 10 月　　　　　　　　　　　　　生产单位：锅炉车间

摘要	费用项目					合计
	材料	人工	折旧	水电费	其他费用	
合计						

⑤编制本月以现金支付费用的会计分录并记入有关账户。

⑥编制本月以银行存款支付费用的会计分录并记入有关账户。

⑦编制辅助生产费用分配表（计划成本分配法）和产品生产用电分配表（生产工时分配法）。辅助生产车间计划单位成本为电每度 0.40 元，锅炉供汽每立方米为 4.60 元，成本差异计入管理费用；根据产品生产用电分配表（见表 6-22）和辅助生产费用分配表（见表 6-21），编制会计分录并记入有关账户。

表 6-21　辅助生产费用分配表

2017 年 10 月　　　　　　　　　　　　　　金额单位：元

项目		供电车间		锅炉车间	
		劳务量（度）	金额	劳务量（立方米）	金额
待分配费用					
劳务供应量					
计划单位成本					
受益单位	供电车间				
	锅炉车间				
	产品生产车间				
	基本生产车间一般耗用				
	管理部门耗用				
按计划成本分配合计					
辅助生产车间实际成本					
辅助生产车间成本差异					

表 6-22　产品生产用电分配表

2017 年 10 月　　　　　　　　　　　　　　金额单位：元

产品	生产工时（小时）	分配率	分配金额
A 产品			
B 产品			
合计			

⑧编制基本生产车间制造费用分配表（生产工时分配法），根据表 10 的分配结果编制会计分录并记入有关账户。

⑨ 采用约当产量法计算 A 产品月末在产品成本,编制结转 A、B 两种产品完工产品成本的会计分录。

表 6-23　制造费用明细账

生产单位:基本生产车间　　　　　2017 年 10 月　　　　　　　　　　单位:元

摘要	费用明细项目							合计
	原材料	工资及福利费	折旧费	待摊费用	办公费	水电费	其他	
车间耗用材料								
工资及福利费								
本月折旧								
摊销费用								
购办公用品								
付水电费								
购办公用品								
分配辅助费用								
本期发生额								
分配结转								

表 6-24　制造费用分配表

2017 年 10 月　　　　　　　　　　　　　　　　金额单位:元

产品	生产工时(小时)	分配率	分配金额
A 产品			
B 产品			
合计			

表 6-25　产品成本计算单(基本生产成本明细账)

产品:A 产品　　　　　　　　2017 年 10 月

摘要	直接材料	直接人工	制造费用	合计
月初在产品成本				
本月生产费用				
生产费用合计				
完工产品产量				
在产品约当产量				
生产总量				
分配率(单位成本)				
完工产品总成本				
月末在产品成本				

表 6-26　产品成本计算单(基本生产成本明细账)

产品:B 产品　　　　　　　　2017 年 10 月

摘要	直接材料	直接人工	制造费用	合计
本月生产费用				
产量				
分配率(单位成本)				
完工产品总成本				

（二）

一、目的 练习产品成本计算的品种法。

二、资料 某工业企业生产A、B两种产品,属于大量大批单步骤生产,采用品种法计算产品成本。2017年11月份的有关生产费用支出资料如下：

(1) 根据11月份材料凭证汇总的材料费用如下：

A产品：原材料费用8 000元；B产品：原材料费用40 000元；基本生产车间：机物料消耗8 300元；供电车间：一般消耗1 000元；机修车间：一般消耗700元；企业管理部门：一般消耗4 000元。

(2) 11月份的工资费用为：

基本生产车间：生产工人工资58 000元(A、B两种产品之间按产品的实际工时比例分配,本月实际工时为：A产品6 000小时,B产品4 000小时)。管理人员工资1 500元；供电车间：生产工人工资1 150元；机修车间：生产工人工资2 800元；企业管理部门：管理人员工资5 000元。

职工福利费按工资的14%提取。

(3) 11月份固定资产折旧费用为：基本生产车间7 800元,供电车间720元,机修车间960元,企业管理部门3 000元。

(4) 根据11月份有关凭证记录,其他有关支出(均由银行存款支付)如下：

基本生产车间：办公费7 200元,水费6 300元,其他费用5 200元；供电车间：外购动力费40 000元,办公费600元；机修车间：办公费450元；企业管理部门：办公费4 600元,差旅费3 500元,其他费用5 500元。

(5) 本企业的成本会计制度规定,辅助生产费用按计划成本分配。有关计划单位成本为：电每度0.24元,机修劳务每小时8元。辅助生产成本差异全部计入管理费用。供电车间供电175 000度。其中,机修车间动力用电14 500度,基本生产动力用电148 500度,照明用电4 500度,企业管理部门用电7 500度。基本生产车间耗用的动力费用,按产品的实际工时比例在A、B两种产品之间进行分配。

机修车间进行经常性修理920小时。其中,供电车间耗用30小时,基本生产车间耗用800小时,企业管理部门耗用90小时。

(6) 制造费用按产品的实际工时比例,在A、B两种产品之间进行分配。

(7) 该厂A产品采用定额比例法分配计算完工产品成本和月末在产品成本,原材料费用按定额原材料费用比例分配,其他各项费用均按定额工时比例分配。

A产品11月初在产品的定额资料为：定额原材料费用4 500元,定额工时3 050小时,其实际费用为：原材料5 000元,动力8 160元,工资及福利费18 000元,制造费用12 500元。A产品11月份投入的定额原材料费用为7 000元,定额工时为5 600小时。A产品11月份完工180件,单件原材料费用定额为50元,单件工时定额为41小时。

B产品各月末在产品成本按年初数固定计算。其年初在产品成本为：原材料7 600元,动力2 200元,工资及福利费4 500元,制造费用3 300元。B产品11月份完工100件。

三、要求

(1) 根据上述资料填写下面有关费用分配汇总表(材料费用分配表、辅助生产费用明细表、制造费用明细表及分配表等均略)。

(2) 编制有关会计分录,并据以登记总账。

(3) 根据各种生产费用汇总和分配表及其他有关资料,登记各种生产成本明细账和产品成本计算单(见表6-27、表6-28、表6-29、表6-30、表6-31),计算产品成本。

表 6-27　人工费用分配汇总表

应借账户 \ 应贷账户		生产工时	分配率	应付工资	应付福利费	合　计
基本生产成本	A产品					
	B产品					
	小　计					
辅助生产成本	供电车间					
	机修车间					
制造费用						
管理费用						
合　计						

表 6-28　辅助生产费用分配表

辅助生产部门	待分配费用	供应量及单位	单位计划成本	辅助生产部门				其他部门						合计
				供电车间		机修车间		产品生产		车间一般耗用		管理部门		
				数量	金额	数量	金额	数量	金额	数量	金额	数量	金额	
供电车间														
机修车间														
合计														

表 6-29　A产品成本计算单　　　　　　完工数量：180件

成本项目	期初在产品成本	本期生产费用	生产费用合计	期末在产品成本	产成品成本	
					总成本	单位成本
原材料						
燃料及动力						
职工薪酬						
制造费用						
合计						

表 6-30　B产品成本计算单　　　　　　完工数量：100件

成本项目	期初在产品成本	本期生产费用	期末在产品成本	完工产品成本	
				总成本	单位成本
原材料					
燃料及动力					
职工薪酬					
制造费用					
合计					

表 6-31　产成品成本汇总表

产品	原材料	燃料及动力	工资及福利费	制造费用	合　计
A					
B					
合计					

第七章 产品成本计算的分批法

第一节 分批法的含义与特点

一、分批法的含义

成本计算分批法又称订单法,是指按照产品的批别或订单作为成本计算对象,归集生产费用,计算产品成本的一种方法。这种方法适用于单件、小批单步骤生产的企业;也可适用于管理上不要求分步骤计算成本的多步骤生产的企业。

在单件、小批生产的企业,一般是按照事先规定的规格和数量(批)或购买单位的订货单(订单)来组织生产。因单件生产和成批生产都具有一次性的特点,或者不定期进行重复生产,如果同时进行几件或几批产品的生产,那么在件与件之间,批与批之间,它们的种类、大小、形态、性质等往往都不相同,所以,应以每个单件或每一批别来计算产品成本。即使同一规格的产品只要是分批组织生产的,也可分别以批次归集生产耗费。

企业对单件、小批产品的生产,应由生产计划部门对生产任务的要求、内容等,签发生产通知单(又称工作命令单)下达生产车间凭以组织生产。财会部门按产品批别,以每一批或每一订单的产品作为成本计算对象,设置产品成本明细账(成本计算单),据以归集生产费用,计算产品成本。企业基本生产车间对新产品的试制,辅助生产车间自制设备、模具和工具等,以及专项工程和工业性修理作业等,均可采用这种方法。

在实际工作中,造船业、机器制造业、家具业、玩具业、服装业、印刷业、建筑业等大多采用分批法计算成本。

二、分批法的特点

成本计算分批法的特点,归纳起来有三点。

1. 成本计算对象

分批法以产品生产的批别或客户订单为成本计算对象,设置基本生产成本明细账,分别以成本项目登记,归集生产费用;对于各批产品所耗费的直接费用,根据实际耗费的金额直接记入各批产品的"基本生产成本"账户;对于各批产品共同发生的间接费用,先按发生的部门归集,然后采用适当的方法定期分配记入各批别或订单的基本生产成本明细账内。

在实际工作中,当一张订单中有多种产品时,为了分析和考核各种产品的成本计划执行情况,便于对产品成本的管理和控制,就需要按照产品的品种划分批别、组织生产、计算成本。当一张订单中只有一种产品,但定购产品的数量多,不便于一次投产,或者购货单位要求分批交货时,也可以分多批组织生产,分多批计算产品成本。当一张订单中只有一件产品,但这件产品是大型复杂产品,价值大、生产周期长,如重型机器设备、大型船舶、飞机等,也可以按照产品的组成部分分批别组织生产,分批别计算产品成本。当同一时期多张订单上定购同一品种规格的产品,定购的数量也不大时,为了经济合理地组织生产,也可以将多张订单同一品种、规格的产品合为一个批别组织生产,计算产品成本。对于同一种产品因生产与管理的需要,也可以分批别轮流组织生产,按批别计算产品成本。所以,在实际工作中,成本计算对象不一定是购货单位的订单,而是企业生产计划部门按照购货单位的订单,根据企业的实际情况签发下达的生产任务通知单。单内对该批生产任务进行编号,这种编号称为产品生产批别或生产令号,成本计算部门应根据产品生产批别设置"基本生产成本"明细账。

2. 成本计算期

分批法成本计算是不定期的。一般在每批别或每一订单产品完工时计算成本。成本计算期与产品的生产周期相一致,与会计报告期不相一致。

3. 生产费用在完工产品和在产品之间的分配

在分批法下,月内当每一批(订单)的产品完工时,归集其成本明细账上的成本即为完工产品的成本;月终时,凡未完工批别或订单的成本明细账上的成本就是月末在产品成本,因此,从理论上说,在分批法条件下,不存在完工产品和在产品之间分配成本问题。

但在实际工作中,有时可能有跨月完工的情况,即某批产品一部分已经完工入库,而另一部分则还在加工中,对已经入库的产品,订货单位又要求交付使用。这时就有必要在完工产品和产品之间分配生产费用,计算出完工产品成本和月末在产品成本。

如果完工产品数量占产品批量比重较小时,为简化核算工作,可以按定额单位成本、计划单位成本或最近一期相同产品的实际单位成本计算产成品成本,从产品成本明细账中转出,其余额即为在产品成本。如果月份内完工数量较大,为了正确计算完工产品成本,则应根据具体情况采用适当的分配方法(如约当产量法等)计算完工产品成本和月末在产品成本。

【例 7-1】 某订单生产 A 仪器 20 台,其中 14 台已完工,6 台尚未完工,完工程度 60%,已投料 30 000 元,还有 6 000 元材料尚未投入,发生的直接人工 14 080 元,制造费用 10 560 元。可计算如下:

每台 A 仪器的直接材料成本=(30 000+6 000)÷20=1 800(元)

每台 A 仪器的直接人工成本=14 080÷(14+6×60%)=800(元)

每台 A 仪器的制造费用=10 560÷(14+6×60%)=600(元)

完工 14 台 A 仪器成本＝1 800×14＋800×14＋600×14＝

25 200＋11 200＋8 400＝

44 800(元)

6 台在产品成本＝(30 000－25 200)＋(14 080－11 200)＋(10 560－8 400)＝

4 800＋2 880＋2 160＝

9 840(元)

不论采用上述哪种方法计算分批完工产品的成本,都带有估计的性质,就是说,对已转出的部分完工产品成本,不是该批产品的实际成本。因此,为了正确考核和分析该批产品成本计划的完成情况,在该批产品全部完工时,还应计算该批产品实际总成本和实际单位成本,但对已经转账的产成品成本,则不做账面调整。

为了使同一批产品尽量能够同时完工,避免跨月陆续完工的情况,在合理组织生产的前提下,企业可适当缩小每批产品的投产量,以直接提供当期生产工作的成果和核算资料。

第二节 分批法的程序与应用

一、分批法的程序

采用分批法计算产品生产成本时,一般可按照以下几个步骤进行:

第一,在各订单或批别产品开始生产之前,会计部门应根据生产计划部门下达的生产通知单为每一订单或批别产品分别设置生产成本明细账和成本计算单,并按生产车间及成本项目设置专栏,分别归集各订单、各批别产品生产所发生的各项生产费用。

第二,为便于按订单或批别归集生产费用,在企业产品生产领用的各种原材料、耗用的有关生产费用的原始凭证上,应分别注明各生产通知单号,以便定期地按生产通知单号整理编制各种生产费用汇总表,并据以登记有关生产成本明细账。

对于生产过程中发生的各项间接费用,也应分别设置有关明细账(制造费用明细账、辅助生产成本明细账)进行归集,月末采用适当的方法进行分配,并分别记入有关生产成本明细账。

对于间接费用,应分别按照不同的生产车间或部门设置制造费用明细账,分别进行归集,以便采用适当的方法分配。间接费用的分配一般采用两种分配方法:

(1) 当月分配法。这种方法将当月发生的间接费用全部分配给各成本计算对象负担,并记入各生产成本明细账和成本计算单,而不管各成本计算对象的产品是否已经完工。现以制造费用为例,假定制造费用按工时进行分配,则可按下列公式进行计算:

$$制造费用分配率 = \frac{本月制造费用发生额}{本月发生的工时数}$$

$$某订单(批别)产品应负担的制造费用 = 该订单(批别)产品本月发生的工时数 \times 制造费用分配率$$

假如,某企业生产 A、B 两个订单的产品,A 产品耗用工时 40 000 小时,B 产品耗用 60 000 小时,某月份共发生制造费用(均为共同费用)25 000 元,则:

$$\text{制造费用分配率} = \frac{25\,000}{40\,000 + 60\,000} = 0.25(\text{元/小时})$$

$$\text{A 产品订单应分摊的制造费用} = 40\,000 \times 0.25 = 10\,000(\text{元})$$

$$\text{B 产品订单应分摊的制造费用} = 60\,000 \times 0.25 = 15\,000(\text{元})$$

这种方法一般适用于生产周期比较短的单件、小批生产企业。这类企业的特点是当月投产的产品基本上可以在当月完工,按月分配各项间接费用可使产品的生产成本真实地反映生产耗费情况。

(2) 累计分配法。它是指在分批法成本计算中只对每月已完工的各批别或各订单的产品进行间接费用的分配,对未完工的各批别或各订单的产品应负担的间接费用,暂时保留其总数,累计起来,到以后月份计算的一种费用分配方法。在完工时根据累计的分配标准(发生工时数)对间接费用进行分配。其计算公式如下:

$$\text{累计分配率} = \frac{\text{各批或各订单产品累计间接费用}}{\text{各批或各订单产品累计分配标准(发生工时)总数}}$$

$$\text{某批或某订单产品应分配负担间接费用} = \text{某批或某订单产品累计分配标准(发生工时)} \times \text{累计分配率}$$

各项间接计入费用一般按工时比例进行分配。为了按月提供企业或车间全部产品的累计间接计入费用和累计工时资料,必须设立基本生产成本二级账,以登记各批产品的直接计入费用、间接计入费用和累计工时数。

采用这种方法,仍应按照产品批别设立产品成本计算单,在产品未完工前,单内只登记各月发生的直接计入费用和生产工时(或其他分配标准),不用按月登记间接计入费用,只有到该订单产品全部完工时,才按上列公式计算、分配间接计入费用,并登记各批完工产品成本计算单。

【例 7-2】 某企业上月投产订单 A 产品,本月投产订单 B 产品和订单 C 产品。其中,订单 A 和订单 B 的产品在本月制造完工,订单 C 产品尚未完工。有关的制造费用和各订单产品耗用的工时情况如下:

制造费用月初余额为 35 100 元,本月发生 20 000 元,累计数为 55 100 元。订单 A 产品上月耗用的工时为 8 000 小时,本月耗用工时为 12 000 小时,累计为 20 000 小时;订单 B 产品本月耗用工时为 12 000 小时;订单 C 产品本月耗用工时为 6 000 小时。全部产品累计工时数为 38 000 小时(20 000 + 12 000 + 6 000)。则本月完工产品应分摊的制造费用(假设均为共同费用)可计算分配如下:

$$\text{制造费用的累计小时分配率} = \frac{55\,100}{38\,000} = 1.45(\text{元/小时})$$

$$\text{订单 A 产品应分摊的制造费用} = 20\,000 \times 1.45 = 29\,000(\text{元})$$

$$\text{订单 B 产品应分摊的制造费用} = 12\,000 \times 1.45 = 17\,400(\text{元})$$

由于订单 C 产品在本月尚未制造完工,所以在当月不分配制造费用。这样,月末就有制造费用余额 8 700 元(55 100－29 000－17 400)。

这种方法一般适用于产品生产周期比较长的企业。因为在这类企业中,产品的生产周期比较长,如果每个月都将间接费用分配给尚未完工的产品,势必增加成本计算的工作量。所以,为了减少工作量,在保证成本计算相对准确的前提下,可采用累计分配法分配间接费用。

第三,单件、小批生产一般不单独计算废品损失。若要计算的话,可修复废品的修复费用,可根据费用分配表记入废品损失明细账。不可修复废品成本,从各有关成本计算单的成本项目中扣除,转入废品损失明细账,再将废品残料价值、责任者赔偿款等从废品损失中扣除,计算出废品净损失。在分批法下,废品损失一般能直接归属于各订单,这样就可以将废品净损失转入各有关订单的成本计算单内。

第四,上述步骤在某订单或批别产品完工并经验收合格后,应由生产车间填制产品制造完工通知单、报送会计部门,以便计算各该订单或批别产品成本。由于完工产品一般不会再发生有关的生产费用,所以应将为制造该订单或批别产品而剩余的半成品、原材料等进行盘点清理,并办理必要的半成品、原材料的退库手续,供以后生产类似产品使用;如果生产过程中发生不可修复的废品,则应将废品的残料作价回收入库。

第五,会计部门收到生产车间送来的产品制造完工通知后,应核对有关会计凭证和生产明细账记录,以检查是否把应由该订单或批别产品负担的各项生产费用作了分配并记入生产成本明细账。对于需要办理退库手续的半成品、原材料费用、废品回收的残料价值等,检查其是否从生产成本明细账中作了扣除。在检查确认无误后,就可根据生产成本明细账和各该订单或批别产品的产量记录资料,编制出生产成本计算表,以计算其总成本和单位成本。然后将已完工产品的生产成本结转为产成品的价值。

经过上述步骤处理后,月末未完工订单或批别产品的生产成本明细账所归集的生产费用,就是月末在产品成本。

分批法的成本计算程序如图 7-1 所示。

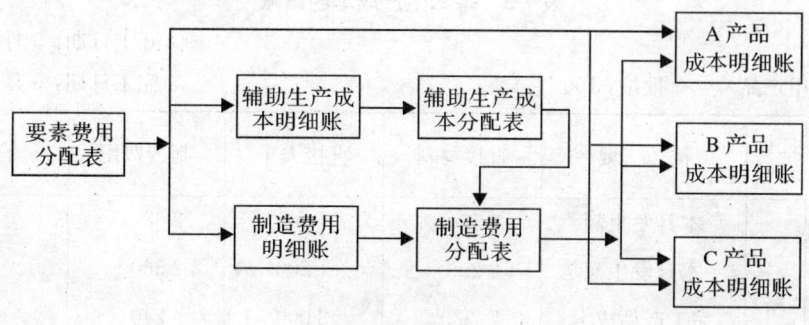

图 7-1 分批法的成本计算程序

二、分批法举例

由于产品生产周期长短的不同,间接计入费用的分配可采用当月分配法和累计分配法两种,由此产生了人们惯称的"典型的分批法"和"简化的分批法"两种不同的分批成本法。下面将分别介绍。

(一)典型分批法举例

【例 7-3】 某厂专接外单位委托订购生产业务,采用分批法成本计算,原材料在生产开始时一次性投入,直接计入各批别产品成本,其他生产费用按每月逐批采用当月分配法进行分配。6月份有关资料如表7-1所示。

表7-1　6月份有关资料

批号	产品名称	批量	投产日期	完工产量	完工日期	生 产 进 度
#1	甲	100 件	5月10日	100 件	6月28日	全部完工入库
#2	乙	80 件	5月15日	40 件	6月29日	部分完工入库,月末约当产量20件
#3	丙	300 件	6月25日			全部尚未完工

本月发生的生产费用和各批产品的期初在产品成本数字如表7-2所示。

表7-2　6月发生的生产费用和各批产品的期初在产品成本

摘　要	#1甲产品		#2乙产品		#3丙产品	
	期初在产品成本	本月生产费用	期初在产品成本	本月生产费用	期初在产品成本	本月生产费用
直接材料	5 560	2 200	2 240	2 560		5 200
直接人工	1 800	1 200	1 400	760		2 880
制造费用	2 680	2 560	2 120	1 720		4 880
合　计	10 040	5 960	5 760	5 040		12 960

计算各批完工产品和月末在产品成本如表7-3、表7-4、表7-5所示。

表7-3　基本生产成本明细账

批号:#1　　　　　　　　　　　　　　　　　　　　开工日期:5月10日
产品:甲产品　批量:100 件　　　　　　　　　　　完工日期:6月28日

2017年		凭证号数	摘　　要	直接材料	直接人工	制造费用	合　计
月	日						
5	31		本月发生额	5 560	1 800	2 680	10 040
6	30	(略)	本月发生额	2 200	1 200	2 560	5 960
	30		完工产品成本	7 760	3 000	5 240	16 000
	30		单位成本	77.6	30	52.4	160

表 7-4　基本生产成本明细账

批号：#2　　　　　　　　　　　　　　　　　　　　　　　开工日期：5月15日
产品：乙产品　　批量：80件　　完工数量：40件　　　　　完工日期：6月29日

2017年		凭证号数	摘　　要	直接材料	直接人工	制造费用	合　计
月	日						
5	31		本月发生额	2 240	1 400	2 120	5 760
6	30		本月发生额	2 560	760	1 720	5 040
	30	（略）	完工产品成本	2 400	1 440	2 560	6 400
	30		在产品成本	2 400	720	1 280	4 400
	30		完工产品单位成本	60	36	64	160

表 7-5　基本生产成本明细账

批号：#3　　　　　　　　　　　　　　　　　　　　　　　开工日期：6月25日
产品：丙产品　　批量：300件　　　　　　　　　　　　　　完工日期：

2017年		凭证号数	摘　　要	直接材料	直接人工	制造费用	合　计
月	日						
6	30	（略）	本月发生额	5 200	2 880	4 880	12 960

批号#1，甲产品本月已全部完工，所有发生的生产费用均由完工产品负担，无月末在产品成本。

批号#2，乙产品本月内完工40件，尚有40件未完工，所有发生的生产费用要在完工产品和在产品之间进行分配。原材料在生产开始时一次投入，按实际产量比例分配；其他的生产费用按完工产品数量和在产品约当产量比例分配；分别算出完工产品成本和月末在产品成本。

批号#3，丙产品本月全部尚未完工，所发生的生产费用均为月末在产品成本。

（二）简化的分批法

在单件、小批生产的企业或车间中，如果同一月份内投产的批数很多，往往有几十批甚至上百批，但到月终时，完工产品的批数则较少。在这种情况下，各种间接费用在各批产品之间按月进行分配的工作量就极为繁重。因此，为了简化核算工作，在投产批数较多而完工批数较少的企业，可采用一种简化的分批法，即累计间接费用分配法，又叫"不分批计算在产品成本的分批法"，以减少计算间接费用分配的工作量。

采用简化分批法时，仍应按照产品的批别设置产品成本明细账，在各批产品完工之前，明细账内只需按月登记直接费用（如原材料费用）和生产工时。此外，设置一张产品"生产成本二级账"。账中不仅要登记全部产品的月初在产品费用、本月费用和累计费用，而且还要登记全部产品的月初在产品工时、本月工时和累计工时。在有完工产品的月份，按照该批产品累计工时的比例，计算其应分摊的间接费用；然后，将计算出的完工产品应分摊的各项间接费用，记入完工产品成本明细账，计算出各批完工产品的总成本和单位成本。

【例 7-4】 仍以上例某厂 6 月份所示资料为例,改为采用累计分配法计算完工产品总成本和单位成本。该厂上月生产各批产品所耗工时数和本月生产各批产品所耗工时数如表 7-6 所示。

表 7-6　上月生产各批产品所耗工时数和本月生产各批产品所耗工时数

批号产品	#1甲产品	#2乙产品	#3丙产品	合　计
上月工时	3 200	2 000		5 200
本月工时	1 600	3 000	6 200	10 800
合　计	4 800	5 000	6 200	16 000

上例各批产品发生的各项生产费用数如表 7-7 所示。

表 7-7　各批产品发生的各项生产费用

项　目	#1甲产品	#2乙产品	#3丙产品	合　计
直接材料	7 760	4 800	5 200	17 760
直接人工	3 000	2 160	2 880	8 040
制造费用	5 240	3 840	4 880	13 960
合　计	16 000	10 800	12 960	39 760

当本月内甲产品全部完工和乙产品有部分产品完工时(乙产品完工 40 件的工时为 3 200 小时,在产品 40 件的工时为 1 800 小时),按所耗工时和各项费用数计算出某项费用的累计分配率,然后计算某批完工产品应负担的某项费用额。本例的累计分配率计算如下:

$$直接人工分配率 = 8\,040 \div 16\,000 = 0.5025$$

$$制造费用分配率 = 13\,960 \div 16\,000 = 0.8725$$

采用累计分配法计算完工产品成本,各批产品的成本计算如表 7-8、表 7-9、表 7-10 所示。

表 7-8　基本生产成本明细账

批号: #1　　　　　　　　　　　　　　　　　　开工日期: 5 月 10 日
产品: 甲产品　　批量: 100 件　　　　　　　　完工日期: 6 月 28 日

2017 年		凭证号数	摘　要	直接材料	工时	直接人工	制造费用	合　计
月	日							
5	31		本月发生额	5 560	3 200			
6	30		本月发生额	2 200	1 600			
	30	(略)	累计数和累计费用分配率	7 760	4 800	0.5025	0.8725	
	30		完工产品成本	7 760	4 800	2 412	4 188	14 360
	30		单位成本	77.76	48	24.12	41.88	143.6

表 7-9　基本生产成本明细账

批号：#2　　　　　　　　　　　　　　　　　　　　开工日期：5月15日
产品：乙产品　　批量：80件　　完工数量：40件　　完工日期：6月29日

2017年		凭证号数	摘　　要	直接材料	工时	直接人工	制造费用	合　计
月	日							
5	31	（略）	本月发生额	2 240	2 000			
6	30		本月发生额	2 560	3 000			
	30		累计数和累计费用分配率	4 800	5 000	0.502 5	0.872 5	
	30		完工产品成本	2 400	3 200	1 608	2 792	6 800
	30		单位成本	60	80	40.20	69.80	170
			在产品成本	2 400	1 800			

表 7-10　基本生产成本明细账

批号：#3　　　　　　　　　　　　　　　　开工日期：6月25日
产品：丙产品　　批量：300件　　　　　　完工日期：

2017年		凭证号数	摘　　要	直接材料	工时	直接人工	制造费用	合　计
月	日							
6	30	（略）	本月发生额	5 200	6 200			
			在产品成本	5 200	6 200			

采用这种方法，对未完工的在产品则不分配间接费用，这样，可以简化费用的分配和登记工作，月末未完工产品批数越多，核算工作就越简化。但它存在两个缺点：

第一，各批未完工产品成本明细账上，不反映工费成本，也就不能完整地反映各批产品的在产品成本。

第二，完工产品的成本是按完工月份的分配率一次投入的，如果各月份工费成本的波动较大，就可能与实际发生的工费不相符合，会影响成本计算的正确性。假定前几个月间接费用较高，而本月较低，则当月投产、当月完工的产成品，按累计间接费用分配率计算分配，就会发生成本偏高的现象。因此，这一方法，只有在各月工费成本大致均衡的情况下才可采用。

复习思考题

1. 什么是成本计算的分批法？它适用于哪些企业？
2. 成本计算的分批法有什么特点？
3. 试述分批法的成本计算程序。
4. 什么是累计间接费用分配法？为何应用累计间接费用分配法进行成本计算？

测 试 题

一、单项选择题

1. 分批法适用于( )。
   A. 小批单件生产　　　　　　　　　　B. 小批大量生产
   C. 大批大量单步骤生产　　　　　　　D. 大批大量多步骤生产
2. 采用简化的分批法,各批产品、完工产品与在产品之间分配间接计入费用,都是利用( )分配的。
   A. 累计间接计入费用分配率　　　　　B. 累计生产工时
   C. 累计原材料费用分配率　　　　　　D. 间接计入费用分配率
3. 对于成本核算的分批法,下列说法中,正确的有( )。
   A. 不存在完工产品与在产品之间费用分配问题
   B. 成本计算期与会计报告期一致
   C. 适用于小批、单件、管理上不要求分步骤计算成本的多步骤生产
   D. 以上说法全正确
4. 在小批单件多步骤生产情况下,如果管理不要求分步计算产品成本,应采用的成本计算方法是( )。
   A. 分批法　　　B. 分步法　　　C. 分类法　　　D. 定额成本法
5. 采用简化分批法,产品完工以前产品成本明细账( )。
   A. 只登记各种材料费用　　　　　　　B. 登记间接计入费用,不登记直接计入费用
   C. 登记直接计入费用,不登记间接计入费用　D. 不登记任何费用
6. 下列情况中,不适宜采用简化分批法的是( )。
   A. 产品的批数较多　　　　　　　　　B. 月末未完工产品批数较多
   C. 各月间接计入费用水平相差不多　　D. 各月间接计入费用水平相差较多
7. 简化的分批法是( )。
   A. 不计算在产品成本的分批法　　　　B. 不分批计算在产品成本的分批法
   C. 不分批计算完工产品成本的分批法　D. 分批计算完工产品和在产品成本的分批法
8. 某企业采用分批法计算产品成本,6月1日投产甲产品5件,乙产品3件;6月15日投产甲产品4件,乙产品4件,丙产品3件;6月26日投产甲产品6件。该产品6月份应开设产品成本明细账的张数是( )张。
   A. 3　　　　　B. 5　　　　　C. 4　　　　　D. 6
9. 在各种产品成本计算方法中,必须设置基本生产成本二级账的方法是( )。
   A. 分类法　　　B. 定额法　　　C. 简化分批法　　　D. 平行结转分步法

二、多项选择题

1. 在下列企业中,可采用分批法计算成本的企业有( )。
   A. 重型机械厂　　B. 造船厂　　　C. 发电厂　　　D. 专用设备生产厂
2. 分批法成本计算的特点是( )。
   A. 以生产批次作为成本计算对象　　　B. 产品成本计算期不固定
   C. 按月计算产品成本　　　　　　　　D. 一般不需要进行完工产品和在产品成本分配
   E. 以生产批次或订单设置生产成本明细账
3. 按分批法计算产品成本时,间接生产费用的分配方法有( )。
   A. 当月分配法　　B. 约当产量法　　C. 累计分配法　　D. 综合分配率法

E. 定额成本法
4. 采用简化的分批法,( )。
   A. 不计算在产品成本
   B. 不分批计算在产品成本
   C. 不计算全部在产品成本
   D. 计算全部在产品成本
   E. 分批计算、登记完工产品和在产品的直接计入费用
5. 简化分批法下,累计间接计入费用分配率是( )。
   A. 各批产品之间分配间接计入费用的依据
   B. 在各批完工产品之间分配各该费用的依据
   C. 在完工批别和月末在产品批别之间分配间接计入费用的依据
   D. 在某批产品的完工和月末在产品之间分配间接计入费用的依据
   E. 均正确
6. 采用分批法计算产品成本时,如果批内产品跨月陆续完工的情况不多,完工产品数量占全部批量的比重很小,先完工的产品可以按( )从产品成本明细账转出。
   A. 计划单位成本计价
   B. 定额单位成本计价
   C. 近期相同产品的实际单位成本计价
   D. 实际单位成本计价
7. 简化的分批法的适用范围的应用条件是( )。
   A. 同一月份投产的产品批数很多
   B. 月末完工产品的批数较多
   C. 各月间接费用水平相差不多
   D. 各月生产费用水平相差不多
   E. 月末未完工产品批数较多
8. 采用简化的分批法,( )。
   A. 必须设立基本生产成本明细账
   B. 在产品完工之前,产品成本明细账只登记直接计入费用(如原材料费用)和生产工时
   C. 在生产成本明细账中登记间接计入费用
   D. 不分批计算在产品成本

三、判断题

1. 采用分批法计算产品成本,批内部分完工产品按计划单位成本计算结转后,待该批产品全部完工,还应计算该批产品实际总成本,并调整前期完工产品实际成本与计划成本的差异。( )
2. 在小批或单件生产的企业或车间中,如果各个月份间的加工费用的水平相差不多,月末未完工产品的批数比较多,可在分批法下,对加工费用采用累计分配法。( )
3. 采用分批法计算产品成本,只有在该批产品全部完工时才能计算成本。( )
4. 如果一张订单规定有几种产品,也应合为一批组织生产。( )
5. 分批法与品种法的主要区别是成本计算对象和成本计算期不同。( )
6. 如果是单件生产,产品完工前,产品成本明细账所计的生产费用,都是在产品成本。( )

四、计算分析题

(一)

一、目的 练习产品成本计算的分批法。

二、资料 某企业第一生产车间生产401批次甲产品、501批次乙产品、402批次丙产品三批产品,10月份有关成本计算资料如下:

(1) 月初在产品成本:

401批次甲产品为208 000元,其中直接材料168 000元,直接人工24 000元,制造费用16 000元;402丙产品248 000元,其中直接材料240 000元,直接人工4 000元,制造费用4 000元。

(2) 本月生产情况:

401批次甲产品为9月2日投产40件,本月26日已全部完工验收入库,本月实际生产工时为

16 000小时。501乙产品为本月3日投产120件，本月已完工入库6件，本月实际生产工时为8 800小时。402批次丙产品为9月6日投产60件，本月尚未完工，本月实际生产工时为80 000小时。

(3) 本月发生生产费用：

本月投入原材料792 000元，全部为501乙产品耗用。本月产品生产工人工资为98 400元，提取应付福利费为13 776元，制造费用总额为88 560元。

(4) 单位产品定额成本：

501批次乙产品单位产品定额成本为4 825元，其中直接材料3 300元，直接人工825元，制造费用700元。

三、要求 根据上述资料采用分批法计算产品成本，具体计算程序如下：

(1) 按产品批别开设产品成本计算单（见表7-11、表7-12、表7-13）并登记月初在产品成本。

表7-11 产品成本计算单

批别：401批次 产品：甲产品

批　量：
开工日期：
完工日期：

摘　要	直接材料	直接人工	制造费用	合　计
月初在产品成本				
本月生产费用				
生产费用合计				
完工产品总成本				
完工产品数量				
完工产品单位成本				

表7-12 产品成本计算单

批别：501批次 产品：乙产品

批　量：
开工日期：
完工日期：

摘　要	直接材料	直接人工	制造费用	合　计
本月生产费用				
完工产品数量				
完工产品单位定额成本				
完工产品定额总成本				
月末在产品成本				

表7-13 产品成本计算单

批别：402批次 产品：丙产品

批　量：
开工日期：
完工日期：

摘　要	直接材料	直接人工	制造费用	合　计
月初在产品成本				
本月生产费用				
生产费用合计				
月末在产品成本				

(2) 编制501批次产品耗用原材料的会计分录并计入产品成本计算单。

(3) 采用生产工时分配法在各批产品之间分配本月发生的直接人工费用（见表7-14），根据分配结果编制会计分录并计入有关产品成本计算单。

表 7-14 直接人工费用分配表

2017 年 10 月　　　　　　　　　　　　　　　　　　　　　单位：元

产　品	生产工时	分配工人工资		分配福利费		合　计
		分配率	分配金额	计提比例	分配金额	
401 批次产品						
501 批次产品						
402 批次产品						
合　计						

（4）采用生产工时分配法在各批产品之间分配本月发生的制造费用（见表 7-15），根据分配结果编制会计分录并计入有关产品成本计算单。

表 7-15 制造费用分配表

2017 年 10 月　　　　　　　　　　　　　　　　　　　　　单位：元

产　品	生产工时	分配率	分配金额
401 批次产品			
501 批次产品			
402 批次产品			
合　计			

（5）计算本月完工产品和月末在产品成本，编制结转完工产品成本的会计分录。501 批次乙产品本月少量完工，其完工产品成本按定额成本结转。

（二）

一、目的　练习产品成本计算的分批法。

二、资料　某工业企业小批生产多种产品，为了简化核算，采用累计分批法计算成本。该企业本月份各批产品的资料如下：

（1）各批产品投入产出情况：

第 105 批次：甲产品 10 件，前月投产，本月完工。

第 106 批次：乙产品 15 件，上月投产，本月完工。

第 107 批次：丙产品 8 件，上月投产，尚未完工。

第 108 批次：丁产品 5 件，本月投产，尚未完工。

（2）基本生产二级账中各批产品总费用情况如表 7-16。

表 7-16 总费用情况表

原材料费(元)	生产工时(小时)	直接人工(元)	制造费用(元)	合计(元)
262 130	61 030	103 751	140 369	506 250

（3）三级明细账中完工产品资料如表 7-17。

表 7-17 完工产品资料表

产品批次及名称	直接材料(元)	生产工时(小时)
105 批次（甲产品）	126 590	25 980
106 批次（乙产品）	81 780	17 150

三、要求　根据上述资料计算完工批次产品的生产成本(填写表7-18)。

表7-18　生产成本二级账

摘　要	直接材料	工　时	直接人工	制造费用	合　计
本月发生	262 130	61 030	103 751	140 369	506 250
累计费用分配率	—	—			—
完工产品转出					
余额					

表7-19　105批次甲产品成本明细账

摘　要	直接材料	工　时	直接人工	制造费用	合　计
完工产品转出					
完工产品数量	10	—	10	10	10
完工产品单位成本					

表7-20　106批次乙产品成本明细账

摘　要	直接材料	工　时	直接人工	制造费用	合　计
完工产品转出					
完工产品数量	15	—	15	15	15
完工产品单位成本					

(三)

一、目的　练习产品成本计算的分批法。

二、资料　某制造业的生产组织属于小批生产,所有批次产品均在生产开始时一次投料。该批产品生产情况及账户资料如下:

(1) 8月(本月)份投产的产品批号及生产情况:

801号:甲产品10件,8月1日投产,8月25日完工;

802号:乙产品10件,8月5日投产,月末完工5件;

803号:丙产品5件,8月15日投产,尚未完工;

804号:丁产品5件,8月20日投产,尚未完工。

(2) 账户资料如表7-21。

表7-21　生产成本二级账

摘　要	直接材料	工　时	直接人工	制造费用	合　计
本月发生	12 450	8 980	3 592	5 388	21 430
累计费用分配率					
完工产品转出		3 730			
余额					

表 7-22 甲产品成本明细账

摘　要	直接材料	工　时	直接人工	制造费用	合　计
本月发生	6 120	3 250			
完工产品转出		3 250			
完工产品单位成本					
余额					

表 7-23 乙产品成本明细账

产品批号：802
产品名称：乙产品　　　　　　　　　　　　　　　　　　　　　　　　　批量：10 件

摘　要	直接材料	工　时	直接人工	制造费用	合　计
本月发生	3 680	750			
完工产品转出		480			
完工产品单位成本					
余额					

表 7-24 丙产品成本明细账

产品批号：803
产品名称：丙产品　　　　　　　　　　　　　　　　　　　　　　　　　批量：5 件

摘　要	直接材料	工　时	直接人工	制造费用	合　计
本月发生	1 360	2 840			
完工产品转出					
完工产品单位成本					
余额					

表 7-25 丁产品成本明细账

产品批号：804
产品名称：丁产品　　　　　　　　　　　　　　　　　　　　　　　　　批量：5 件

摘　要	直接材料	工　时	直接人工	制造费用	合　计
本月发生	1 290	2 140			
完工产品转出					
完工产品单位成本					
余额					

三、**要求**　根据上列资料，采用分批法（按累计分配法），计算完工产品成本，并将计算结果填入账户。

第八章 产品成本计算的分步法

第一节 分步法的特点与程序

一、分步法的特点

产品成本计算分步法(简称分步法)是以各生产阶段(步骤)和最后阶段的产成品为成本计算对象归集生产费用,计算产品成本的一种方法。它适用于大量、大批、多阶段连续式复杂生产,并且管理上要求按阶段核算成本的企业或车间,如冶金工业、纺织工业、造纸工业等。对于某些大量流水生产的装配式复杂生产的企业,也可采用分步法计算产品成本,以满足企业内部生产管理、成本管理以及正确确定对外出售半成品的价格和收益的需要。

分步法计算产品成本的特点可归纳如下。

1. 成本计算对象

分步法的成本计算对象为各生产步骤和最后步骤的产成品。成本计算单按每个生产步骤或其产品(半成品或产成品)设置。对生产过程中发生的材料、工资、其他费用应分别生产步骤进行核算,属于各产品的费用,按产品归集,对每一步骤的一般费用,先按整个步骤归集,然后按一定标准在该步骤的各种产品之间进行分配。

2. 成本计算期

分步法下,成本计算期与会计核算期间一致,按月计算产品成本。

3. 生产费用在完工产品和在产品之间进行分配

在大量大批、多步骤生产的企业,原材料连续投入,产品连续不断向下移动,产品往往存在跨月陆续完工的情况,因此,在月末计算产品成本时,各步骤内都有在产品存在,这时,则要求将各步骤的生产费用在该步骤的产成品(或半成品)和在产品之间进行分配。

综上所述,分步法与品种法、分批法相比,成本计算主体与成本计算空间范围均不相同。其生产费用的汇集和分配,只有按步骤(车间)和步骤产品(半成品或产成品)进行,才能正确计算产品成本。

二、分步法成本核算的一般程序

运用分步法计算产品成本,可按以下四个步骤进行:

(1) 按照各生产步骤，为每种产品（半成品或产成品）设立成本计算单，据以汇集该步骤产品发生的各项费用。

(2) 汇集生产费用于产品成本计算单上。每月按生产步骤及产品汇集和分配生产费用，编制各种费用汇总分配表、登记成本计算单。

(3) 计算各步骤完工产品成本（或计入产成品成本份额）和在产品成本。月末，将各生产步骤中各成本计算单上汇集的全部生产费用，在各完工产品和在产品之间进行分配，计算出各步骤的完工产品成本和在产品成本。

(4) 结转各步骤半成品成本（或计入产成品成本份额），计算产成品总成本和单位成本。月末，应采用适当的方法，按产品品种结转各步骤成本，计算出每种产成品的总成本和单位成本。

在实际工作中，各步骤成本的计算和结转可采用逐步结转和平行结转两种方法。因此，分步法便有了逐步结转分步法和平行结转分步法之分。

第二节 逐步结转分步法

逐步结转分步法又称顺序结转分步法。它是按照产品的加工步骤的先后顺序，逐步计算并结转半成品成本，前一步骤的半成品成本，随着半成品实物的转移而结转到后一步骤的产品成本中，直到最后步骤累计计算出产成品成本的一种成本计算方法。该方法的显著特点是能够提供各步骤完整的半成品成本资料，因此，此方法亦称"计算半成品成本法"。它适用于半成品具有独立经济意义、半成品外销式、管理上要求提供半成品成本资料的连续式多步骤大量大批生产的企业。

一、逐步结转分步法的程序

采用逐步结转分步法计算产品成本，首先计算第一步骤半成品成本；然后用第一步骤半成品的成本加上第二步骤加工费用，求得第二步骤半成品成本。随着加工步骤顺序累计结转，直到最后一个步骤计算出完工产成品成本为止。逐步结转分步法成本计算程序图，如图8-1所示。

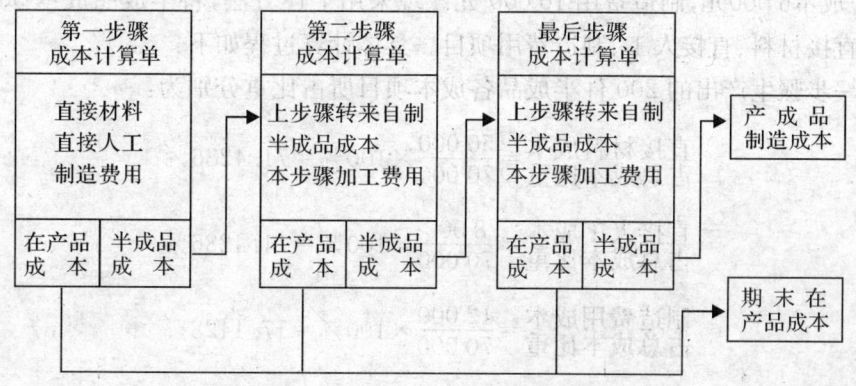

图8-1 逐步结转分步法成本计算程序

如果各步骤生产的半成品完工之后,并非为下一步骤立即使用,则需通过半成品库来实现实物的转移。这时,应设置"自制半成品"明细账来反映完工入库和生产领用半成品成本的结转情况。半成品验收入库时,借记"自制半成品"账户,贷记"基本生产成本"账户,下步骤领用时,作相反的会计分录。

二、逐步结转分步法的分类

逐步结转分步法,按照半成品成本在下一步骤反映的方式不同,可分为综合结转分步法和分项结转分步法两种。

(一) 综合结转分步法

综合结转分步法是指上一步骤半成品的成本以"自制半成品"项目综合列入下一步骤成本计算单中。这种结转方式,结转时比较简便,且可以提供各步骤所耗半成品的综合指标。但因不是按成本项目结转,使计算出的完工产成品成本不能反映其原始成本结构,因此,还需进行成本还原。

成本还原是将完工产品成本中的"自制半成品"项目的综合成本采用倒推法,逐步分解为原始的成本项目,然后将各步骤相同的成本项目数额相加,求得按规定的成本项目反映的产品成本。成本还原的方法,通常有以下两种。

1. 按半成品各成本项目各占全部成本的比重还原

采用这种方法,首先要确定各步骤完工产品的成本结构,即各成本项目占全部成本的比重;然后,从最后一个生产步骤开始,将产成品成本中的半成品综合成本乘以前一步骤该种半成品的各成本项目的比重,就可以把综合成本进行分解;如果成本计算在两步以上,那么第一次成本还原后,还会有未还原的半成品成本,这时应将未还原的半成品成本,再乘以前一步骤该种半成品的各成本项目的比重,以此类推,直到半成品成本还原为原始成本项目为止。

【例8-1】 华丰企业生产甲产品经过第一、第二两个生产步骤,第一步骤的半成品直接交由第二步骤使用,1件甲产品耗用2件半成品。假定第一步骤本月转出半成品200件,总成本为70 000元,其中:材料成本50 000元,人工成本8 000元,制造费用12 000元。第二步骤本期完工甲产品80件,总成本为72 000元,其中半成品56 000元,人工成本6 000元,制造费用10 000元。现采用上述方法,将半成品成本56 000元还原成直接材料、直接人工、制造费用项目。具体计算过程如下:

第一步骤生产出的200件半成品各成本项目所占比重分别为:

$$\text{直接材料成本占总成本比重} = \frac{50\ 000}{70\ 000} \times 100\% = 71.4286\%$$

$$\text{直接人工成本占总成本比重} = \frac{8\ 000}{70\ 000} \times 100\% = 11.4286\%$$

$$\text{制造费用成本占总成本比重} = \frac{12\ 000}{70\ 000} \times 100\% = 17.1428\%$$

56 000元半成品的成本构成为:

直接材料＝56 000×71.4286％＝40 000(元)

直接人工＝56 000×11.4286％＝6 400(元)

制造费用＝56 000×17.1428％＝9 600(元)

2. 按各步骤耗用半成品的总成本占上一步骤完工半成品总成本的比重还原

这一方法的原理与上述第一种方法相同,先确定产成品成本中半成品综合成本占上一步骤本期所产该种半成品总成本的比例,然后以此比例从最后一个生产步骤开始,分别乘以上一步骤本期所产该种半成品各成本项目的成本。即可将耗用半成品的综合成本进行分解、还原。计算公式如下:

$$成本还原率=\frac{本期产成品耗用上一步骤半成品成本合计}{上一步骤本期所产该半成品成本合计}$$

$$某成本项目还原数=上一步骤本期所产该半成品某成本项目金额×成本还原率$$

【例 8-2】 仍以[例 8-1]为例,采用该方法,将半成品成本 56 000 元还原成直接材料、直接人工、制造费用项目。具体计算过程如下:

$$甲半成品的成本还原率=\frac{本月产成品耗用上一步骤半成品成本合计}{上一步骤本月所产该半成品成本合计}=\frac{56\,000}{70\,000}=0.8$$

56 000 元半成品的成本构成为:

直接材料＝50 000×0.8＝40 000(元)

直接人工＝8 000×0.8＝6 400(元)

制造费用＝12 000×0.8＝9 600(元)

甲产品的成本构成为:直接材料 40 000 元;直接人工 12 400 元(6 400＋6 000);制造费用 19 600 元(10 000＋9 600)。

(二) 分项结转分步法

分项结转分步法,是将上一步骤半成品成本按照成本项目分项结转到下一步骤成本计算单上相应的成本项目的一种方法。如果半成品通过半成品库收发,半成品明细账也要分别按成本项目进行登记。这种结转方法可以直接提供产成品成本的原始结构。但生产步骤较多时,转账手续比较繁琐,工作量大。

【例 8-3】 华丰企业二车间有关成本计算资料,如表 8-1、表 8-2 所示。材料在开工时一次投入,废品残值 140 元。

表 8-1 产量及完工程度资料

项　　目	数　量　(件)		完　工　程　度	
	合格品	废品	合格品	废品
月初在产品	100	—	50％	—
本月投入	260			
本月完工	300	10	100％	100％
月末在产品	50		40％	

表 8-2 费用资料

单位：元

摘　　要	直接材料	直接人工	制造费用	废　品	合　计
月初在产品成本	1 800	700	900	—	3 400
本月本车间发生费用	780	1 680	2 240	—	4 700
上车间转入费用	3 900	1 040	1 300	300	6 540

根据上述资料，二车间的成本计算单，如表 8-3 所示。

表 8-3 产品成本计算单

车间名称：二车间
产品名称：甲产品　　　　　　2017 年 8 月　　　　　　单位：元

摘　　要	直接材料	直接人工	制造费用	废品损失	合　计
月初在产品成本	1 800	700	900	—	3 400
本车间费用	780	1 680	2 240	—	4 700
上车间转入费用	3 900	1 040	1 300	300	6 540
本月费用合计	6 480	3 420	4 440	300	14 640
结转废品成本	180	100	130		410
废品损失计入成本				270	270
产成品成本	5 400	3 000	3 900	570	12 870
月末在产品成本	900	320	410	0	1 630

成本计算单中有关项目计算过程如下：

（1）上车间转入半成品的单位成本为：

$$直接材料单位成本 = \frac{3\,900}{260} = 15(元)$$

$$直接人工单位成本 = \frac{1\,040}{260} = 4(元)$$

$$制造费用单位成本 = \frac{1\,300}{260} = 5(元)$$

（2）本车间本月发生费用单位成本为：

$$直接材料单位成本 = \frac{780}{260} = 3(元)$$

$$直接人工单位成本 = \frac{1\,680}{300 + 10 + 50 \times 40\% - 100 \times 50\%} = \frac{1\,680}{280} = 6(元)$$

$$制造费用单位成本 = \frac{2\,240}{280} = 8(元)$$

（3）废品成本为 410 元，废品残值为 140 元，废品损失为 270 元（410－140），计算过程为：

直接材料＝(15＋3)×10＝180(元)
直接人工成本＝(4＋6)×10＝100(元)
制造费用＝(5＋8)×10＝130(元)

(4) 月末在产品成本分别为：

直接材料＝(15＋3)×50＝900(元)
直接人工成本＝50×4＋50×40%×6＝320(元)
制造费用＝50×5＋50×40%×8＝410(元)

(5) 完工产品成本则为：

直接材料＝(15＋3)×300＝5 400(元)
直接人工＝(4＋6)×300＝3 000(元)
制造费用＝(5＋8)×300＝3 900(元)

废品损失合计 570 元(300＋270)，完工产品成本合计为12 870元。

三、半成品成本的计价

在综合结转半成品成本时，可按实际成本结转，也可按计划成本结转至下一生产步骤。而在分项结转半成品成本时，通常采用按实际成本分项结转，以免按成本项目分别调整成本差异。

按实际成本综合结转，各步骤所耗上一步骤的半成品成本，等于所耗半成品的数量乘以半成品的实际单位成本。在半成品通过半成品库收发的情况下，所耗半成品的单位成本应用先进先出法、加权平均法或后进先出法来确定。

按计划成本综合结转半成品成本时，半成品的日常收发均按计划成本核算。待计算出半成品实际成本后，再计算半成品的成本差异率，调整所耗半成品的计划成本为实际成本。在成本计算单中，对所耗上步骤半成品成本，可按实际成本登记，也可按所耗半成品的计划成本和成本差异分别登记，以便分析上步骤半成品成本差异对本步骤成本的影响。按计划成本综合结转半成品成本，可以简化和加速核算工作，也便于进行成本考核和分析，但要对所耗半成品的计划成本进行调整。按实际成本结转，不利于明确责任，并且会影响成本计算的及时性。企业具体采用哪种计价方法，需根据自己的生产特点和管理要求来决定。

【例8-4】 假定某企业甲产品的生产经过两个步骤，分别由两个车间进行。第一车间生产半成品，交半成品库验收；第二车间按照所需数量向半成品库领用。第二车间所耗半成品费用按全月一次加权平均单位成本计算。两个车间月末在产品均按定额成本计价。那么，其成本计算程序如下：

(1) 根据各种费用分配表、半成品交库单和第一车间在产品定额成本资料，登记第一车间甲产品成本计算单如表8-4所示。

表 8-4　产品成本计算单

生产车间：第一车间　　　　产品：甲半成品　　　　金额单位：元

摘　　　要	产量（件）	直接材料	直接人工	制造费用	合　计
月初在产品成本（定额成本）		29 000	2 000	16 050	47 050
本月生产费用		77 300	6 650	52 000	135 950
生产费用合计		106 300	8 650	68 050	183 000
半成品成本	1 000	71 500	6 050	47 987.5	125 537.5
半成品单位成本		71.5	6.05	47.99	125.54
月末在产品成本（定额成本）		34 800	2 600	20 062.5	57 462.5

根据第一车间半成品交库单，编制结转半成品成本的会计分录如下：

　　借：库存商品——自制半成品——甲半成品　　　　125 537.5
　　　　贷：基本生产成本——第一车间（甲半成品）　　　　125 537.5

（2）根据计价后的第一车间半成品交库单和第二车间领用半成品的领用单，登记自制半成品明细账如表 8-5 所示。

表 8-5　自制半成品明细账

半成品名称：甲半成品

计量单位：件　　金额单位：元

月份	月初余额		本月增加		累　　计			本月减少	
	数量	实际成本	数量	实际成本	数量	实际成本	单位成本	数量	实际成本
6	150	29 787.5	1 000	125 537.5	1 150	155 325	135.07	900	121 558.70
7	250	33 766.30							

根据第二车间领用半成品的领用单，编制结转半成品成本的会计分录如下：

　　借：基本生产成本——第二车间（甲产品）　　　　121 558.70
　　　　贷：库存商品——自制半成品——甲半成品　　　　121 558.70

（3）根据各种费用分配表、半成品领用单、产成品交库单，以及第二车间在产品定额成本资料，登记第二车间甲产品成本计算单，如表 8-6 所示。

表 8-6　产品成本计算单

车间：第二车间　　　　产品：甲产成品　　　　金额单位：元

摘　　　要	产量（件）	半成品	直接人工	制造费用	合　计
月初在产品成本（定额成本）		95 000	4 950	24 750	124 700
本月生产费用		121 558.70	7 850	38 450	167 858.70
生产费用合计		216 558.70	12 800	63 200	292 558.70
产成品成本	800	150 058.70	10 400	51 200	211 658.70
产成品单位成本		187.57	13	64	264.57
月末在产品成本（定额成本）		66 500	2 400	12 000	80 900.00

借：库存商品——产成品——甲产品　　　　　　　　　211 658.70
　　贷：基本生产成本——甲产品　　　　　　　　　　　　　211 658.70

在按计划成本综合结转的情况下，为了调整所耗半成品的成本差异，自制半成品明细账不仅要反映半成品收支和结存的数量和实际成本，而且要反映半成品的收发和结存的计划成本、成本差异和差异率；在产品成本计算单中，对于所耗半成品，可以按调整成本差异后的实际成本登记。为了分析上一步骤半成品成本差异对本步骤成本的影响，也可以按照所耗半成品的计划成本和成本差异分别登记。这时产品成本计算单"半成品"项目、"直接材料"项目，要分设"计划成本"、"成本差异"、"实际成本"三栏，具体核算的程序与原材料按计划成本核算的程序基本相同，此处不再赘述。

四、逐步结转分步法应用举例

【例 8-5】 某企业大量生产甲产品，顺序经过三个生产步骤，分设三个车间进行加工。该企业采用逐步结转分步法计算产品成本。原材料在生产开始时一次投入，其他费用陆续发生，各步骤完工的半成品不通过半成品库。半成品成本按实际成本综合结转，各步骤产品成本采用约当产量法计算，在产品完工率均为 50%。甲产品本月产量及有关费用资料，如表 8-7、表 8-8、表 8-9 所示。

表 8-7　产品产量记录

2017 年 6 月　　　　　　　　　　　　　　　　单位：件

摘　　要	一车间	二车间	三车间	产成品
月初在产品	160	20	140	—
本月投入	440	—	—	—
上步转入	—	500	400	—
本月完工	500	400	480	480
月末在产品	100	120	60	—

表 8-8　费　用　资　料

（综合逐步结转分步法）　　　　　　　　　　单位：元

摘　　要	车间	直接材料	自制半成品	直接人工	制造费用	合　计
月初在产品成本	一车间	1 600	—	80	240	1 920
	二车间	—	280	50	70	400
	三车间	—	3 640	140	280	4 060
本期发生费用	一车间	4 400	—	470	1 410	6 280
	二车间	—	—	2 250	3 150	5 400
	三车间	—	—	880	1 760	2 640

表 8-9 费用资料

(分项逐步结转分步法)　　　　　　　　　　　　单位：元

摘　要	车间	直接材料	直接人工	制造费用	合　计
月初在产品成本	一车间	1 600	80	240	1 920
	二车间	200	70	130	400
	三车间	1 400	980	1 680	4 060
本期发生费用	一车间	4 400	470	1 410	6 280
	二车间	—	2 250	3 150	5 400
	三车间		880	1 760	2 640

根据上述资料，分别采用综合逐步结转分步法和分项逐步结转分步法计算产品成本。综合逐步结转分步法计算过程如表 8-10、表 8-11、表 8-12、表 8-13、表 8-14 所示。

表 8-10 一车间成本计算单

产品名称：甲 A 半成品　　　　2017 年 6 月　　　　完工产量：500 件

摘　要	直接材料	直接人工	制造费用	合　计
月初在产品成本	1 600	80	240	1 920
本月生产费用	4 400	470	1 410	6 280
生产费用合计	6 000	550	1 650	8 200
约当产量	600	550	550	—
完工半成品成本	5 000	500	1 500	7 000
半成品单位成本	10	1	3	14
月末在产品成本	1 000	50	150	1 200

表 8-11 二车间成本计算单

产品名称：甲 B 半成品　　　　2017 年 6 月　　　　完工产量：400 件

摘　要	自制半成品	直接人工	制造费用	合　计
月初在产品成本	280	50	70	400
本月生产费用	7 000	2 250	3 150	12 400
生产费用合计	7 280	2 300	3 220	12 800
约当产量	520	460	460	—
完工半成品成本	5 600	2 000	2 800	10 400
半成品单位成本	14	5	7	26
月末在产品成本	1 680	300	420	2 400

表 8-12 三车间成本计算单

产品名称：甲产品　　　　　　2017 年 6 月　　　　　　完工产量：480 件

摘　要	自制半成品	直接人工	制造费用	合　计
月初在产品成本	3 640	140	280	4 060
本月生产费用	10 400	880	1 760	13 040
生产费用合计	14 040	1 020	2 040	17 100
约当产量	540	510	510	—
完工产品成本	12 480	960	1 920	15 360
单位成本	26	2	4	32
月末在产品成本	1 560	60	120	1 740

表 8-13 产品成本还原计算表

完工产量：480 件

行次	项　目	成本还原率	自制半成品	直接材料	直接人工	制造费用	合　计
1	还原前产成品成本		12 480	—	960	1 920	15 360
2	第二步半成品成本		(5 600)	—	(2 000)	(2 800)	(10 400)
3	第一次成本还原	1.2	6 720	—	2 400	3 360	12 480
4	第一步半成品成本			(5 000)	(500)	(1 500)	(7 000)
5	第二次成本还原	0.96		4 800	480	1 440	6 720
6	还原后产成品成本			4 800	3 840	6 720	15 360
7	产品单位成本			10	8	14	32

表 8-13 中：

第一次成本还原率 $= \dfrac{12\ 480}{10\ 400} = 1.2$

第二次成本还原率 $= \dfrac{6\ 720}{7\ 000} = 0.96$

还原后产成品　　还原前产成品　　第一次成本还原　　第二次成本还原
直接人工成本 ＝ 直接人工成本 ＋ 直接人工成本 ＋ 直接人工成本 ＝
960＋2 400＋480＝3 840（元）

还原后产成品制造费用计算同直接人工成本计算。

表 8-14 产成品成本还原计算表

2017 年 6 月　　　　　　完工产量：480 件

行次	项　目	自制半成品	直接材料	直接人工	制造费用	合　计
1	还原前产品成本	12 480	—	960	1 920	15 360
2	二车间成本结构	53.85%	—	19.23%	26.92%	100%
3	第一次成本还原	6 720	—	2 400	3 360	12 480
4	一车间成本结构	—	71.43%	7.14%	21.43%	100%
5	第二次成本还原	—	4 800	480	1 440	6 720
6	还原后产品成本	—	4 800	3 840	6 720	15 360
7	产品单位成本	—	10	8	14	32

表 8-14 中：

(1) 二车间成本结构为：

$$自制半成品=\frac{5\,600}{10\,400}\times100\%=53.85\%$$

$$直接人工=\frac{2\,000}{10\,400}\times100\%=19.23\%$$

$$制造费用=\frac{2\,800}{10\,400}\times100\%=26.92\%$$

(2) 第一次成本还原金额：

$$自制半成品成本=12\,480\times53.85\%=6\,720(元)$$
$$直接人工=12\,480\times19.23\%=2\,400(元)$$
$$制造费用=12\,480\times26.92\%=3\,360(元)$$

(3) 一车间成本结构：

$$直接材料=\frac{5\,000}{7\,000}\times100\%=71.43\%$$

$$直接人工=\frac{500}{7\,000}\times100\%=7.14\%$$

$$制造费用=\frac{1\,500}{7\,000}\times100\%=21.43\%$$

(4) 第二次成本还原金额：

$$直接材料=6\,720\times71.43\%=4\,800(元)$$
$$直接人工=6\,720\times7.14\%=480(元)$$
$$制造费用=6\,720\times21.43\%=1\,440(元)$$

(5) 产成品总成本：

$$直接材料=4\,800(元)$$
$$直接人工=960+2\,400+480=3\,840(元)$$
$$制造费用=1\,920+3\,360+1\,440=6\,720(元)$$

分项逐步结转分步法计算过程如表 8-15、表 8-16、表 8-17 所示。

表 8-15　一车间成本计算单

产品名称：甲 A 半成品　　　　2017 年 6 月　　　　　　　　完工产量：500 件

摘　要	直接材料	直接人工	制造费用	合　计
月初在产品成本	1 600	80	240	1 920
本月生产费用	4 400	470	1 410	6 280
生产费用合计	6 000	550	1 650	8 200
完工半成品成本	5 000	500	1 500	7 000
月末在产品成本	1 000	50	150	1 200

表 8-16　二车间成本计算单

产品名称：甲 B 半成品　　　2017 年 6 月　　　完工产量：400 件

摘　　要	直接材料	直接人工	制造费用	合　计
月初在产品成本	200	70	130	400
上车间转入费用	5 000	500	1 500	7 000
本月生产费用	—	2 250	3 150	5 400
生产费用合计	5 200	2 820	4 780	12 800
完工半成品成本	4 000	2 400	4 000	10 400
月末在产品成本	1 200	420	780	2 400

表 8-17　三车间成本计算单

产品名称：甲产品　　　2017 年 6 月　　　完工产量：480 件

摘　　要	直接材料	直接人工	制造费用	合　计
月初在产品成本	1 400	980	1 680	4 060
上车间转入费用	4 000	2 400	4 000	10 400
本月生产费用	—	880	1 760	2 640
生产费用合计	5 400	4 260	7 440	17 100
完工产品成本	4 800	3 840	6 720	15 360
月末在产品成本	600	420	720	1 740

成本计算单中有关项目计算过程如下：

(1) 上车间转入半成品的单位成本为：

$$直接材料单位成本 = \frac{5\,000}{500} = 10(元)$$

$$直接人工单位成本 = \frac{500}{500} = 1(元)$$

$$制造费用单位成本 = \frac{1\,500}{500} = 3(元)$$

(2) 本车间本月发生费用单位成本为：

$$直接人工单位成本 = \frac{2\,250}{400 + 120 \times 50\% - 20 \times 50\%} = 5(元)$$

$$制造费用单位成本 = \frac{3\,150}{400 + 120 \times 50\% - 20 \times 50\%} = 7(元)$$

(3) 完工半成品成本为：

$$直接材料 = 10 \times 400 = 4\,000(元)$$

$$直接人工 = (1 + 5) \times 400 = 2\,400(元)$$

$$制造费用 = (3 + 7) \times 400 = 4\,000(元)$$

(4) 月末在产品成本为：

$$直接材料 = 10 \times 120 = 1\,200(元)$$

$$直接人工 = 1 \times 120 + 5 \times 120 \times 50\% = 420(元)$$

$$制造费用 = 3 \times 120 + 7 \times 120 \times 50\% = 780(元)$$

完工产品成本和月末在产品成本的计算方法同上。

第三节 平行结转分步法

一、平行结转分步法的特点

采用平行结转分步法计算产品成本，各步骤不计算其所产半成品的成本，也不计算各步骤耗用上一步骤的半成品成本，只计算本步骤发生的直接材料、直接人工、制造费用，以及这些费用应计入产成品成本的"份额"，然后，将同一产品的各步骤成本计算单中应计入产成品的"份额"平行结转、汇总，即可计算出产成品成本。平行结转分步法一般适用于大量大批多步骤生产，各生产步骤所产半成品种类较多，但又不需要计算半成品成本的企业。平行结转分步法计算产品成本的要点，如图8-2所示。

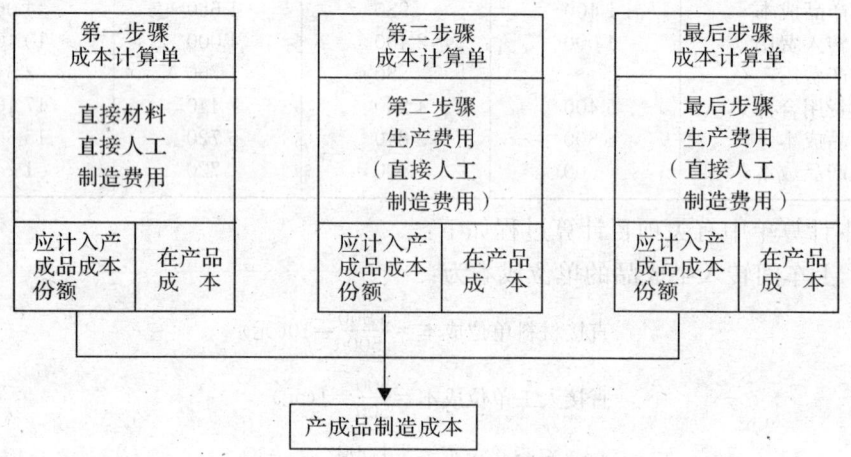

图8-2　平行结转分步法成本计算程序

平行结转分步法的特点可归纳如下：

（1）采用平行结转分步法计算产品成本，各步骤之间只进行实物转移，不进行成本的结转。各步骤只汇集本步骤发生的费用。

（2）采用平行结转分步法计算产品成本，不论半成品在各生产步骤之间直接转移还是通过半成品库收发，均不通过"自制半成品"账户进行总分类核算。

（3）采用平行结转分步法计算产品成本时，所谓在产品成本指广义在产品成本，它包括本步骤加工中的在产品成本和本步骤已加工完成，但未形成最终产品的半成品成本。

（4）采用平行结转分步法计算产品成本，待产品完工入库时，应计算各步骤应计入产成品成本的"份额"，从"基本生产成本"账户的贷方转入"产成品"账户的借方。各步骤应计入产成品成本的"份额"，一般可按下列公式计算：

$$\text{某步骤应计入产成品成本的份额} = \text{产成品产量} \times \text{单位产成品耗用该步骤半成品的数量} \times \text{该步骤半成品单位成本}$$

式中"该步骤半成品单位成本"可用约当产量法、定额比例法或定额成本法等方法计算求得。

【例 8-6】 某产品分两个步骤生产,原材料于生产开始时一次投入,月末第一步骤加工中的在产品 40 件,完工率 50%;第二步骤加工中的在产品 20 件,产成品 200 件。第二步骤单位在产品和产成品耗用第一步骤半成品 2 件。第一步骤月初在产品成本和本月发生费用合计 40 000 元,其中原材料 36 000 元,加工费 4 000 元。那么,采用约当产量法计算应计入产成品成本"份额"的计算过程如下:

$$第一步骤半成品的材料单位成本 = \frac{36\ 000}{40+200\times2+20\times2} = 75(元)$$

$$第一步骤半成品单位加工费用 = \frac{4\ 000}{40\times50\%+200\times2+20\times2} = 8.7(元)$$

$$第一步骤应计入产成品成本份额 = 200\times2\times(75+8.7) = 33\ 480(元)$$

假定生产费用在完工产品与在产品之间,采用定额比例法分配。原材料按材料定额消耗量比例分配,加工费用按定额工时比例分配,单位半成品原材料定额消耗量为 75 千克,单位半成品定额工时为 10 小时,单位在产品定额工时为 5 小时。那么:

$$第一步骤单位定额耗用量应负担材料成本 = \frac{36\ 000}{(200\times2+20\times2+40)\times75} = 1(元/千克)$$

$$第一步骤应计入完工产品的材料成本 = 200\times2\times75\times1 = 30\ 000(元)$$

$$第一步骤单位定额工时应负担加工费用 = \frac{4\ 000}{200\times2\times10+20\times2\times10+40\times5} = 0.87(元/小时)$$

$$第一步骤应计入产成品成本加工费 = 200\times2\times10\times0.87 = 3\ 480(元)$$

则:

$$第一步骤应计入产成品成本份额 = 30\ 000 + 3\ 480 = 33\ 480(元)$$

二、平行结转分步法应用举例

【例 8-7】 某企业经过三个制造车间大量生产丙产品。原材料在第一车间一次投入,在生产过程中第二车间单位产品(半成品、在产品)耗用第一车间半成品 2 件,第三车间单位产品(在产品、产成品)耗用第二车间半成品 2 件。该企业采用平行结转分步法计算产品成本,月末在产品成本按约当产量法计算,在产品完工程度均为 50%。该企业 2017 年 8 月份有关产量及成本费用资料,如表 8-18、表 8-19 所示。

表 8-18 产量记录

2017 年 8 月 单位:件

摘要	一车间	二车间	三车间	产成品
月初在产品	40	100	80	
本月投入或上步骤转入	560	250	150	
本月完工	500	300	150	150
月末在产品	100	50	80	

表 8-19 成本费用资料
2017 年 8 月　　　　　　　　　　　　　　　　　　单位：元

项　目	车间别	直接材料	直接人工	制造费用	合　计
月初在产品成本	一车间	23 736	6 960	5 568	36 264
	二车间	—	3 157	6 930	10 087
	三车间		5 040	2 408	7 448
本月发生费用	一车间	332 304	97 440	77 952	507 696
	二车间	—	15 785	34 650	50 435
	三车间		15 120	7 224	22 344

表中月初在产品成本根据上月成本计算单资料取得，本月发生费用根据本月各项费用分配表取得。

根据上述资料，丙产品成本计算过程，如表 8-20、表 8-21、表 8-22、表 8-23 所示。

表 8-20　第一车间成本计算单
产品名称：丙产品　　　　　2017 年 8 月　　　　　　完工产成品：150 件

摘　　要	直接材料	直接人工	制造费用	合　计
月初在产品成本	23 736	6 960	5 568	36 264
本月发生费用	332 304	97 440	77 952	507 696
本月费用合计	356 040	104 400	83 520	543 960
单位产品成本	317.89	95.57	78.06	491.52
计入产成品成本份额	190 734	58 542	46 836	296 112
月末在产品成本	165 306	45 858	36 684	247 848

表 8-21　第二车间成本计算单
产品名称：丙产品　　　　　2017 年 8 月　　　　　　完工产品：150 件

摘　　要	直接人工	制造费用	合　计
月初在产品成本	3 157	6 930	10 087
本月发生费用	15 785	34 650	50 435
本月费用合计	18 942	41 580	60 522
单位产品成本	39.06	85.73	124.79
计入产成品成本份额	11 718	25 719	37 437
月末在产品成本	7 224	15 861	23 085

表 8-22　第三车间成本计算单
产品名称：丙产品　　　　　2017 年 8 月　　　　　　完工产品：150 件

摘　　要	直接人工	制造费用	合　计
月初在产品成本	5 040	2 408	7 448
本月发生费用	15 120	7 224	22 344
本月费用合计	20 160	9 632	29 792
单位产品成本	106.105	50.695	156.80
计入产成品成本份额	15 916	7 604	23 520
月末在产品成本	4 244	2 028	6 272

表 8-23 产品制造成本汇总表

产品名称：丙产品　　　　2017 年 8 月　　　　　　　　完工产品：150 件

摘　要	直接材料	直接人工	制造费用	合　计
一车间份额	190 734	58 542	46 836	296 112
二车间份额	—	11 718	25 719	37 437
三车间份额	—	15 916	7 604	23 520
产成品总成本	190 734	86 176	80 159	357 069
产品单位成本	1 271.56	574.507	534.393	2 380.46

第一车间成本计算单中有关项目计算过程如下：

(1) 单位产品成本项目的计算。

$$单位产品直接材料成本 = \frac{356\,040}{150 \times 4 + 80 \times 4 + 50 \times 2 + 100} = 317.89(元)$$

$$单位产品直接人工成本 = \frac{104\,400}{150 \times 4 + 80 \times 4 + 50 \times 2 + 100 \times 50\%} = 97.57(元)$$

$$单位产品制造费用 = \frac{83\,520}{150 \times 4 + 80 \times 4 + 50 \times 2 + 100 \times 50\%} = 78.06(元)$$

(2) 计入产成品成本份额的计算。

$$直接材料成本份额 = 150 \times 4 \times 317.89 = 190\,734(元)$$
$$直接人工成本份额 = 150 \times 4 \times 97.57 = 58\,542(元)$$
$$制造费用份额 = 150 \times 4 \times 78.06 = 46\,836(元)$$

(3) 月末在产品成本的计算。

月末在产品成本，是指月末广义在产品成本，总计 247 848 元，其中：

$$直接材料成本 = 356\,040 - 190\,734 = 165\,306(元)$$
$$直接人工成本 = 104\,400 - 58\,542 = 45\,858(元)$$
$$制造费用 = 83\,520 - 46\,836 = 36\,684(元)$$

第二车间成本计算单中有关项目计算如下：

(1) 单位产品成本的计算。

$$单位直接人工成本 = \frac{18\,942}{150 \times 2 + 80 \times 2 + 50 \times 50\%} = 39.06(元)$$

$$单位制造费用 = \frac{41\,580}{150 \times 2 + 80 \times 2 + 50 \times 50\%} = 85.73(元)$$

(2) 计入产成品成本份额的计算。

$$直接人工成本份额 = 150 \times 2 \times 39.06 = 11\,718(元)$$
$$制造费用份额 = 150 \times 2 \times 85.73 = 25\,719(元)$$

(3) 月末在产品成本的计算。

月末在产品成本，是指广义在产品成本，总计 23 085 元，其中：

$$直接人工成本 = 18\,942 - 11\,718 = 7\,224(元)$$
$$制造费用 = 41\,580 - 25\,719 = 15\,861(元)$$

第三车间成本计算单中部分项目计算如下：

(1) 单位产品成本的计算。

$$单位产品直接人工成本 = \frac{20\ 160}{150+80\times 50\%} = 106.105(元)$$

$$单位产品制造费用 = \frac{9\ 632}{150+80\times 50\%} = 50.695(元)$$

(2) 应计入产成品成本份额的计算。

$$直接人工成本 = 150\times 106.105 = 15\ 916(元)$$
$$制造费用份额 = 150\times 50.695 = 7\ 604(元)$$

(3) 月末在产品成本的计算。

月末在产品成本总计 6 272 元，其中：

$$直接人工成本 = 20\ 160 - 15\ 916 = 4\ 244(元)$$
$$制造费用 = 9\ 632 - 7\ 604 = 2\ 028(元)$$

复习思考题

1. 试述成本计算分步法的特点。
2. 试述分步法成本核算的一般程序。
3. 什么是逐步结转分步法？其主要特点是什么？
4. 逐步结转分步法计算产品成本的程序有何特点？
5. 什么是综合结转分步法？该方法有何特点？
6. 在综合结转分步法下，如何进行成本还原？
7. 什么是平行结转分步法？有什么特点？

测试题

一、单项选择题

1. 分步法适用于（　　）。
   A. 大量大批生产　　　　　　　　B. 单件小批生产
   C. 单步骤生产　　　　　　　　　D. 大量大批多步骤生产
2. 平行结转分步法下，每一生产步骤完工产品的费用，是（　　）。
   A. 该步骤完工半成品的成本
   B. 上步骤完工半成品的成本
   C. 该步骤生产费用中用于产成品成本的份额
   D. 该步骤生产费用中用于在产品成本的份额
3. 逐步结转分步法是为了分步计算（　　）成本而采用的一种分步法。
   A. 完工产品　　B. 半成品　　C. 在产品　　D. 完工产品和在产品
4. 采用平行结转分步法时，完工产品是指（　　）。
   A. 企业最后完工的产品　　　　　B. 广义的在产品

C. 第一步骤的半成品　　　　　　D. 各步骤所耗上一步骤半成品

5. 成本还原对象是(　　)。
   A. 产成品成本　　　　　　　　B. 各步骤半成品成本
   C. 最后步骤产成品成本　　　　D. 产成品成本中所耗半成品成本费用

6. 需要进行成本还原的分步法是(　　)。
   A. 平行结转分步法　　　　　　B. 分项结转分步法
   C. 综合结转分步法　　　　　　D. 逐步结转分步法

7. 下列方法中,不计算半成品成本的分步法是(　　)。
   A. 平行结转分步法　　　　　　B. 分项结转分步法
   C. 综合结转分步法　　　　　　D. 逐步结转分步法

8. 成本还原就是从最后一个步骤起,把各步骤所耗下一步骤半成品的综合成本,按照(　　)逐步分解,还原算出按原始成本项目反映的产成品成本。
   A. 本月所耗半成品成本的结构　　B. 本月完工产品成本的结构
   C. 上一步骤所产该种半成品成本的结构　D. 上一步骤月末在产品成本的结构

9. 平行结转分步法(　　)。
   A. 需要进行成本还原　　　　　B. 不需要进行成本还原
   C. 能提供完整的半成品成本资料　D. 能加强物质和资金的有效管理

10. 采用平行结转分步法,各步骤在计算成本时,完工产品与在产品是指(　　)。
    A. 本步骤完工产品与本步骤正在加工中的在产品
    B. 最后步骤的产成品与最后步骤的在产品
    C. 企业最后完工的产品与尚未产成的全部在产品和半成品
    D. 完工产成品或半成品与正在加工中的在产品

11. 某一车间(或生产步骤)正在加工中的零部件和半成品,称为(　　)。
    A. 狭义半成品　　B. 广义半成品　　C. 狭义在产品　　D. 广义在产品

12. 平行结转分步法下,每一生产步骤完工产品的费用,是(　　)。
    A. 该步骤完工半成品的成本　　　　B. 该步骤完工产成品的成本
    C. 该步骤生产费用中用于产成品成本的份额　D. 该步骤生产费用中用于在产品成本的份额

13. 成本还原的目的是为了求得按(　　)反映的产品成本资料。
    A. 计划成本项目　B. 定额成本项目　C. 半成品成本项目　D. 原始成本项目

14. 进行成本还原,应以还原分配率分别乘以(　　)。
    A. 本月所产半成品各个成本项目的费用　B. 本月所耗半成品各个成本项目的费用
    C. 本月所产该种半成品各个成本项目的费用　D. 本月所耗该种半成品各个成本项目的费用

15. 采用逐步结转分步法,其在完工产品与在产品之间分配费用,是指在(　　)之间的费用分配。
    A. 产成品与月末在产品
    B. 完工半成品与月末加工中的在产品
    C. 产成品与广义在产品
    D. 前面步骤的完工半成品与加工中的在产品及最后步骤的产成品与加工中的在产品

二、多项选择题

1. 分步法的适用范围是(　　)。
   A. 大量大批生产

B. 小批单件生产
C. 单步骤生产或管理上不要求分步骤计算成本的多步骤生产
D. 管理上要求分步骤计算成本的多步骤生产

2. 逐步结转分配法的优点是（　　）。
   A. 简化和加速了成本计算工作，不必进行成本还原
   B. 能够提供各步骤半成品成本资料
   C. 能够为半成品和在成品的实物管理及资金管理提供数据
   D. 能够反映各步骤所耗半成品费用和本步骤加工费，有利于各步骤的成本管理
   E. 有利于开展成本分析工作

3. 平行结转分步法的特点是（　　）。
   A. 各步骤半成品成本要随着半成品实物的转移而转移
   B. 各步骤半成品成本不随着半成品实物的转移而转移
   C. 成本计算对象是完工产品成本份额
   D. 需要计算转出完工半成品成本
   E. 不需要计算转出完工半成品成本

4. 采用分项结转法结转半成品成本的优点是（　　）。
   A. 不需要进行成本还原
   B. 成本核算手续简便
   C. 能够真实地反映产品成本结构
   D. 便于从整个企业的角度考核和分析产品成本计划的执行情况
   E. 便于各生产步骤完工产品的成本分析

5. 采用逐步结转分步法，按照结转的半成品在下一步骤产品成本明细账中的反映方式分为（　　）。
   A. 综合结转法　　　　　　　　　B. 按实际成本结转法
   C. 按计划成本结转法　　　　　　D. 分项结转法

6. 采用分步法时，作为成本计算对象的生产步骤可以（　　）。
   A. 按实际生产步骤设立　　　　　B. 按生产车间设立
   C. 按一个车间中的几个产生步骤分别设立　D. 按几个车间合并成的一个生产步骤设立

7. 在逐步结转分步法下，在各步骤之间采用（　　）时，需要进行成本还原。
   A. 实际成本分项结转　　　　　　B. 计划成本综合结转
   C. 实际成本综合结转　　　　　　D. 计划成本分项结转

8. 在平行结转分步法下，完工产品与在产品之间的费用分配，正确的说法是指（　　）两者之间的费用分配。
   A. 产成品与广义的在产品
   B. 产成品与狭义的在产品
   C. 各步骤完工半成品与月末加工中的在产品
   D. 应计入产成品的"份额"与广义的在产品

三、判断题

1. 逐步结转分步法下的在产品一般是指广义在产品。　　　　　　　　　　　　（　　）
2. 采用分项结转分步法时，不需要进行成本还原。　　　　　　　　　　　　　（　　）
3. 平行结转分步法不能提供各个步骤的半成品成本资料。　　　　　　　　　　（　　）
4. 综合结转半成品成本有利于企业分析和考核产成品成本的结构。　　　　　　（　　）
5. 不论是综合结转还是分项结转，半成品成本都是随着半成品实物的转移而结转。（　　）

6. 在平行结转分步法下,各步骤生产费用应在产成品与狭义在产品之间进行分配。（　　）
7. 不论是综合结转分步法还是分项结转分步法,最终计算结果一致。（　　）
8. 在平行结转分步法下,只能采用定额比例法进行产成品和在产品之间的费用分配。（　　）
9. 综合结转分步法能够提供各个生产步骤的半成品成本资料,而分项结转分步法则不能提供。（　　）
10. 产成品成本需要进行成本还原的次数与其计算成本的生产步骤数相等。（　　）
11. 平行结转分步法下的生产费用在完工产品与产品之间的分配,所指的生产费用只是本步骤本身发生的费用。（　　）

四、计算分析题

（一）

一、目的　练习逐步结转分步法（综合结转方式）。

二、资料　某厂生产的甲产品顺序经过第一、第二和第三个基本生产车间加工,第一车间完工产品为 A 半成品,完工后全部交第二车间继续加工;第二车间完工产品为 B 半成品,完工后全部交第三车间继续加工;第三车间完工产品为甲产品产成品。甲产品原材料在第一车间生产开始时一次投入,各车间的工资和费用发生比较均衡,月末在产品完工程度均为50%。本月有关成本计算资料如下：

（1）产量资料（见表8-24）：

表8-24　生产数量资料

产品：甲产品　　　　　　2017年10月　　　　　　　　　　单位：元

项　目	第一车间	第二车间	第三车间
月初在产品	100	200	400
本月投入或上步转入	1 100	1 000	1 000
本月完工转入下步或交库	1 000	1 000	1 100
月末在产品	200	200	300

（2）生产费用资料（见表8-25）：

表8-25　生产费用资料

产品：甲产品　　　　　　2017年10月　　　　　　　　　　单位：元

项　目	第一车间	第二车间	第三车间
月初在产品成本	7 250	26 000	80 000
其中：直接材料（半成品）	5 000	19 000	66 000
直接人工	1 250	4 000	8 000
制造费用	1 000	3 000	6 000
本月本步发生生产费用	102 250	70 000	73 500
其中：直接材料	55 000		
直接人工	26 250	40 000	42 000
制造费用	21 000	30 000	31 500

三、要求　根据资料采用逐步结转分步法（综合结转方式）计算甲产品及其 A 半成品、B 半成品成本（月末在产品成本按约当产量法计算）,编制结转完工产品成本的会计分录,登记产品生产成本明细账（填入表8-26、表8-27、表8-28）。

表 8-26　第一车间产品生产成本明细账

产品：A 半成品　　　　　　2017 年 10 月　　　　　　金额单位：元

摘　要	直接材料	直接人工	制造费用	合　计
月初在产品成本				
本月本步发生费用				
生产费用合计				
本月完工产品数量				
月末在产品约当产量				
约当总产量				
完工产品单位成本				
完工产品总成本				
月末在产品成本				

表 8-27　第二车间产品生产成本明细账

产品：B 半成品　　　　　　2017 年 10 月　　　　　　金额单位：元

摘　要	上步转入	本　步　发　生		合　计
	A 半成品	直接人工	制造费用	
月初在产品成本				
本月本步发生费用				
本月上步转入费用				
生产费用合计				
本月完工产品数量				
月末在产品约当产量				
约当总产量				
完工产品单位成本				
完工产品总成本				
月末在产品成本				

表 8-28　第三车间产品生产成本明细账

产品：甲产品　　　　　　2017 年 10 月　　　　　　金额单位：元

摘　要	上步转入	本　步　发　生		合　计
	B 半成品	直接人工	制造费用	
月初在产品成本				
本月本步发生费用				
本月上步转入费用				
生产费用合计				
本月完工产品数量				
月末在产品约当产量				
约当总产量				
完工产品单位成本				
完工产品总成本				
月末在产品成本				

(二)

一、目的 练习综合结转分步法及成本还原。

二、资料 某企业有两个基本生产车间连续加工 A 产品。第一车间生产的 A 半成品转入半成品库,第二车间从半成品库中领用 A 半成品加工成 A 产品。企业采用逐步综合结转分步法计算成本。有关资料如下:

(1) 本月各车间产量记录:

	第一车间	第二车间
期初结存量	160	240
本月投入量	240	240
本月完工量	300	438
月末结存量	100	42

(2) 成本资料如表 8-29。

表 8-29　A 半成品成本计算单

第一车间　　　　　　　　　　　　　　　　　　　　　　　　　　金额单位:元

项目	直接材料	直接人工	制造费用	合计
月初在产品成本	7 920	474	766	9 160
本月费用	11 880	1 770	2 872	16 522
合计	19 800	2 244	3 638	25 682
完工半成品数量				
单位产品定额耗用量(工时)				
完工产品定额耗用(工时)总量				
月末在产品数量				
单位在产品定额耗用量(工时)				
定额耗用(工时)总量				
完工半成品与在产品定额耗用量(工时)总和				
分配率				
完工产品转出				
月末在产品成本				

表 8-30　自制半成品明细账

A 半成品

项目	收入			发出			结存		
	数量	单位成本	总成本	数量	单位成本	总成本	数量	单位成本	总成本
月初结存							75	60	4 500
收入									
发出									
月末结存									

表 8-31　A 产品成本计算单

第二车间

项　目	半成品	直接人工	制造费用	合　计
月初在产品成本	18 240	1 012	1 204	20 456
本月费用		1 879.7	2 238.5	
合　计		2 891.7	3 442.5	
完工产品数量				
月末在产品约当产量				
约当总产量				
完工产品单位成本				
完工产品转出				
月末在产品成本				

（3）相关资料：

第一车间生产费用按定额比例法分配，单位产品定额：

	定额消耗量	定额工时
完工半成品	45	20
月末在产品	45	8

第二车间生产费用按约当产量法分配，在生产开始时一次投料，月末在产品投工程度为50%。

三、要求

(1) 完成两个车间成本计算单的计算，并作成本结转的会计分录。
(2) 登记"自制半成品"明细账，发出半成品成本按加权平均计算，并作半成本发出的会计分录。
(3) 利用表 8-32 进行成本还原。

表 8-32　产成品成本还原计算表

项　目	还原分配率	半成品	直接材料	直接人工	制造费用	成本合计
还原前成品成本	×					
本月所产半成品成本	×	×				
成本还原		×				
还原后产成品成本	×	×				

（三）

一、目的　练习成本还原。

二、资料　某企业某月的产品成本表如表 8-33 所示。该企业采用逐步结转分步法中的综合结转法结转半成品成本。

表 8-33　产品成本还原计算表

产量：100 件

项　目	分配率	半成品	原材料	工资及福利费	制造费用	合　计
还原前产品成本		15 200		6 420	5 880	27 500
本月所产半成品成本			18 240	6 980	5 180	30 400
产品成本中半成品成本还原						
还原后产品总成本						
产成品单位成本						

三、要求　根据资料计算还原后产品各项目成本及总成本。

（四）

一、目的 练习逐步结转分步法及成本还原。

二、资料 某企业 A 产品生产分两个步骤，分别由第一、第二两个生产车间进行。第一车间生产成品，交半成品库验收，第二车间按所需半成品数量向半成品库领用；第二车间所耗半成品费用按全月一次加权平均单位成本计算。两个车间月末在产品均按定额成本计价。该企业采用按实际成本结转的逐步结转分步法计算 A 产品成本。

第一、第二两个车间月初、月末在产品定额成本资料及本月生产费用资料见"产品成本明细账"；自制半成品月初余额、本月第一车间完工半成品交库数量及本月第二车间领用自制半成品数量见"自制半成品明细账"。

三、要求

（1）计算填列"产品成本明细账"（表 8-34、表 8-36）和"自制半成品明细账"（表 8-35）。
（2）计算填列"产成品成本还原计算表"（表 8-37）。

表 8-34　产品成本明细账

车间名称：第一车间　　　　　　　　　　　　　　　　　　　　　　　　　　产品名称：半成品 A

项目	直接材料	直接人工	制造费用	合计
月初在产品定额成本	12 000	7 600	5 800	25 400
本月生产费用	60 400	43 000	33 000	136 400
生产费用合计				
完工半成品成本				
月末在产品定额成本	12 600	5 600	3 600	21 800

表 8-35　自制半成品明细账

半成品名称：半成品 A　　　　　　　　　　　　　　　　　　　　　　　　　　　　　　　　　计量单位：件
　　　金额单位：元

月初余额		本月增加		合计			本月减少	
数量	实际成本	数量	实际成本	数量	单位成本	实际成本	数量	实际成本
2 000	24 000	10 000					10 400	

表 8-36　产品成本明细账

车间名称：第二车间　　　　　　　　　　　　　　　　　　　　　　　　　　产品名称：产成品 A

项目	半成品	直接人工	制造费用	合计
月初在产品定额成本	55 200	4 900	5 200	65 300
本月生产费用		39 200	30 800	
生产费用合计				
完工产成品成本				
月末在产品定额成本	13 800	5 250	4 000	23 050

表 8-37　产成品成本还原计算表

项目	还原分配率	半成品	直接材料	直接人工	制造费用	成本合计
还原前成品成本	×					
本月所产半成品成本	×	×				
成本还原		×				
还原后产成品成本	×	×				

（五）

一、目的 练习平行结转分步法。

二、资料 某企业生产的甲产品顺序经过第一、第二和第三个基本生产车间加工，原材料在第一车间生产开始时一次投入，各车间工资和费用发生比较均衡，月末本车间在产品完工程度均为50%，本月有关成本计算资料如下：

(1) 产量资料如表8-38。

表8-38　产量资料

产品：甲产品　　　　　　　　　　2017年10月　　　　　　　　　　　　　单位：元

项　目	第一车间	第二车间	第三车间
月初在产品	100	200	400
本月投入或上步转入	1 100	1 000	1 000
本月完工转入下步或交库	1 000	1 000	1 100
月末在产品	200	200	300

(2) 生产费用资料如表8-39。

表8-39　生产费用资料

产品：甲产品　　　　　　　　　　2017年10月　　　　　　　　　　　　　单位：元

项　目	第一车间	第二车间	第三车间
月初在产品成本	64 250	35 000	14 000
其中：直接材料	35 000		
直接人工	16 250	20 000	8 000
制造费用	13 000	15 000	6 000
本月本步发生生产费用	102 250	70 000	73 500
其中：直接材料	55 000		
直接人工	26 250	40 000	42 000
制造费用	21 000	30 000	31 500

三、要求

(1) 根据资料采用平行结转分步法计算甲产品成本，记入产品生产成本明细账（见表8-40、表8-41、表8-42）和产品成本计算汇总表（见表8-43）。

(2) 根据产品成本计算汇总表编制会计分录。

表8-40　第一车间产品生产成本明细账

产品：甲产品　　　　　　　　　　2017年10月　　　　　　　　　　　金额单位：元

摘　要	直接材料	直接人工	制造费用	合　计
月初在产品成本				
本月发生生产费用				
生产费用合计				
最终产成品数量				
在产品约当产量 本步在产品约当产量				
已交下步未完工半成品				
约当总产量（分配标准）				
单位产成品成本份额				
结转1 100件产成品成本份额				
月末在产品成本				

表 8-41　第二车间产品生产成本明细账

产品：甲产品　　　　2017 年 10 月　　　　　　　　金额单位：元

摘　　要	直接材料	直接人工	制造费用	合　　计
月初在产品成本				
本月发生生产费用				
生产费用合计				
最终产成品数量				
在产品 约当产量｜本步在产品约当产量				
｜已交下步未完工半成品				
约当总产量(分配标准)				
单位产成品成本份额				
结转 1 100 件产成品成本份额				
月末在产品成本				

表 8-42　第三车间产品生产成本明细账

产品：甲产品　　　　2017 年 10 月　　　　　　　　金额单位：元

摘　　要	直接材料	直接人工	制造费用	合　　计
月初在产品成本				
本月发生生产费用				
生产费用合计				
最终产成品数量				
本步在产品约当产量				
约当总产量(分配标准)				
单位产成品成本份额				
结转 1 100 件产成品成本份额				
月末在产品成本				

表 8-43　产品成本计算汇总表

产品：甲产品　　　　2017 年 10 月　　　　产量：1 100 件　　单位：元

车　　间	直接材料	直接人工	制造费用	合　　计
第一车间				
第二车间				
第三车间				
完工产品总成本				
完工产品单位成本				

（六）

一、**目的**　练习平行结转分步法。

二、**资料**　黄河公司生产 AB 产品。第一车间生产 A 零件，第二车间生产 B 零件，第三车间将 A 零件、B 零件装配成 AB 产品，每件 AB 产品由 A、B 各 1 件组成。A 零件耗用的原材料在生产开始时一次投入,B 零件所耗用的原材料随着加工进度逐步投入。各车间在产品投工率均为 50%。有关资料如表 8-44、表 8-45、表 8-46。

表 8-44　各车间生产情况表

项目	A 零件	B 零件	AB 产品
期初在产品数量	160	240	400
本期投产数量	1 600	1 440	1 520
完工转出数量	1 520	1 520	1 600
期末在产品数量	240	160	320

表 8-45　各车间月初在产品成本资料表

车间	直接材料	直接人工	制造费用	合计
第一车间	4 700	760	690	6 150
第二车间	2 100	550	390	3 040
第三车间		100	150	250

表 8-46　各车间本月生产费用表

车间	直接材料	直接人工	制造费用	合计
第一车间	14 740	3 320	2 472	20 532
第二车间	6 400	1 550	1 110	9 060
第三车间		912	1 248	2 160

三、要求

(1) 利用表 8-47、表 8-48、表 8-49 计算各车间应计入 AB 产品成本份额及月末在产品成本(采用约当产量法在完工产品和在产品之间进行费用分配)。

(2) 编制产品成本汇总表(见表 8-50),计算 AB 产品总成本及单位成本。

表 8-47　第一车间产品生产成本明细账

产品:A 零件　　　　　　　　2017 年 10 月　　　　　　　　金额单位:元

摘要	直接材料	直接人工	制造费用	合计
月初在产品成本				
本月发生生产费用				
生产费用合计				
最终产成品数量				
在产品约当产量　本步在产品约当产量				
第三车间在产品约当产量				
约当总产量(分配标准)				
单位产成品成本份额				
结转产成品成本份额				
月末在产品成本				

表 8-48　第二车间产品生产成本明细账

产品：B 零件　　　　　2017 年 10 月　　　　　金额单位：元

摘　　要	直接材料	直接人工	制造费用	合　　计
月初在产品成本				
本月发生生产费用				
生产费用合计				
最终产成品数量				
在产品约当产量 本步在产品约当产量				
在产品约当产量 第三车间在产品约当产量				
约当总产量（分配标准）				
单位产成品成本份额				
结转产成品成本份额				
月末在产品成本				

表 8-49　第三车间产品生产成本明细账

产品：AB 产品　　　　　2017 年 10 月　　　　　金额单位：元

摘　　要	直接材料	直接人工	制造费用	合　　计
月初在产品成本				
本月发生生产费用				
生产费用合计				
最终产成品数量				
本步在产品约当产量				
约当总产量（分配标准）				
单位产成品成本份额				
结转产成品成本份额				
月末在产品成本				

表 8-50　产品成本计算汇总表

产品：甲产品　　　　　2017 年 10 月　　　　　产量：1 600　单位：元

车　　间	直接材料	直接人工	制造费用	合　　计
第一车间				
第二车间				
第三车间				
完工产品总成本				
完工产品单位成本				

第九章 产品成本计算的辅助方法

第一节 产品成本计算的分类法

在实际工作中,除了前述三种基本方法以外,还采用一些其他的成本计算方法。例如,在产品品种、规格繁多的企业,为简化成本计算工作采用的分类法;在定额管理工作有一定基础的企业,为了配合和加强生产费用及产品成本的定额管理,而采用的将符合定额的费用和脱离定额的差异分别核算的定额法。这些方法,从计算产品实际成本的角度而言,不是必不可少的,因而可以通称为成本计算的辅助方法。本节先介绍分类法。

一、成本计算分类法的特点

成本计算分类法是指以产品的类别作为成本计算对象归集生产费用,计算各类完工产品总成本,再按一定标准分配计算类内各种产品成本的一种成本计算方法。在产品品种或规格繁多,并且可以按照一定标准划分为若干类别的企业或车间,如鞋厂、轧钢厂等,为了简化成本核算工作,可以考虑采用这种成本计算方法。但不能为了片面追求简化成本核算手续,任意扩大类别,否则会影响成本计算的准确性。

分类法的特点归纳如下。

1. 成本计算对象

分类法以产品的类别作为成本计算对象,归集该类产品的生产费用。直接费用直接计入;各类产品共同耗用的费用,采用一定的分配标准分配计入,汇总计算出该类产品总成本。

2. 成本计算期

分类法的成本计算期要根据生产特点及管理要求来确定。如果是大批量生产,结合品种法或分步法进行成本计算,则应定期在月末进行成本计算;如果与分批法结合运用,成本计算期可不固定,而与生产周期一致。

3. 生产费用在完工产品和在产品之间的分配

采用分类法计算产品成本,如果月末在产品数量较多,应将该类产品生产费用总额在完工产品和月末在产品之间进行分配。

分类法并不是一种独立的基本成本计算方法,它要根据各类产品的生产工艺特点和管理的要求,与品种法、分批法、分步法结合使用。

二、分类法产品成本计算的程序

分类法下产品成本计算的基本程序可归纳如下：

第一，合理确定产品类别，按产品类别设立成本计算单。采用分类法计算产品成本时，首先要将产品按照性质、结构、用途、生产工艺过程、耗用原材料的不同等标志，划分若干类别。如，鞋厂可以按照耗用的不同原材料，将产品分为塑料鞋、布鞋、皮鞋三个类别；轧钢厂可根据产品的结构将产品分为圆钢、钢板、角钢、钢管等类别。然后以产品类别作为成本计算对象设立成本计算单。

第二，在开设的成本计算单内，按照规定的成本项目汇集生产费用，计算各类产品的总成本。

第三，采用适当的方法计算类内各产品的总成本和单位成本。在求出每类产品的总成本后，选择合理的分配标准，在每类产品的各种产品之间分配费用，计算每类产品内各种产品的成本。同类产品内各种产品之间分配费用的标准，有定额消耗量、定额费用、售价，以及产品的体积、长度和重量等。选择分配标准时，应遵循相关性原则。各成本项目根据情况可以采用同一分配标准分配，也可以按照成本项目的性质，分别采用不同的分配标准分配，以使分配结果更加合理。

为了简化分配工作，也可以将分配标准折算成相对固定的系数，按照固定的系数分配同类产品内各种产品的成本，这种方法就是人们常说的系数分配法。现将系数分配法原理说明如下：

系数分配法是运用系数分配计算类内各规格产品成本的一种方法，所谓系数是指各种规格产品之间的比例关系。这种分配方法的关键是合理确定系数。系数一经确定，在一定时期内应稳定不变。

系数分配法的应用步骤是：

(1) 确定分配标准。确定分配标准即选择与耗用费用关系最密切的经济因素作为分配标准。例如，可根据具体情况选择定额消耗量、定额成本、计划成本、售价，以及产品的技术性指标如重量、体积和长度作为分配标准。但需明确，所选分配标准应与产品成本高低成正比例关系。

(2) 将分配标准折算成固定系数。其方法是，在同类产品中选择一种有代表性的产品，如产量较大、生产比较稳定或规格折中的产品作为标准产品，确定其单位产品分配标准为系数 1；其他产品则按照其单位产品分配标准有关数据与标准产品的比例确定相应的系数。

(3) 计算出按标准产品折算的产量。计算公式如下：

$$标准产品总量(总系数) = 各种产品的实际产量 \times 各自系数$$

(4) 最后，按标准产品总量(或总系数)分配类内各种(或各规格)产品的成本。

系数分配法计算产品成本时，还可以进一步采用系数比例法和系数分配率法。下面将举例说明。

三、分类法应用举例

（一）系数比例法

【例 9-1】 假设某厂生产 A、B 两大类产品，采用分类法计算产品成本。由于 B 类产品的核算方法与 A 类相同，故以 A 类产品成本核算为例。A 类产品有三种规格，以其中 #2 产品作为标准产品。材料在生产开始时一次投入。A 类产品 8 月份有关产量、费用等资料如表 9-1、表 9-2 所示。

表 9-1　A 类产品月末产量及定额记录

型号	月末在产品		完工产品数量	单位完工产品定额成本
	在产品数量	在产品完工程度		
#1	600	20%	200	30
#2	400	25%	300	60
#3	250	30%	500	72

表 9-2　A 类产品费用资料

单位：元

摘要	直接材料	直接人工	制造费用	合计
月初在产品	20 000	11 000	1 400	32 400
本月发生费用	30 000	30 000	3 600	63 600
合计	50 000	41 000	5 000	96 000

根据上述资料，采用系数比例法，A 类产品内各型号产品成本计算过程如下。

1. 合理确定系数

已知资料给出了各型号产品的单位定额成本，并且说明以 #2 产品作为标准产品，则 #2 产品系数为 1，#1 产品系数为 0.5（30÷60）；#3 产品系数为 1.2（72÷60）。

2. 计算投料系数、投工系数

具体计算过程如表 9-3 所示。

表 9-3　总系数计算表

型号	系数	月末在产品				完工产品			合计	
		数量	完工率	投料系数	投工系数	产量	系数	各型号完工产品系数占完工总系数比例	投料总系数	投工总系数
栏次	(1)	(2)	(3)	(4)=(1)×(2)	(5)=(3)×(4)	(6)	(7)=(1)×(6)	(8)	(9)=(4)+(7)	(10)=(5)+(7)
#1	0.5	600	20%	300	60	200	100	10%	400	160
#2	1	400	25%	400	100	300	300	30%	700	400
#3	1.2	250	30%	300	90	500	600	60%	900	690
合计				1 000	250		1 000	100%	2 000	1 250

3. 计算 A 类完工产品成本和月末在产品成本

根据表 9-3 总系数计算表,计算完工产品和在产品应分配费用的比例。其比例分别如下:

$$\text{完工产品材料系数比例} = \frac{\text{完工产品材料系数}}{\text{投料总系数}} \times 100\% = \frac{(7)}{(9)} = \frac{1\,000}{2\,000} \times 100\% = 50\%$$

$$\text{完工产品人工系数比例} = \frac{\text{完工产品投工系数}}{\text{投工总系数}} \times 100\% = \frac{(7)}{(10)} = \frac{1\,000}{1\,250} \times 100\% = 80\%$$

据此,完工产品应负担的材料成本及人工成本、制造费用成本分别按累计成本的 50%、80%、80%结转。A 类产品基本生产成本明细账,如表 9-4 所示。

表 9-4 基本生产成本明细账

产品名称:A 类产品　　　　　2017 年 8 月

摘　　要	直接材料	直接人工	制造费用	合　计
月初在产品	20 000	11 000	1 400	32 400
本月发生费用	30 000	30 000	3 600	63 600
合　　计	50 000	41 000	5 000	96 000
结转完工产品成本	25 000	32 800	4 000	61 800
月末在产品成本	25 000	8 200	1 000	34 200

4. 计算类内各型号产品的成本

根据上述资料计算类内各型号产品成本,其方法是,先算出各型号完工产品系数各占完工产品总系数的比例,如表 9-3 所示,然后以此比例分别乘以完工产品成本,即算出各型号完工产品成本。如表 9-5 所示。

表 9-5 A 类产品成本计算单

单位:元

成本项目	A 类产品总成本	#1(10%)		#2(30%)		#3(60%)	
		总成本	单位成本	总成本	单位成本	总成本	单位成本
直接材料	25 000	2 500	12.50	7 500	25.00	15 000	30.00
直接人工	32 800	3 280	16.40	9 840	32.80	19 680	39.36
制造费用	4 000	400	2.00	1 200	4.00	2 400	4.80
合　计	61 800	6 180	30.90	18 540	61.80	37 080	74.16

(二)系数分配率法

【例 9-2】 仍以[例 9-1]为例,采用系数分配率法计算产品成本,其方法是:在表 9-3 总系数计算表的基础上按不同成本项目计算系数分配率(即一个标准产量应负担的费用),然后,用类内各型号产品系数(即完工标准产量)乘以系数分配率,即为每一型号产品应负担的材料、工资及制造费用的金额。系数分配率的计算公式如下:

$$系数分配率 = \frac{各成本项目累计费用}{产品总系数（分成本项目）}$$

根据上述资料 A 类各型号产品成本计算，如表 9-6 所示。

表 9-6　A 类产品成本计算单

项　目	总　系　数		总　成　本			
	投料	投工	直接材料	直接人工	制造费用	合计
系数分配率			25	32.80	4	
月末在产品	1 000	250	25 000	8 200	1 000	34 200
完工产品	1 000	1 000	25 000	32 800	4 000	61 800
其中：#1	100	100	2 500	3 280	400	6 180
#2	300	300	7 500	9 840	1 200	18 540
#3	600	600	15 000	19 680	2 400	37 080

表中：

$$直接材料系数分配率 = \frac{材料费用合计}{投料总系数} = \frac{50\,000}{2\,000} = 25$$

$$直接人工系数分配率 = \frac{人工费用合计}{投工总系数} = \frac{41\,000}{1\,250} = 32.80$$

$$制造费用系数分配率 = \frac{制造费用合计}{投工总系数} = \frac{5\,000}{1\,250} = 4$$

采用系数比例法分配费用和按系数分配率法分配费用，其计算结果必然相等。因为：

按比例分配　　　　按系数分配率分配

$$\frac{各型号产品}{负担费用} = \frac{某型号总系数}{总系数之和} \times \frac{累计}{费用} = \frac{累计费用}{总系数合计} \times \frac{某型号}{总系数}$$

计算比例个数的多少取决于产品型号的多少，计算系数分配率的多少取决于成本项目的多少。因此，当产品规格型号较多时，采用系数分配率法计算较简单；反之，用系数比例法计算较简单。

第二节　产品成本计算的定额法

一、定额法的特点

产品成本计算的定额法，是为了及时反映和监督产品成本脱离定额成本的差异，配合和加强定额管理而采用的一种成本计算方法。其基本原理是：在实际费用发生时，将其划分为定额成本与定额差异两部分来归集，并分析产生差异的原因，及时反馈到管理部门，月终以产品定额成本为基础，加减所归集和分配的定额成本差异、定额变

动差异、材料成本差异,求得产品实际成本。实际成本与定额成本的关系可用下列公式表示:

$$\text{产品实际成本} = \text{产品定额成本} \pm \text{脱离定额成本差异} \pm \text{定额变动差异} \pm \text{材料成本差异}$$

由此可见,定额成本法并非一种基本的成本计算方法,它是在品种法、分步法、分批法的基础上,运用一种特殊汇集费用的技术,计算产品成本的方法。这种方法克服了前述几种成本计算方法的不足,即生产费用的日常核算,均按生产费用的实际发生额进行;产品的实际成本,也是根据实际生产费用计算。这些,都不能及时揭示实际费用脱离定额的差异及其发生的原因;不能更好地加强成本控制;不能更有效地发挥成本核算对于节约生产费用、降低产品成本的作用。采用定额法计算产品成本,能及时揭示差异,提供有关成本形成动态的各种信息;有助于促使企业控制和节约费用。这种方法一般适用于企业定额管理制度较健全,而且产品生产定额、消耗定额比较准确、稳定的企业。

二、定额法计算产品成本的程序

采用定额法计算产品的一般程序如下:

(1) 按照企业生产工艺特点和管理要求,确定成本计算对象及成本计算的基本方法。

(2) 按照定额成本标准,进行逐项分解,计算各成本项目的定额费用,编制产品定额成本表。

(3) 生产费用发生时,将其划分为定额成本和定额成本差异两部分,分别编制凭证,予以汇总。对其中重点差异,实行例外管理。

(4) 按确定的成本计算的基本方法,汇集、结转各项费用的定额成本差异,并按一定标准在完工产品与在产品之间进行分配。

(5) 将产品定额成本加减所分配的定额成本差异、定额变动差异及材料成本差异,即可求得产品实际成本。

三、定额成本及其差异的计算

如上所述,在产品成本计算采用定额成本法时,决定产品成本的因素主要有四个,即定额成本、日常脱离定额的差异、定额变动的差异、材料成本差异。现对这四个因素的计算方法说明如下。

(一) 产品定额成本的计算

产品的定额成本是分成本项目计算的。其计算公式如下:

$$\text{产品直接材料定额成本} = \text{直接材料定额耗用量} \times \text{材料计划单价} = \text{本月投产量} \times \text{单位产品材料消耗定额} \times \text{材料计划单价}$$

$$\text{产品直接人工定额成本} = \text{产品定额工时} \times \text{计划工资率} = \text{产品约当产量} \times \text{单位产品工时定额} \times \text{计划工资率}$$

$$\text{产品制造费用定额} = \text{产品定额工时} \times \text{计划费用率} = \text{产品约当产量} \times \text{单位产品工时定额} \times \text{计划工资率}$$

因此，采用定额成本法，首先，必须制定产品的材料、动力、工时等消耗定额；然后，根据各项消耗定额、材料计划单价、计划工资率、计划费用率等资料，计算产品的各项费用定额和产品的单位定额成本。

定额成本的计算可通过编制定额成本计算表的形式进行。定额成本计算表的格式和内容，如表 9-7 所示。

表 9-7 产品定额成本计算单

产品名称：甲产品　　　　　2017 年 8 月　　　　　金额单位：元

成本项目		定额材料		定额工时			金额合计
		数量（千克）	计划单价	数量（小时）	计划工资率	计划费用率	
直接材料	A 材料	6 000	10				60 000
	B 材料	3 000	5				15 000
	小 计						75 000
直接人工				2 000	3		6 000
制造费用				2 000		3.2	6 400
单位产品定额成本							87 400

产品定额成本表可先按零件编制，然后汇总编制部件、产品的定额成本表。但在零部件较多的情况下，为了简化其编制手续，可不编制零、部件定额成本表，而直接编制产品定额成本表。

（二）脱离定额差异的计算

计算和分析脱离定额成本的差异是定额法的核心内容。它包括材料脱离定额差异的计算，直接人工费用脱离定额差异的计算，制造费用脱离定额差异的计算。现分述如下：

1. 材料脱离定额差异的计算

在按批别组织生产的企业，领料按批别进行，定额差异的计算也按批别进行。材料脱离定额差异的核算通常采用材料凭证限额法和分批切割法。

材料凭证限额法是在材料发出时，分别编制定额凭证（限额领料单）和差异凭证，来反映材料在生产过程中使用情况的一种方法。其处理程序如图 9-1 所示。

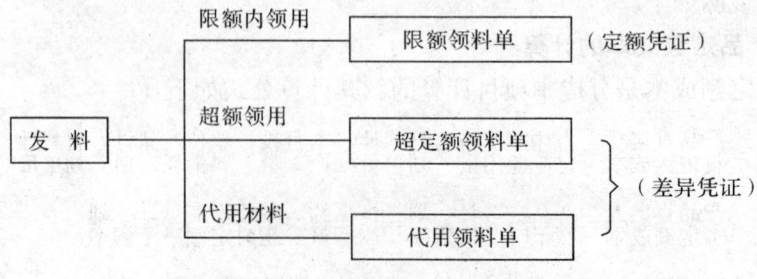

图 9-1 材料脱离定额差异计算程序

即,发料时在限额内的,填写限额领料单。经批准,超定额领用,或领用替代材料的,需填写超额领料单或代用材料领料单。对已领未用的材料,需填制退料单。在每批生产任务完成后,限额领料单所列未领材料的余额,扣除代用领料单金额加上退料单所列金额,就是材料的节约差异。超额领料单上所列数量则为超支差异。

【例 9-3】 某企业本月投产甲产品 500 件,单位产品 A 材料消耗定额 25 千克,每千克计划单位成本 4 元,超额领料单本月登记数量为 150 千克。甲产品的 A 材料定额差异计算如下:

甲产品 A 材料定额成本 $= 500 \times 25 \times 4 = 50\,000$(元)

甲产品 A 材料脱离定额差异 $= 150 \times 4 = 600$(元)

在分批组织生产的企业,对于某些经常大量使用的材料,通常是通过下料车间切割后才能加工使用,这时可采用专设的材料切割核算凭证"材料切割核算单"来核算材料脱离定额的差异。这种核算差异的方法叫做分批切割法。材料切割核算单的格式及内容,如表 9-8 所示。

表 9-8 材料切割核算单

材料编号或名称:B 材料　　　　　　　　　　材料计划单位成本:4 元
产品名称:乙产品　　　　　　　　　　　　　废料计划单位成本:0.5 元
切割人工号和姓名:526 赵明　　　　　　　　材料计量单位:千克
切割日期:20××年 10 月 2 日　　　　　　　 完工日期:20××年 10 月 4 日

发料数量	退回余料数量	材料实际消耗量	废料回收数量
156	7	149	9

单件消耗定额	单件回收废料定额	应割成的毛坯数量	实际割成的毛坯数量	材料定额消耗量	废料定额回收量
10	0.4	15	14	140	5.6

材料脱离定额差异		废料脱离定额差异			差异原因	过失人
数量	金额	数量	单价	金额	技术不熟练,多留了毛边,故减少了毛坯数量	操作人
+9	36	-3.4	0.5	-1.7		

表 9-8 中,回收废料超过定额的差异可冲减材料费用,故列作负数。

在不能按上述分批核算原材料脱离定额差异的情况下,可采用定额盘存法核算差异,基本做法是:

(1) 定期对在产品进行盘存,确定在产品数量。

(2) 根据产量凭证所列完工产品数量及盘存在产品数量,计算产品投产数量。计算公式如下:

$$\text{产品投产数量} = \text{完工产品数量} + \text{期末在产品数量} - \text{期初在产品数量}$$

(3) 计算材料定额消耗量。计算公式如下：

$$\text{材料定额消耗量} = \text{产品投产数量} \times \text{材料消耗定额}$$

(4) 计算材料实际消耗量。根据限额领料单、超额领料单、代用领料单、退料单等凭证，以及车间余料的盘存资料，计算出材料的实际消耗量。

(5) 计算材料脱离定额的差异。计算公式如下：

$$\text{材料脱离定额的差异} = (\text{材料的实际消耗量} - \text{材料的定额消耗量}) \times \text{材料的计划单价}$$

【例 9-4】 甲产品期初在产品 50 件，本月完工产量 650 件，期末在产品为 80 件，原材料系开工时一次投入，材料消耗定额为 10 千克，计划单价为 6 元/千克。本月材料限额领料凭证登记数量为 6 800 千克，材料超额领料凭证登记数量为 400 千克，期末车间盘存余料为 200 千克。本月甲产品材料脱离定额差异的计算过程如下：

（1）本月投产数量 = 650 + 80 × 100% - 50 = 680（件）
（2）材料定额消耗量 = 680 × 10 = 6 800（千克）
（3）材料实际消耗量 = 6 800 + 400 - 200 = 7 000（千克）
（4）材料脱离定额差异 = (7 000 - 6 800) × 6 = 1 200（元）

2. 直接人工费用脱离定额差异的核算

人工费用脱离定额差异的核算，因采用工资形式不同而有所区别。

在计件工资形式下，生产工人工资脱离定额差异的核算与原材料脱离定额差异的核算类似。按计件单价支付的工资就是定额工资。其计算公式如下：

$$\text{直接人工定额费用} = \text{约当产量} \times \text{计件单价}$$

$$\text{计件单价} = \frac{\text{计划单位工时人工费用}}{\text{每工时产量定额}}$$

对符合定额的生产工人工资，应该反映在产量记录中。其他如废品损失、停工工资、女工哺乳期间的津贴等则属于工资定额差异。对脱离定额差异，通常反映在专设的补付单等差异凭证中。

在计时工资形式下，生产工人工资脱离定额的差异平时不能按产品直接计算，所以平时只以工时进行考核，在月末实际生产工人工资总额确定以后，才能按下列公式计算：

$$\text{计划单位工时工资} = \frac{\text{计划产量的定额直接工资总额}}{\text{计划产量的定额生产工时总数}}$$

$$\text{实际单位工时工资} = \frac{\text{实际直接工资总额}}{\text{实际生产工时总数}}$$

$$\text{某产品定额工资} = \text{该产品实际产量的定额生产工时} \times \text{计划单位工时工资}$$

$$该产品实际工资 = \frac{该产品实际产量}{的实际生产工时} \times 实际单位工时工资$$

$$该产品实际工资脱离定额差异 = 该产品实际工资额 - 该产品定额工资额$$

【例 9-5】 假设某企业生产甲产品,每工时产量定额为 4 件,本月约当产量 1 600 件,计划每工时人工费为 3 元,实际人工费为 1 400 元。其直接人工费用脱离定额差异计算如下:

$$计件单价 = \frac{3}{4} = 0.75(元/件)$$

$$甲产品定额工资 = 1\,600 \times 0.75 = 1\,200(元)$$

$$甲产品实际工资脱离定额差异 = 1\,400 - 1\,200 = 200(元)$$

无论采用哪种工资形式,都应根据上述核算资料,按照成本计算对象汇总编制"定额工资及脱离定额差异汇总表",表中汇总反映各种产品的定额工资、实际工资、工资差异,以及产生差异的原因,并据以登记有关的产品成本计算单。

3. 制造费用脱离定额差异的核算

制造费用属于间接费用,即发生时先按发生地点进行归集,月末,才直接或分配计入产品成本。所以,在日常核算中,不能按照产品直接核算费用脱离定额的差异,只能根据费用计划,按照费用项目核算费用脱离计划的差异,据以控制和监督费用的发生。各种产品应负担的定额制造费用和费用脱离定额的差异,在月末时可比照上述计时工资的计算公式计算确定。

(三) 定额变动差异的核算

定额变动差异,是指由于修订消耗定额而产生的新旧定额之间的差额,新定额一般在月初开始实行,当月投入的产品费用,都应按新定额来计算脱离定额差异。但在定额变动后,月初在产品的定额成本并未修订,仍然是按旧的定额计算的。为了使按旧定额计算的月初在产品定额成本和按新定额计算的本月投入产品的定额成本,在新定额的同一基础上相加起来,以便计算产品的实际成本,必须计算月初在产品的定额变动差异,用以调整月初在产品的定额变动成本。由此可见,定额变动差异主要是指月初在产品由于定额变动产生的差异。其计算公式如下:

$$月初在产品定额变动差异 = 月初在产品按原定额计算的定额成本 - 月初在产品按调整后定额计算的定额成本$$

采用此公式计算,要求企业应根据消耗定额发生变动的在产品盘存资料和修订前后的消耗定额,计算月初在产品消耗定额修订前和修订后的定额消耗量,从而确定定额消耗量的数量差异和金额差异。这种方法,一般要按零部件计算定额消耗量。在构成产品零部件种类较多的情况下,计算工作量较大。为了简化计算工作,可按照单位产品,采用系数折算的方法计算。计算公式如下:

$$定额变动系数 = \frac{按新定额计算的单位产品成本}{按旧定额计算的单位产品成本}$$

$$\begin{aligned}\text{月初在产品}\\ \text{定额变动差异}\end{aligned} = \begin{aligned}\text{按旧定额计算的}\\ \text{月初在产品成本}\end{aligned} - \begin{aligned}\text{按旧定额计算的}\\ \text{月初在产品成本}\end{aligned} \times \begin{aligned}\text{定额变}\\ \text{动系数}\end{aligned} =$$

$$\begin{aligned}\text{按旧定额计算的}\\ \text{月初在产品成本}\end{aligned} \times \left(1 - \begin{aligned}\text{定额变}\\ \text{动系数}\end{aligned}\right)$$

【例 9-6】 甲产品的某些零件从 2017 年 8 月 1 日起修订材料消耗定额,单位产品旧的材料消耗定额为 40 元,新的材料消耗定额为 38 元,该产品月初在产品按旧定额计算的材料定额成本为 16 000 元。其月初在产品定额变动差异计算结果如下：

$$\text{定额变动系数} = \frac{38}{40} = 0.95$$

$$\text{月初在产品定额变动差异} = 16\,000 \times (1 - 0.95) = 800(\text{元})$$

这种方法,适用于零部件成套生产或零部件生产的成套性较大的企业。

对于计算出的定额变动差异,应分别不同情况予以处理。在消耗定额降低的情况下产生的差异,一方面应从月初在产品定额成本中扣除;另一方面还应将属于月初在产品生产费用实际支出的该项差异,加入本月产品成本中。相反,在消耗定额提高的情况下,月初在产品增值的差异应加入月初在产品定额成本之中,同时从本月产品成本中予以扣除。

(四) 材料成本差异的计算

在定额法下,为了加强对产品成本的考核和分析,材料日常核算都按计划成本进行。即材料定额成本和材料脱离定额差异,都按材料的计划单位成本计算。因此,在月末计算产品实际成本时,还必须按照下列公式计算产品应负担的材料成本差异。

$$\begin{aligned}\text{某产品应负担的}\\ \text{材料成本差异}\end{aligned} = \left(\begin{aligned}\text{该产品材料}\\ \text{定额成本}\end{aligned} \pm \begin{aligned}\text{材料脱离}\\ \text{定额差异}\end{aligned}\right) \times \begin{aligned}\text{材料成本}\\ \text{差异分配率}\end{aligned}$$

$$\begin{aligned}\text{某产品材料}\\ \text{实际成本}\end{aligned} = \begin{aligned}\text{材料定}\\ \text{额成本}\end{aligned} \pm \begin{aligned}\text{材料脱离}\\ \text{定额差异}\end{aligned} \pm \begin{aligned}\text{材料成}\\ \text{本差异}\end{aligned}$$

【例 9-7】 甲产品所耗原材料定额成本为 15 000 元,材料脱离定额差异为超支 1 000 元,原材料的成本差异率为节约 3%。该产品应负担的材料成本差异为：

$$(15\,000 + 1\,000) \times (-3\%) = -480(\text{元})$$

甲产品耗用材料的实际成本为：

$$15\,000 + 1\,000 - 480 = 15\,520(\text{元})$$

(五) 脱离定额差异、定额变动差异、材料成本差异的分配

对上述计算所得的脱离定额差异、定额变动差异以及材料成本差异,月末应在完工产品和月末在产品之间按照定额成本的比例进行分配。其计算公式如下：

$$\text{差异分配率} = \frac{\text{月初在产品差异} + \text{本月发生差异}}{\text{完工产品定额成本} + \text{月末在产品定额成本}} \times 100\%$$

$$\begin{aligned}\text{完工产品应}\\ \text{负担的差异}\end{aligned} = \text{完工产品定额成本} \times \text{差异分配率}$$

$$\begin{aligned}\text{月末在产品}\\ \text{应负担的差异}\end{aligned} = \text{月末在产品定额成本} \times \text{差异分配率}$$

如果各种差异数额不大，或者差异虽然较大，但各月在产品数量比较均衡的情况下，月末在产品可按定额成本计价，即不负担差异，差异全部由产成品负担。

四、定额法实际成本计算举例

【例 9-8】 某企业大批生产甲产品，各项消耗定额比较准确、稳定，为加强定额管理和成本控制，采用定额法计算产品成本。2017 年 8 月份的生产情况和定额资料如下：

月初在产品 20 件，本月投入产品 150 件，本月完工 160 件，月末在产品 10 件。在产品完工率均为 50%，材料系开工时一次投入。材料消耗定额由 5.4 元降为 5 元，材料计划单价为 6 元，材料成本差异率为节约 2%，工时定额为 5 小时，计划小时工资率为 4 元，计划小时制造费用 4.5 元。

在采用定额法下，2017 年 8 月份完工产品实际成本计算结果，如表 9-9 所示。

表 9-9 产品成本计算单

产品名称：甲　　　　　　2017 年 8 月　　　　　　产量：160 件

成本项目		栏　次	直接材料	直接人工	制造费用	合　计
月初在产品	定额成本	(1)	648	200	225	1 073
	脱离定额差异	(2)	−20	10	12	+2
月初在产品定额变动	定额成本调整	(3)	−48			−48
	定额变动差异	(4)	48			48
本月费用	定额成本	(5)	4 500	3 100	3 487.5	11 087.5
	脱离定额差异	(6)	50	16	34	100
	材料成本差异	(7)	−91			−91
生产费用合计	定额成本	(8)=(1)+(3)+(5)	5 100	3 300	3 712.5	12 112.5
	脱离定额差异	(9)=(2)+(6)	30	26	46	102
	材料成本差异	(10)=(7)	−91			−91
	定额变动差异	(11)=(4)	48			48
差异分配率	脱离定额差异	$(12)=\dfrac{(9)}{(8)}$	0.6%	0.8%	1.2%	—
产成品成本	定额成本	(13)	4 800	3 200	3 600	11 600
	脱离定额差异	(14)=(13)×(12)	28.8	25.6	43.2	97.6
	材料成本差异	(15)=(10)	−91			−91
	定额变动差异	(16)=(11)	48			48
	实际成本	(17)	4 785.8	3 225.6	3 643.2	11 654.6
月末在产品	定额成本	(18)	300	100	112.5	512.5
	脱离定额差异	(19)=(9)−(14)	1.2	0.4	2.8	4.4

表 9-9 中第一栏月初在产品定额成本计算过程为：

$$直接材料定额成本 = 20 \times 5.4 \times 6 = 648(元)$$
$$直接人工定额成本 = 20 \times 50\% \times 5 \times 4 = 200(元)$$
$$制造费用定额 = 20 \times 50\% \times 5 \times 4.5 = 225(元)$$

第 3 栏月初在产品定额成本调整数计算为：

$$\begin{matrix}月初在产品\\定额成本调整\end{matrix} = \begin{matrix}月初在产品按调整后\\定额计算的定额成本\end{matrix} - \begin{matrix}月初在产品按原定\\额计算的定额成本\end{matrix} =$$
$$20 \times 5 \times 6 - 20 \times 5.4 \times 6 = -48(元)$$

第 5 栏定额成本计算过程为：

$$直接材料定额成本 = 150 \times 5 \times 6 = 4\ 500(元)$$
$$直接人工定额成本 = 155 \times 5 \times 4 = 3\ 100(元)$$
$$制造费用定额 = 155 \times 5 \times 4.5 = 3\ 487.5(元)$$

第 7 栏材料成本差异计算过程为：

$$材料成本差异 = (4\ 500 + 50) \times (-2\%) = -91(元)$$

第 17、第 18 栏计算过程为：

$$(17) = (13) + (14) + (15) + (16)$$
$$(18) = (8) - (13)$$

从本例可以看出，脱离定额差异金额较小，因此，可以全部由完工产品负担，但为了说明其在完工产品和在产品之间分配的方法，本例仍进行了分配。

第三节　联产品、副产品、等级产品成本计算

许多企业，往往使用同一种原料，经过同一生产过程，生产出两种或两种以上的产品，或者由于生产条件所限或加工操作等方面的原因，产生了不同等级的同一产品。根据不同情况，可将这些产品分为联产品、副产品和等级产品。现对联产品、副产品、等级产品的成本核算分述如下。

一、联产品成本计算

(一) 联产品的含义

联产品是指使用同种原料，经过同一加工过程，同时生产出来的具有同等地位的不同用途的主要产品。这些产品都是企业生产的主要目的。如炼油厂的催化原油，经过催化，可以生产出汽油、轻柴油、重柴油和气体四种联产品。

根据各联产品之间产量消长关系，联产品又可分为补充联产品和代用联产品两种。补充联产品是指一种联产品的产量增加或减少不可避免地导致其他联产品的同比例增加或减少。代用联产品是指若一种联产品增加会导致另一种联产品的减少。企业应分析所产联产品的特点，以便作出正确的生产经营决策。

(二) 联产品成本计算

联产品的成本计算可分两个阶段进行。联产品在分离前可合并成一类产品,根据联产品的生产特点,采用适当的成本计算方法汇集计算其成本,这一成本可称为"联合成本"。产品分离时将联成本采用一定的分配标准在联合产品之间进行分配,求出各联产品应负担的联合成本。有些联产品分离后还需进一步加工才能出售,这时,应采用适当的方法计算分离后的加工成本。这一成本因可辨明其承担主体,所以,又称为可归属成本。联产品应负担的联合成本与可归属成本之和即为该联产品的成本。联产品成本构成,如图9-2所示。

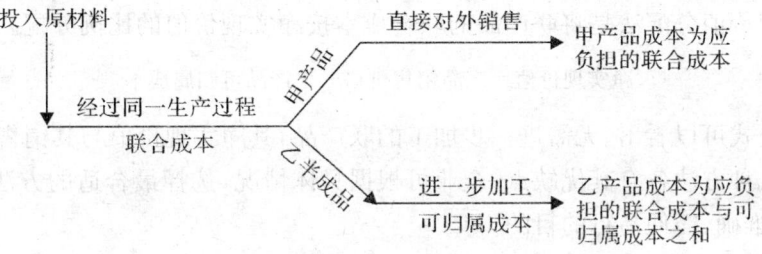

图 9-2 联产品成本构成图

由图9-2可知,联产品成本计算的关键是联合成本的分配。联合成本的分配方法常用的有系数分配法、实物量分配法、销售价值分配法和净实现价值分配法。目前我国使用较多的是系数分配法。

1. 系数分配法

系数分配法是将各种联产品的实际产量按事先规定的系数(系数的确定与分类法中系数的确定相同)折算为标准生产量(相对生产量),然后将联合成本按联产品的标准生产量比例进行分配。采用该方法分摊联产品的联合成本,其正确程度取决于系数的确定。前已述及,决定系数的两个主要因素是分配标准和标准产品的确定。由于某些因素的影响,有些企业应用系数法可能存在一定困难,这时,可考虑其他较简便的分配方法,如实物量分配法。

2. 实物量分配法

实物量分配法是将产品的联合成本按各联产品之间的实际重量比例进行分配。这种方法的优点是简便易行,并且采用这种方法计算出的单位成本是平均单位成本,因此,各联产品的单位成本是一致的。但这种方法亦存在某些缺陷:一是并非所有的成本发生都与实物量直接相关;二是未考虑各联产品的特性和含量,未考虑其各自的销售价值。这就有可能出现销售价值低的产品亏损的情况。这种分配方法一般适用于成本的发生与产量关系密切,而且各联产品销售价值较为均衡的联合成本的分配;否则,可考虑采用相对销售价值分配法。

3. 相对销售价值分配法

这种分配法是基于售价较高的联产品应该成比例地负担较高份额的联合成本这一理论。相对销售价值分配法是将联合成本按各联产品的销售价值的比例来分摊,其结果是各联产品可取得一致的毛利率。这种方法克服了实物量分配法的不足,但其本身也存在着缺陷:一是并非所有的成本都与售价有关,价格较高的产品不一定要负担较高的成本,因为影响产品价格的因素不止其价值一项;二是并非所有的联产品都具有同样的获利能力。若不分情况盲目采用这种方法,对产品生产决策会带来不利影响。这种方法一般适用于分离后不再加工,而且价格波动不大的联产品成本计算。若企业的某些联产品分离后仍需进一步加工方可销售,这时联合成本的分配可考虑采用净实现价值分配法。

4. 净实现价值分配法

净实现价值分配法是将联产品的联合成本按净实现价值的比例分配。

$$净实现价值=产品销售价格-该产品可归属成本$$

由此公式可以看出,无需进一步加工的联产品,其净实现价值与其销售价格一致。

以上几种方法各有其优缺点,企业可根据具体情况,选择最合适的方法,达到成本计算合理、准确、简便易行的目的。

(三)联产品成本计算举例

【例 9-9】 假设宏达化工厂用某种原料经过同一生产过程同时生产出 A、B 两种联产品。2017 年 8 月份共生产 A 产品 2 000 千克,B 产品 1 000 千克。无期初、期末在产品。该月生产这些联产品的联合成本分别为:原材料 30 000 元,直接生产工人工资及附加 10 800 元,制造费用 19 200 元。

A 产品每千克售价 250 元,B 产品每千克售价 300 元,设全部产品均已售出。

根据所给资料,分别按前述联产品成本计算的各种方法计算 A、B 两产品的成本。

(1) 按实物量平均计算。计算过程如表 9-10 所示。

表 9-10 联产品成本计算表

(实物量分配法)

产品名称	产量（千克）	联合成本				分配率	应负担成本			
		直接材料	直接人工	制造费用	合计		直接材料	直接人工	制造费用	合计
A	2 000						20 000	7 200	12 800	40 000
B	1 000						10 000	3 600	6 400	20 000
合计	3 000	30 000	10 800	19 200	60 000	20	30 000	10 800	19 200	60 000

表 9-10 中分配率为综合分配率,其计算过程如下:

$$分配率=\frac{60\ 000}{3\ 000}=20(元/千克)$$

它等于按成本项目分别计算的分配率之和。

(2) 按销售价值比例分配联合成本。计算过程如表 9-11 所示。

表 9-11　联产品成本计算表
（相对销售价值分配法）

产品名称	产量（千克）	单价（元）	销售价值（元）	比例（%）	应 负 担 成 本 （元）			
					直接材料	直接人工	制造费用	合　计
A	2 000	250	500 000	62.5	18 750	6 750	12 000	37 500
B	1 000	300	300 000	37.5	11 250	4 050	7 200	22 500
合计	3 000	—	800 000	100	30 000	10 800	19 200	60 000

（3）按产品定额成本系数比例，分成本项目计算 A、B 两产品成本（A 产品为标准产品，其系数为 1，B 产品系数为 1.125）。计算过程如表 9-12 所示。

表 9-12　联产品成本计算表
（系数法）

产品名称	产量（千克）	系数	总系数（千克）	分配比例（%）	应 负 担 成 本 （元）			
					直接材料	直接人工	制造费用	合　计
A	2 000	1	2 000	64	19 200	6 912	12 288	38 400
B	1 000	1.125	1 125	36	10 800	3 888	6 912	21 600
合计	3 000		3 125	100	30 000	10 800	19 200	60 000

（4）假定联产品分离后 A、B 两产品还需继续加工，其继续加工的成本分别为 10 000 元和 6 000 元。按净实现价值分配法计算两种产品的成本，如表 9-13 所示。

表 9-13　联产品成本计算表
（净实现价值分配法）

产品名称	产量（千克）	单价（元）	销售价值（元）	分离后加工成本（元）	净实现价值（元）	比例（%）	应负担成本（元）
A	2 000	250	500 000	10 000	490 000	62.5	37 500
B	1 000	300	300 000	6 000	294 000	37.5	22 500
合计	3 000		800 000	16 000	784 000	100	60 000

二、副产品成本计算

副产品是指在同一生产过程中，使用同种原材料，在生产主要产品的同时，附带生产出的一些非主要产品，或利用生产中废料加工而成的产品。它不是企业生产的主要目的，其价值与主要产品相比较低，但它具有一定的使用价值，能满足社会某些方面的需要，而且客观上发生了耗费。因此，也必须采取一定的成本计算方法求出其成本，以保证主要产品成本计算的准确性。

主副产品一般是在同一生产过程中形成，很难划分两者的生产费用，因此，可将主副产品作为一类产品，采用分类法及成本计算的基本方法计算成本。由于副产品是随主要产品生产附带而来，其价值较低，所以，计算其成本时，可以采用简便的方法，将副产品按一定标准作价，从分离前的联合成本中扣除。由此可见，副产品成本计算的关键是副产品的计价问题。

副产品的计价通常可分为以下几种情况。

1. 对分离后不再加工的副产品的计价

若价值不大(与主产品相比甚微),可不负担分离前的联合成本,其销售收入可直接作其他业务收入处理。

2. 对分离后不再加工但价值较高的副产品的计价

这种情况往往以其销售价格作为计价的依据。通常按售价减去销售费、税金和销售利润后的金额计价,从联合成本中扣除。扣除方法,可以从材料成本项目中一笔扣除,也可以按比例从各成本项目中扣除。对利用废料经过简单加工制成的副产品,可以将其成本从全部成本的原材料项目中扣除,不再按各项目扣除。

3. 对于分离后仍需进一步加工才能出售的副产品的计价

如价值较小,可考虑只负担可归属成本;如价值较高,则需同时负担可归属成本和分离前的联合成本,以保证主要产品成本计算的合理性。

现举例说明副产品成本计算方法。

【例 9-10】 某厂在生产甲产品过程中,附带生产出副产品乙和丙。2017 年 8 月为生产该类产品所发生的费用资料,如表 9-14 所示。

表 9-14 成本费用资料

项目	直接材料	直接人工	制造费用	合计
月初在产品成本	800	200	600	1 600
本月费用	12 000	3 000	3 400	18 400

本月甲产品产量为 100 千克,乙产品为 40 千克,丙产品为 20 立方米。乙产品的计划单价为 20 元,而丙产品单位售价为 75 元。

根据上述资料,甲、乙、丙三种产品的总成本和单位成本的计算,如表 9-15 所示。

表 9-15 主副产品成本计算表

	项目	行次	直接材料	直接人工	制造费用	合计
总成本	月初在产品成本	1	800	200	600	1 600
	本月费用	2	12 000	3 000	3 400	18 400
	合计	3	12 800	3 200	4 000	20 000
	费用项目比重	4	64%	16%	20%	100%
乙产品	总成本	5	512	128	160	800
	单位成本	6	12.8	3.2	4	20
丙产品	总成本	7	960	240	300	1 500
	单位成本	8	48	12	15	75
甲产品	总成本	9	11 328	2 832	3 540	17 700
	单位成本	10	113.28	28.32	35.4	177

在表 9-15 主副产品成本计算表中：

乙产品总成本＝40×20＝800(元)

直接材料成本＝800×64%＝512(元)

直接人工成本＝800×16%＝128(元)

制造费用＝800×20%＝160(元)

丙产品总成本＝20×75＝1 500(元)

丙产品直接材料成本＝1 500×64%＝960(元)

丙产品直接人工成本＝1 500×16%＝240(元)

丙产品制造费用＝1 500×20%＝300(元)

甲产品总成本＝20 000－800－1 500＝17 700(元)

又如，某企业在生产甲产品(主产品)的过程中，还生产出可以制造乙产品(副产品)的原料。这种原料经过加工处理后，即成乙产品。甲、乙产品在同一车间进行生产。乙产品的原料按固订单价每千克 0.5 元计价；甲、乙产品月初、月末在产品均按原料的定额成本计价。甲、乙产品的成本计算如表 9-16、表 9-17 所示。

表 9-16　生产成本明细账

产品名称：甲产品(主产品)　　　2017 年×月　　　　　　　　　金额单位：元

摘　　要	原材料	工资及福利费	制造费用	合　　计
月初在产品(定额成本)	24 000	—	—	24 000
本月生产费用	485 000	8 700	11 600	505 300
扣减副产品原料 12 000 千克(每千克 0.5 元)	－6 000	—	—	－6 000
生产费用合计	503 000	8 700	11 600	523 300
产成品成本	478 000	8 700	11 600	498 300
月末在产品(定额成本)	25 000	—	—	25 000

表 9-17　产品成本明细账

产品名称：乙产品(副产品)　　　2017 年×月　　　　　　　　　单位：元

摘　　要	原材料	工资及福利费	制造费用	合　　计
月初在产品(定额成本)	800	—	—	800
本月生产费用	6 000	300	400	6 700
合　　计	6 800	300	400	7 500
产成品成本	6 200	300	400	6 900
月末在产品(定额成本)	600	—	—	600

联产品与副产品之间的联系，主要表现在它们都是联合生产过程的产物，都是投入相同的原材料，经过同一生产过程而产生的。联产品与副产品的区别主要是价值。联产品价值一般较大，而副产品的价值一般较小。

需要明确，对企业而言，联产品和副产品的划分并非一成不变。另外，很难有什么绝对的标准来判断该企业的某产品是联产品还是副产品。在会计处理上,如果认为有必要,可将有些副产品按联产品处理。

三、等级产品的成本计算

等级产品是指使用同种原料,经过相同加工过程生产出来的品种相同但质量不同的产品。等级产品和废品是两个不同的概念。等级产品是合格品,而废品是非合格品。

等级产品成本的计算方法,需视等级产品造成的原因而定。等级产品产生的原因通常有两种:一是由于工人操作不慎,技术不熟练、生产管理不善所致;二是由于材料质量不同,工艺技术上的要求不同或目前生产技术条件所限造成。对于第一种原因形成的等级产品,其成本不应有别,即不同等级的产品应具有相同的成本,这样,次级产品可能由于售价较低而造成亏损,这正好说明企业生产经营管理上的缺陷,从而可以促进企业不断改善工作,提高产品质量。对于第二种原因造成的等级产品,往往以单位售价的比例定出系数,按系数比例来分配各等级产品应分摊的联合成本。其计算结果是售价高的产品负担较多的联合成本。

例如,某企业由于工艺技术不同产生 A、B、C、D 四种不同等级的产品,联合成本为 424 000 元。其他资料及成本计算如表 9-18 所示。

表 9-18 等级产品成本计算表

产品	产量	单位售价	系数	相对产量	比 例	各产品成本	单位成本
A	4 000	16	1	4 000	75.47%	320 000	8
B	900	12	0.75	675	12.74%	54 000	6
C	600	10	0.625	375	7.08%	30 000	5
D	500	8	0.5	250	4.71%	20 000	4
合计	6 000	—	—	5 300	100%	424 000	—

下述产品成本计算的品种法、分批法、分步法、分类法和定额法,是几种典型的成本计算方法。在实际工作中,由于情况复杂,各个企业实际采用的成本计算方法往往不止一种。如果一个企业中每个车间的生产特点和管理要求都不相同,这就要求在一个企业或车间中同时采用几种不同的成本计算方法。例如,一个企业或车间生产几种产品,其中有的已经定型,开始大批、大量生产,这些产品可以采用品种法或分步法计算成本;有的尚在试制,属于小批单件生产,这些产品则应采用分批法计算成本。如果一种产品的各个生产步骤、各种半成品或者各个成本项目的生产特点或管理要求不同,在计算这种产品的成本时,则可能将几种方法结合起来应用。例如,在大量大批多步骤生产的企业,如果企业规模很小,计算产品成本时,可以只对占产品成本比重较大的"直接材料"成本项目采用分步法逐步结转成本,对于其他成本项目则不分步计算成本。

总之,在掌握前述几种典型的成本计算方法原理的基础上,需结合不同的生产特点和管理要求,并考虑到企业的规模和管理水平等具体条件,从实际出发加以灵活运用,防止机械套用某种成本计算方法的做法。

复习思考题

1. 试述成本计算分类法的特点。
2. 试述分类法下产品成本计算的程序。
3. 如何计算类内各种产品的成本?
4. 说明成本计算定额法的特点。
5. 说明定额法计算产品成本的程序。
6. 试述产品定额成本的计算过程。
7. 试述脱离定额差异的计算过程。
8. 说明定额变动差异的核算特点。
9. 什么是联产品、副产品? 说明联产品和副产品的联系和区别。
10. 什么是等级产品? 说明等级产品与联、副产品的联系和区别。
11. 什么是联合成本? 什么是可归属成本?
12. 联产品的联合成本的分配主要有哪几种方法? 说明它们的适用范围和优缺点。
13. 等级产品形成的原因有哪几种? 不同原因形成的等级产品成本计算有何特点?

测 试 题

一、单项选择题

1. 产品成本计算的分类法适用于( )。
   A. 品种、规格繁多的产品
   B. 可按一定标准分类的产品
   C. 大量大批生产的产品
   D. 品种、规格繁多并可按一定标准分类的产品
2. 按照系数比例分配同类产品中各种产品成本的方法是( )。
   A. 一种完工产品和月末在产品之间分配费用的方法
   B. 一种单纯的产品成本计算方法
   C. 一种简化的分类法
   D. 一种分配间接费用的方法
3. 采用分类法的目的在于( )。
   A. 分类计算产品成本
   B. 简化各种产品的成本计算工作
   C. 简化各类产品的成本计算工作
   D. 准确计算各种产品的成本
4. 成本计算的分类法的特点是( )。
   A. 按产品类别计算产品成本
   B. 按产品品种计算产品成本
   C. 按产品类别归集生产费用,计算产品成本,同类产品内各种产品的间接计入费用采用一定方法分配确定
   D. 按产品类别归集生产费用,计算产品成本,同类产品内各种产品的费用采用一定方法分配确定
5. 分类法下,在计算同类产品内不同产品的成本时,对于类内产品发生的各项费用( )。
   A. 只有直接费用才需直接计入各种产品成本

B. 只有间接计入费用才需分配计入各种产品成本
C. 无论直接计入费用还是间接计入费用,都需采用一定的方法分配计入各种产品成本
D. 直接生产费用直接计入各种产品成本,间接生产费用分配计入各种产品成本

6. 使用同种原料,经过相同加工过程生产出来的品种相同,但质量不同的产品是( )。
   A. 联产品　　　　　B. 副产品　　　　　C. 等级产品　　　　　D. 主产品

7. 采用系数法时,被选定作为标准产品的应该是( )。
   A. 盈利较多的产品
   B. 亏损较多的产品
   C. 成本计算工作量较大的产品
   D. 产量较大、生产比较稳定或规格适中的产品

8. 副产品是指( )。
   A. 企业的一种主要产品
   B. 企业各车间的月末在产品
   C. 各车间的半成品
   D. 企业在主要产品生产过程中,附带生产的非主要产品

9. 原材料脱离定额差异是( )。
   A. 价格差异　　　　　　　　　　　　B. 数量差异
   C. 原材料成本差异　　　　　　　　　D. 一种定额变动差异

10. 产品成本计算的定额法,在适应范围上( )。
    A. 与生产类型直接相关　　　　　　　B. 与生产类型无直接关系
    C. 适用于大量生产　　　　　　　　　D. 适用于小批生产

11. 在脱离定额差异的核算中,与制造费用脱离定额核算方法相同的是( )。
    A. 原材料　　　　　　　　　　　　　B. 自制半成品
    C. 计时工资形式下的生产工人工资　　D. 计件工资形式下的生产工人工资

12. 采用定额法计算产品成本时,计算生产工资费用定额的公式是( )。
    A. 产品实际工时×生产工资实际单价　　B. 产品实际工时×生产工资计划单价
    C. 产品生产工时定额×生产工资计划单价　D. 产品生产工时定额×生产工资实际单价

13. 由于修改旧定额而产生的新旧定额之间的差额称为( )。
    A. 定额差异　　　　　　　　　　　　B. 材料成本差异
    C. 定额变动差异　　　　　　　　　　D. 脱离定额的差异

14. 定额法下的定额变动差异是指由于修订消耗定额或生产消耗费的计划价格而产生的( )。
    A. 计划价格与实际价格的差异　　　　B. 新旧定额的差异
    C. 实际价格与计划价格的差异　　　　D. 月初定额与月末定额的差异

15. 采用定额法计算产品成本时,对于定额变动差异若是定额降低,在月末计算产品成本时,还应( )。
    A. 从当月的产品成本当中扣除
    B. 加到当月的产品成本当中
    C. 对当月产品成本没有影响
    D. 应在月初在产品成本中进行调整,月末在产品成本不进行调整

16. 在生产过程中,企业实际发生的费用与定额费用的差异是( )。

A. 定额变动差异　　B. 耗用量差异　　C. 费用率差异　　D. 定额差异

二、多项选择题

1. 产品成本计算的分类法是(　　)。
   A. 按产品类别设置成本明细账
   B. 按产品品种设置成本明细账
   C. 按产品类别归集生产费用,计算产品成本
   D. 同类产品内各种产品的间接费用采用一定的分配方法分配确定
   E. 同类产品内各种产品的各种费用均采用一定的分配方法分配确定

2. 分类法下,采用系数法计算各种产品成本时,被选作标准产品的产品应具备的条件是(　　)。
   A. 产量较大　　　　　　　　　B. 产量较小
   C. 成本较低　　　　　　　　　D. 生产比较稳定
   E. 规格折中

3. 按照固定的系数分配同类产品内各种产品成本的方法(　　)。
   A. 是分类法的一种　　　　　　B. 是一种简化的分类法
   C. 也叫系数法　　　　　　　　D. 是一种单独的成本计算方法
   E. 是一种间接计入费用的方法

4. 可以采用分类法计算产品成本的产品有(　　)。
   A. 联产品
   B. 人工造成的等级品
   C. 各等级产品
   D. 品种规格繁多,但可以按一定标准分类的产品

5. 在定额法下,产品的实际成本是(　　)的代数和。
   A. 按现行定额成本计算的产品定额成本　　B. 脱离现行定额的差异
   C. 材料成本差异　　　　　　　　　　　　D. 月初在产品定额变动差异
   E. 按上期定额成本计算的产品定额成本

6. 在采用定额法的企业,直接材料费用脱离定额的差异,应通过(　　)核算。
   A. 限额领料单　　B. 领料单　　C. 材料切割计算单　　D. 退料单

7. 采用定额法必须具备的基本条件是(　　)。
   A. 企业规模较大　　　　　　　　B. 产品的生产已经定型
   C. 各项消耗定额比较准确、稳定　　D. 企业的定额管理制度比较健全

三、判断题

1. 分类法与生产类型有着密切的关系,因而,不是所有类型的企业都可以使用。(　　)
2. 定额成本实际上就是计划成本。(　　)
3. 采用分类法计算产品成本时,作为分配费用标准的系数均应用产品产量加权。(　　)
4. 分类法不需要分产品品种计算成本,因而产品成本明细账可按类别设置。(　　)
5. 副产品成本计算必须采用分类法。(　　)
6. 定额法的优点在于其成本核算的工作量比其他成本计算方法要小。(　　)
7. 工时定额是指生产产品所耗用的时间总数,定额工时是生产单位产品所耗用的时间。(　　)
8. 定额变动差异主要是指月初在产品由于定额变动产生的差异。(　　)
9. 脱离定额成本的差异数和脱离定额成本的调整数互为相反数。(　　)

四、计算分析题

（一）

一、目的 练习系数比例法和系数分配率法。

二、资料 某企业生产 A 类产品,包括 A_1、A_2、A_3、A_4、A_5 五种不同型号的产品,材料是生产开始时一次投入的,采用分类法计算产品成本。该企业 10 月的费用情况如表 9-19:

表 9-19 基本生产明细账

产品名称:A 类　　　　　　　　2017 年 10 月

摘　要	原材料	燃料和动力	工资及福利费	制造费用
月初在产品成本	70 000	12 000	18 000	3 600
本月生产费用	80 000	28 000	42 000	8 400
合　计	150 000	40 000	60 000	12 000

本月完工产品和在产品的生产情况如表 9-20:

表 9-20 完工产品和在产品生产情况表

型号	系数	月末在产品		完工产品
		数量	完工率	数量
A_1	0.96	750	80%	500
A_2	0.96	1 700	50%	1 000
A_3	1	800	79%	800
A_4	1.28	600	50%	500
A_5	1.60	550	90%	200

三、要求 利用表 9-21、表 9-22 分别采用系数比例法和系数分配率法计算类内各产品的成本;编制产品成本计算单。

(1) 系数比例法:

表 9-21 A 类产品总系数计算表

型号	系数	月末在产品				完工产品			合计	
		数量	完工率	投料系数	投工系数	产量	总系数	比例	投料总系数	投工总系数
—	①	②	③	④=①×②	⑤=③×④	⑥	⑦=①×⑥	⑧	⑨=④+⑦	⑩=⑤+⑦
A_1	0.96	750	80%							
A_2	0.96	1 700	50%							
A_3	1	800	79%							
A_4	1.28	600	50%							
A_5	1.60	550	90%							
合计		—	—	—						

表9-22 基本生产明细账

产品名称：A类　　　　　　　　　2017年10月

摘　要	原材料	燃料和动力	工资及福利费	制造费用	合　计
月初在产品成本					
本月生产费用					
合　计					
完工产品成本					
月末在产品成本					

根据完工产品总成本及类内各产品系数比例，编制产品成本计算单(见表9-23)，计算类内各产品成本。

表9-23 产品成本计算单

成本项目	总成本	A_1(15%)		A_2(30%)		A_3(25%)		A_4(20%)		A_5(10%)	
		总成本	单位成本	总成本	单位成本	总成本	单位成本	总成本	单位成本	总成本	单位成本
原材料											
燃料和动力											
工资及福利费											
制造费用											
合　计											

(2)系数分配率法(见表9-24)：

表9-24 费用分配计算表

项　目	总系数	总成本				
		原材料	燃料和动力	工资及福利费	制造费用	合　计
系数分配率						
月末在产品成本						
完工产品成本						
A_1						
A_2						
A_3						
A_4						
A_5						

(二)

一、目的　练习联产品成本的计算。

二、资料　某企业用同一种原材料，在同一生产工艺过程中生产出甲、乙、丙共三种联产品。该企业以甲产品作为标准产品。甲产品经加工分离后，还要对其继续加工。有关资料如下：

2017年10月有关甲、乙、丙产品产量、售价如表9-25。

表 9-25　甲、乙、丙产品产量、售价情况表

产品名称	产量(件)	售价(元)	系　数
甲	2 400	5	1
乙	1 800	4	0.8
丙	2 500	3	0.6

各型号产品 10 月份费用资料如表 9-26(无月初、月末在产品成本):

表 9-26　各型号产品 10 月份费用资料表

项　　目	原材料	燃料及动力	工资及福利费	制造费用	合　计
分离前综合成本(元)	15 600	7 800	20 000	10 000	53 400
各成本项目占总成本的百分比	29%	15%	37%	19%	100%
分离后加工费用(元)	400	90	60	30	580

三、要求　根据上述资料分别采用实物量分配法、系数分配法、销售价值分配法和净实现价值分配法计算各联产品的成本。

(1) 系数分配法:

表 9-27　产品成本计算单

产品名称	产量(件)	系　数	总系数	分配率	联产品成本
甲					
乙					
丙					
合　计					

表 9-28　甲产品成本汇总表

| 成本项目 | 分离前成本 | | 加工费 | 总成本 | 单位成本 |
	比重	金额			
原材料					
燃料和动力					
工资及福利费					
制造费用					
合　计					

(2) 实物量分配法:

表 9-29　产品成本计算单

产品名称	产量(件)	联合成本	分配率	应负担成本	加工费	总成本
甲						
乙						
丙						
合　计						

(3) 销售价值分配法：

表 9-30　产品成本计算单

产品名称	产量(件)	单价(元)	销售价值	比例	应负担成本	加工费	总成本
甲							
乙							
丙							
合计							

(4) 净实现价值分配法：

表 9-31　产品成本计算单

产品名称	产量 ①	单价 ②	销售价值 ③=	净实现价值 ④=	比例 ⑤	应负担成本 ⑥=	加工费 ⑦	总成本 ⑧=
甲								
乙								
丙								
合计								

（三）

一、目的　练习产品成本计算的定额法。

二、资料　某企业采用定额法计算甲产品成本。

(1) 2017 年 10 月的生产情况是：月初在产品 20 台，本月投入量 40 台，本月完工数量 50 台，月末在产品数量 10 台，在产品完工率 50%，原材料在生产开始时一次投料。

(2) 本企业原材料消耗定额从 4.3 千克降到 4 千克，材料的计划单价为 5 元，单位产品工时定额 5 元，计划小时人工费 2 元，计划小时制造费用 3.2 元。

(3) 本月月初在产品的定额差异为节约 2 元，其中：原材料脱离定额差异节约 20 元，人工脱离定额差异为 8 元，制造费用脱离定额差异为 8 元。本月生产费用的定额差异为 98 元，其中：原材料脱离定额差异为 50 元，人工费用脱离定额差异为 14 元，制造费用脱离定额差异为 34 元。

三、要求　根据以上资料，编制产品成本计算单；计算甲产品的实际成本及月末在产品的定额成本和定额差异。

表 9-32　产品成本计算单

产品名称：甲产品　　　　　　　2017 年 10 月

成本项目	月初在产品		月初在产品定额变动		本月费用		完工产品成本			月末在产品	
	定额成本	定额差异	调整数	变动差异数	定额成本	定额差异	定额成本	定额差异	实际成本	定额成本	定额差异
直接材料											
直接人工											
制造费用											
合计											

第十章 成本报表与成本分析

第一节 成本报表概述

一、成本报表的概念与特点

成本报表是根据企业日常成本核算资料及其他有关资料,综合概括地反映企业在一定时期内资金耗费和产品成本的构成及其升降变动情况,以分析和考核成本费用计划执行结果的会计报表。

成本报表是企业内部报表,由企业自行设计和填制,旨在为企业内部各有关部门和人员提供必要的成本信息,其特点表现为以下几个方面:

(1)成本报表是以服务于企业内部经营管理为目的的报表,一般不受外界因素的影响,报表的种类、格式、编报时间、报送范围等都应由企业根据需要自行设计规定,并随生产的变化和管理要求的需要,可以随时修正和补充,因此,具有灵活性、机动性、及时性、实用性的特点。

(2)成本报表在企业特定的生产环境下产生,其特定期的生产工艺和生产组织形式及其成本管理要求,决定成本报表所应反映和控制的内容,因此,不同的企业可以根据需要设计符合自己要求的成本报表。

(3)成本报表是会计核算资料与其他经济资料相结合的结果,其信息具有全面和综合的特点,对成本中的资料,不仅要从金额上反映,还要从其他实物量上表示,如材料消耗量、工时耗用量等,以满足各职能部门对成本管理的需要。

二、成本报表的作用

按照企业会计准则的要求,企业不再对外报送成本费用报表,但这并不意味着企业内部不需要成本报表。随着企业经营机制的转变和企业市场竞争的加强,成本的高低将成为衡量乃至决定企业前途和命运的重要因素,因此,在国家弱化对企业成本直接考核的同时,企业应强化自己的成本责任,加强内部的成本管理,为此,企业应科学地设计和填报管理所需要的成本报表,以便于向企业职工、各管理职能部门和企业领导提供成本信息,用以加强成本管理,挖掘降低成本的途径。具体地说,成本报表的作用主要体现在以下几个方面:

(1)通过成本报表资料,企业职工可以了解自己为完成成本计划所作出的贡献和存在的差距,以利于总结经验,为进一步降低成本提出合理化建议,充分发挥参与企业管理的积极性。

(2) 通过成本报表资料,企业的各级管理部门可以了解费用预算的执行情况,各成本项目的变动趋势和成本降低任务的完成动态,寻找经营管理工作中存在的问题,以便及时采取相应的改进措施;各管理部门通过对成本报表的分析,可以明确各责任单位的业绩和责任。

(3) 通过成本报表资料,企业领导可以了解成本管理的现状和发展趋势,并与其他有关的信息联系起来加以综合分析,为企业的经营决策提供及时有效的依据。

三、成本报表的种类

由于成本报表主要是服务于企业内部经营管理目的的报表,所以其种类一般都由企业根据生产经营特点和管理具体要求而定。不同企业成本报表的内容不尽相同,即使同一企业在不同时期,也可编制不同的成本报表。根据不同的标志,成本报表可作以下分类。

1. 按反映的经济内容分类

成本报表按反映的经济内容可以分为反映成本情况的报表、反映费用情况的报表和其他成本报表。反映成本情况的报表包括产品生产成本表和主要产品单位成本表;反映费用情况的报表包括制造费用明细表和期间费用表(即管理费用明细表、营业费用明细表和财务费用明细表);其他成本报表是除了上述各种成本报表外,为了更详细、全面地提供有关成本费用信息而编制的成本报表,如生产情况表、主要材料成本表、人工成本报告、质量成本报告等。

2. 按编制的范围分类

成本报表按编制的范围可以分为反映全厂成本情况的报表,反映生产车间成本情况的报表,反映班组、责任岗位成本情况的报表。

3. 按编制的时间分类

成本报表按编制的时间可以分为定期编制的成本报表和不定期编制的成本报表。根据企业管理要求,成本报表一般可以按周、旬、月、季、年定期编制。但是,为了满足临时的、特殊的成本管理工作需要,也可随时编制成本报表。

四、编制成本报表的基本要求

企业在编制成本报表时,应做到数字真实、计算正确、内容完整、报送及时,从而为加强成本管理提供真实、准确的信息资料。

1. 数字真实

企业在编制成本报表之前,必须将所有经济业务全部登记入账,做到账实相符,报表所提供的各项指标的数字必须真实可靠;严禁弄虚作假;不得人为改动报表中的数字,使企业所编制的成本报表能公正、客观地反映企业的费用、成本水平。

2. 计算正确

在编制成本报表的过程中,各项指标的数据计算应准确无误,不得出现计算、书写错误。否则,就不能客观、真实地反映企业在一定时期内的生产费用和产品成本水平,不能充分发挥成本报表的作用。没有准确性也就不能达到客观性的要求。

3. 内容完整

企业编制的成本报表的种类应该齐全,报表内的指标、项目、报表附注资料必须填列完整,不得少编漏填,任意取舍。

4. 报送及时

成本报表资料的有用性不仅仅体现在真实、准确及全面性上,同时也体现在及时性上。为了保证成本报表编报的及时性,企业财会部门应做好编制报表前的一系列准备工作,企业内部各部门应密切协调、配合。由于成本报表是对已经发生的生产费用及产品成本资料所作的总结,因此,如果企业财会部门不能及时地编制成本报表,企业管理者就无法据以作出正确的判断、决策、评价和比较。

目前,企业较为普遍采用的成本报表主要有:商品产品成本表、主要产品单位成本表、制造费用明细表及其他成本报表。本章主要讲述几种主要的成本报表。

第二节 成本报表的编制

一、商品产品成本表的编制

商品产品成本表是反映企业在报告期内生产的全部商品产品的总成本和各种主要商品产品的总成本和单位成本的会计报表。编制商品产品成本表的目的是为了考核全部商品产品和主要商品产品成本计划的执行情况,分析各种可比产品成本降低任务的完成情况,以便进一步分析成本增减变化的原因,提出降低成本的途径。

商品产品成本表一般分为两种:一种按成本项目反映;另一种按产品品种反映。两种报表各有不同的结构、作用和编制方法。下面分别予以介绍。

(一) 按成本项目反映的产品生产成本表的编制

按成本项目反映的产品生产成本表是按成本项目汇总反映企业在报告期内发生的全部生产费用以及产品生产成本合计数的报表。该表一般由生产费用和产品生产成本两部分构成。

生产费用部分按成本项目反映报告期内发生的各种生产费用及其合计数,在此基础上加上在产品和自制半成品的期初余额,减去在产品和自制半成品的期末余额,算出产品生产成本的合计数。这些费用和成本,可按上年实际数、本年计划数、本月实际数和本年累计实际数,分栏反映。这种报表的格式如表10-1所示。

表 10-1 商品产品生产成本表（按成本项目反映）

红星工厂　　　　　　　　　　　2017 年 8 月

项　　目	上年实际	本年计划	本月实际	本年累计实际
生产费用				
直接材料费用	31 782	30 847.5	3 108	30 094.5
直接人工费用	13 090.5	14 538	1 204.5	12 180
制造费用	15 231	15 604.5	1 573.5	13 095
生产费用合计	60 103.5	60 990	5 886	55 369.5
加：在产品、自制半成品期初余额	3 213	3 075	324	606.75
减：在产品、自制半成品期末余额	5 100	8 160	1 175.25	1 175.25
产品生产成本合计	58 216.5	55 905	5 034.75	54 801

产品生产成本表按成本项目反映可以反映报告期内全部产品生产费用的支出情况和各种费用的构成情况；将本表本年累计实际生产费用及产品生产成本与本年计划数和上年实际数相比较，可以考核和分析年度生产费用及产品生产成本计划执行情况及本年比上年生产费用及产品生产成本的升降情况。

该表的填列方法如下：

(1) 上年实际数应根据上年 12 月份本表的本年累计实际数填列。

(2) 本年计划数应根据成本计划有关资料填列。

(3) 本年累计实际数应根据本月实际数，加上上月份本表的本年累计实际数计算填列。

(4) 按成本项目反映的本月各种生产费用数，根据各种产品成本明细账所记本月生产费用合计数，按照成本项目分别汇总填列。

(5) 期初、期末在产品、自制半成品的余额，根据各种产品成本明细账的期初、期末在产品成本和各种自制半成品明细账的期初、期末余额分别汇总填列。

(6) 产品生产成本合计数根据表中的生产费用合计数，加、减在产品、自制半成品期初、期末余额求得。

（二）按产品品种反映的商品产品成本表

按产品品种反映的商品产品成本表是按产品汇总反映企业在报告期内生产的全部产品的单位成本和总成本的会计报表。本表全部商品产品按可比产品和不可比产品两类分别反映。可比产品是指以前年度或上年度已经生产过的产品，不可比产品是指以前年度或上年度未正常生产过的产品。对可比产品来说，因有上年实际成本可资比较，因此需要计算按上年实际平均单位成本计算的总成本、本年计划单位成本计算的总成本和本年实际总成本三种总成本，以便考核成本计划的执行情况和成本降低任务的完成情况。不可比产品由于无上年实际成本可资比较，只计算计划和实际两种总成本，各种主要产品无论是可比或不可比产品，都要按产品品种逐项反映。该表由基本报表和补充资料两部分构成，其格式如表 10-2 所示。

表10-2　商品产品成本表(按产品品种反映)

企业名称：华新工厂　　2017年8月　　金额单位：元

产品名称	计量单位	产量			单位成本				本月总成本			本年累计总成本		
		本月实际	本年计划	本年实际累计	上年实际平均	本年计划	本月实际	本年累计实际平均	按上年实际平均单位成本计算	按本年计划单位成本计算	本月实际	按上年实际平均单位成本计算	按本年计划单位成本计算	本年实际成本
可比产品合计	—	—	—	—	—	—	—	—	3 825	3 460	3 062.5	40 995	37 110	33 735
其中：														
1. 甲产品	件	30	310	315	61	56	48	49	1 830	1 680	1 440	19 215	17 640	15 435
2. 乙产品	件	25	300	300	51	46	22.5	43	1 275	1 150	1 062.5	15 300	13 800	12 900
3. 丙产品	件	20	220	180	36	31.5	28	30	720	630	560	6 480	5 670	5 400
4.														
5.														
不可比产品合计	—	—	—	—	—	—	—	—	—	331.5	294	—	3 054	2 799
其中：														
1. 子产品	件	3	25	27	—	87	75	77	—	261	225	—	2 349	2 079
2. 丑产品	件	3	30	30	—	23.5	23	24	—	70.5	69	—	705	720
3.														
产品成本合计	—	—	—	—	—	—	—	—	—	3 791.5	3 356.5	—	40 164	36 534

补充资料：
1. 可比产品成本降低额：7 260元。
2. 可比产品成本降低率：17.71%。
3. 计划成本降低额：3 630元。
4. 计划成本降低率：9.04%。

商品产品成本表填列方法如下：

（1）"产品名称"栏，按企业生产的主要商品产品分可比和不可比产品，按品种分项列示，每项注明各该品种的名称、规格和计量单位。

（2）"实际产量"栏，根据产品成本计算单或产成品明细账所记录的本月和从年初起到本月末止的各种主要产品实际产量填列。

（3）"单位成本"栏，分别按上年度本表所列各可比产品的全年实际平均单位成本、本年度成本计划资料和本年度产品成本明细账的有关数字填列。

（4）"本年累计总成本"栏，按本年累计实际产量分别乘以上年实际单位成本、本年计划单位成本和本年累计实际平均单位成本的积填列。

（5）补充资料中可比产品成本降低额和降低率，可按下列公式计算后填列：

$$\text{可比产品成本降低额} = \text{按上年实际平均单位成本计算的可比产品总成本} - \text{本年可比产品实际总成本}$$

$$\text{可比产品成本降低率} = \frac{\text{可比产品成本降低额}}{\text{按上年实际平均单位成本计算的可比产品总成本}} \times 100\%$$

根据表10-2的数字可计算如下：

$$\text{可比产品成本降低额} = 40\,995 - 33\,735 = 7\,260（元）$$

$$\text{可比产品成本降低率} = 7\,260 \div 40\,995 \times 100\% = 17.71\%$$

本年实际总成本比按上年实际平均单位成本计算的总成本高时，可比产品成本降低额和降低率应以负号表示。

产品计划成本降低额和降低率，可按下列公式计算求得：

$$\text{产品计划成本降低额} = \text{按本年计划单位成本计算的本年累计总成本} - \text{本年实际总成本}$$

$$\text{产品计划成本降低率} = \frac{\text{计划成本降低额}}{\text{按本年计划单位成本计算的本年累计总成本}} \times 100\%$$

根据表10-2的数字可计算如下：

$$\text{产品计划成本降低额} = 40\,164 - 36\,534 = 3\,630（元）$$

$$\text{计划成本降低率} = 3\,630 \div 40\,164 \times 100\% = 9.04\%$$

二、主要产品单位成本表的编制

主要产品单位成本表是反映企业在一定时期内生产的各种主要产品单位成本的构成情况，以及每种产品生产的有关技术经济指标的成本报表。

编制主要产品单位成本表的目的是为了考核各种主要产品单位成本计划的执行情况，分析各成本项目和消耗定额的变化及其原因，便于在本企业的各时期之间，以及在同类企业之间进行成本对比，找出差距，挖掘潜力，不断降低产品成本。

表10-3按成本项目反映单位成本的构成，具体填列历史先进水平、上年实际平均

单位成本、本年计划单位成本、本月实际单位成本和本年累计实际平均单位成本。此外，还要反映主要技术经济指标的上年实际、本年实际水平。其格式如表10-3所示。

表 10-3 主要产品单位成本表

2017 年 8 月

编报单位：华丰公司　　　　　　　　　　　　本月实际产量：1 000 件
产品名称：甲产品　　　　　　　　　　　　　本月累计实际产量：10 000 件
计量单位：件　　　　　　　　　　　　　　　金额单位：元

成本项目	历史先进水平 （20××年）	上年实际平均	本年计划	本月实际	本年累计实际平均
直接材料	540	600.15	555	525	528
直接人工	52.5	67.5	67.5	61.5	66
制造费用	51	52.35	52.5	60	66
制造成本	643.5	720	675	646.5	660

补充资料：

项　　目	上 年 实 际	本 年 实 际
1. 成本利润率（%）		
2. 资产利税率（%）		
3. 产品销售率（%）		
4. 净产值率（%）		
5. 流动资金周转次数（次）		
6. 实际利税总额		
7. 职工工资总额		
8. 年末职工人数（人）		
9. 全年职工平均人数（人）		

主要产品单位成本表的填列方法如下：

（1）历史先进水平单位成本，根据成本资料在历史上该种产品成本最低年度的实际平均单位成本填列。

（2）上年实际平均单位成本，根据上年度表中的实际平均单位成本填列。

（3）本年计划单位成本，根据年度成本计划填列。

（4）本月实际单位成本，根据本月完工的该产品的成本计算单填列。

（5）本年累计实际单位成本，根据年初至本月末为止的各该项目总成本除以累计产量计算后填列。

（6）补充资料中各技术经济指标，分别根据企业上年和本年统计、会计资料计算填列。

（7）本表中有关数字应与商品产品成本表中该产品单位成本的有关数字相符。

三、制造费用明细表的编制

制造费用明细表是反映企业在一定时期内为组织和管理生产发生的全部制造费用的会计报表。编制该表的目的是为了分析制造费用的构成和增减变动情况，考核预算的执行结果，以便分析原因，及时采取措施。

表 10-4 按其费用明细项目反映企业在本期内实际发生的各项制造费用，为了便于与本年计划和上年实际数进行比较，表内设有"上年实际""本年计划"和"本年实际"栏，通过对比分析，来考核本年费用预算的执行情况和与上年相比的升降情况，也可以为编制下年费用预算提供资料。

表 10-4 中"本年实际"栏根据制造费用明细账中有关数字填列，"上年实际"栏则根据上年有关明细表填列，"本年计划"栏根据本年费用计划资料填列。该表可分车间按月编制，制造费用明细表格式如表 10-4 所示。

表 10-4　制造费用明细表

2017 年 8 月　　　　　　　　　　　　　　　　　　　　　　　　单位：元

项　　　目	行　次	上年实际	本年计划	本年实际
1. 工资		48 000	50 000	49 500
2. 职工福利费		6 720	7 000	6 930
3. 折旧费		80 000	76 000	75 700
4. 修理费		2 500	2 000	2 100
5. 办公费		1 320	1 000	1 150
6. 水电费		18 000	15 000	14 700
7. 机物料消耗	（略）	1 200	1 500	1 560
8. 劳动保护费		2 100	2 000	1 950
9. 低值易耗品摊销		1 600	1 500	1 450
10. 差旅费		25 000	22 000	22 500
11. 租赁费		500	300	350
12. 保险费		800	700	650
13. 其他		600	700	630
合　　计		188 340	179 700	179 170

四、其他成本报表的编制

企业除编制商品产品成本表，主要产品单位成本表和制造费用明细表外，还需按企业生产工艺特点和管理要求，设置其他成本报表。其他成本报表形式多样，有较大的灵活性和及时性，针对成本核算和日常控制的内容，合理设置，为有效的成本控制和分析提供详细的信息。

下面就一些常用的报表作一介绍,以供参考。

1. 责任成本表

责任成本表是根据责任中心的成本核算资料定期编制,用于反映和考核责任成本预算完成情况的内部成本报表。

责任成本以部门或个人作为成本计算和控制对象,根据"谁负责,谁承担"的原则来归集和分配可控成本,达到分清责任,考核业绩的目的。责任成本报表通常可分班组、车间、厂部三级编制,其参考格式如表 10-5、表 10-6、表 10-7 所示。

表 10-5 甲班组责任成本表

2017 年 12 月　　　　　　　　　　　　　　金额单位:元

项目	预算成本	实际成本	差异额	差异率(%)	原因分析
直接材料					
直接人工					
返工费用					
可控成本合计					

表 10-6 第一车间责任成本表

2017 年 12 月　　　　　　　　　　　　　　金额单位:元

项目	预算成本	实际成本	差异额	差异率(%)	原因分析
制造费用					
甲班组					
乙班组					
丙班组					
可控成本合计					

表 10-7 厂部责任成本表

2017 年 12 月　　　　　　　　　　　　　　金额单位:元

项目	预算成本	实际成本	差异额	差异率(%)	原因分析
第一车间					
第二车间					
供电车间					
可控成本合计					

责任成本报表依据责任中心的成本记录编制。表中预算数大于实际数,为有利差异,表明可控成本节约;如实际数大于预算数,为不利差异,表明可控成本超支。

2. 质量成本表

质量成本表是指根据企业质量管理的需求,按照质量成本的种类和项目,核算企业实际发生的质量成本,用于反映、分析和考核一定时期内质量成本预算执行情况的内部成本报表。质量成本是指企业为保证或提高产品质量所支出的费用和由于质量故障所造成的损失的总和。质量成本一般分为预防成本、鉴定成本和故障成本。质量成本表也可按不同层次的责任由下而上编制,通常分车间、厂部两级编制,其参考格式如表10-8、表10-9所示。

表 10-8　车间质量成本报表

年　月　　　　　　　　　　　　　　　　　　金额单位：元

项　目	预 算 数		实 际 数		差 异 数		差异原因
	金　额	占总额百分比	金　额	占总额百分比	差异额	差异率	
(一)内部质量损失							
1. 废次品损失							
2. 返修损失							
3. 停工损失							
4. 复检损失							
5. 其他							
小　计							
(二)预防费用							
1. 质量培训费用							
2. 质量资料费							
3. 质量审核费							
4. 各项管理费用							
5. 其他							
小　计							
(三)检验费用							
1. 进货检验费用							
2. 工序、产品检验费							
3. 设备检验费							
4. 半成品检验费							
5. 其他							
小　计							
合　计							

表10-9　厂部质量成本报表

年　月　　　　　　　　　　　　　　　　　　金额单位：元

类别		项目	质量成本							合计
			一车间	二车间	三车间	质量科	检验科	销售科	其他	
故障成本	内部故障成本	1. 废次品损失								
		2. 返修费用								
		3. 停工损失								
		4. 复检损失								
		5. 其他								
		小　计								
	外部故障成本	1. 折价损失								
		2. 索赔损失								
		3. 保修费用								
		4. 退货损失								
		5. 其他								
		小　计								
鉴定成本		1. 进货检验费								
		2. 工序、产品检验费								
		3. 设备检验费								
		4. 半成品检验费								
		5. 其他								
		小　计								
预防成本		1. 质量培训费								
		2. 质量资料费								
		3. 质量审核费								
		4. 各项管理费用								
		5. 其他								
		小　计								
质量成本合计										
本期产品生产总成本										
质量成本率(%)										

3. 材料费用控制报表

反映材料费用成本的内部报表"材料使用情况报告表"可由财务部门会同生产计划部门、仓库、车间进行编制，根据耗用情况，应分批或定期汇集，报送有关领导和部门，及时掌握材料消耗情况。材料使用情况报告表参考格式如表10-10所示。

表 10-10　材料使用情况报告表

产品名称：　　　　　　年　月　日至　月　日　　　　　　使用单位：

材料名称	计量单位	本期实际耗用		标准消耗		标准差异		差异原因					
								工艺		材料质量		代用	
		数量	金额	数量	金额	数量	金额	数量	金额	数量	金额	数量	金额
合　计													

由于材料主要在车间、班组内耗用，因此要求通过车间、班组材料员加强对材料费用指标的管理，以保证产品材料成本的降低。为了对班组耗用材料进行日常及时的控制，车间还可编制"材料用量差异控制表"，以便在日常班组控制的基础上进行分析，提高成本分析的质量，由事后成本分析改为生产过程成本分析。材料用量差异控制表参考格式如表 10-11 所示。

表 10-11　材料用量差异控制表

班组：　　　　　　产品名称：　　　　　　年　月　　　　　　材料名称及规格：

日期	实际产量	计划单价	标准消耗			实际消耗					差异		差异原因分析
			单位用量	当日用量	当日消耗金额	班初盘存数量	本班领用数量	班末盘存数量	实际消耗数量	实际消耗金额	当日用量差异	当日金额差异	
1	2	3	4	5＝4×2	6＝5×3	7	8	9	10＝7+8−9	11＝10×3	12＝10−5	13＝11−6	14

4. 生产工人工资控制报表

对生产工人工资的控制，可以由劳动工资部门根据企业生产需要和设备技术水平条件，规定生产每一单位产品应该耗用的时间，即工时标准，或者在单位时间内生产多少产品，即产量标准等定额。车间、班组应及时做好有关记录，以正确反映实际产量的标准工时与实际工时及其差异和差异原因，然后根据差异原因按照责任归属，反馈到责任部门和责任人。通常做法是编制"生产效率差异及非生产工时控制表"，其参考格式如表 10-12 所示。

表 10-12 生产效率差异及非生产工时工资控制表

班级别：　　　　　　　　　　　　年　月　　　　　　　　　　　产品名称：

日期	计划产量	实际产量	标准小时工资	标准工时工资			实际工时工资		生产效率差异			非生产工时工资损失		
				标准单位工时	当日总工时	当日总金额	当日总工时	当日总金额	工时差异	工资差异	原因	停工待料开会时间	非生产工时工资	原因
1	2	3	4	5	6=5×3	7=6×4	8	9=8×4	10=8-6	11=9-7	12	13	14=13×4	15

5. 废品损失和停工损失的控制报表

企业的废品和停工一般并不是在生产正常的情况下发生的，但是由于生产技术管理水平和某些产品生产特点等客观原因，在经营管理上还不可避免地要发生。因此，必须编制废品损失和停工损失的控制报表。

（1）废品损失控制表。企业应由生产技术部门制定废品损失率，用以与实际发生的废品损失进行比较。并根据存在的差异来考核有关部门的经营管理业绩。废品损失控制表一般格式如表 10-13 所示。

表 10-13 废品损失控制表

班组别：　　　　　　　　　　　　年　月　　　　　　　　　　　产品名称：

日期	实际产量	标准废品率	本工序废品标准单位成本	实际废品件数	标准废品损失		低于废品率差异		高于废品率差异		差异原因
					件数	金额	件数	金额	件数	金额	
1	2	3	4	5	6=3×2	7=6×4	8=5-6	9=8×4	10=5-6	11=10×4	12

（2）停工损失报告表。企业停工有计划内停工和计划外停工两种情况。为了及时了解掌握车间、班组停工情况，以便计算停工损失，确定经济责任和损耗赔偿金额，车间需要填制停工报告表，其参考格式如表 10-14 所示。

表 10-14 停 工 报 告 表

车间：班组　　　　　　　　　　年　月　日

停工性质：	停 工 期 间 费 用	
停工范围：	费 用 项 目	金　额
停工起讫时间：	维修工人工资 材料	
责任人员：	其他费用 　合　计	
应否赔偿及理由：	减：经济赔偿 停工损失	

车间责任人：　　　　　　　　　　　　　　　　　　　　车间核算员：

第三节　成本报表的分析

一、成本报表分析的方法

成本分析是为了满足企业各管理层次了解成本状况及进行经营决策的需要，以成本报表为分析的主要对象，结合其他有关的核算、计划和统计资料，采用一定的方法解剖成本变动原因、经营管理缺陷及业绩的管理活动。

通过成本报表的分析，可以进一步明确企业的成本费用状况，可以全面正确地评价企业内部各部门、各单位成本责任的履行情况，揭示和测定各因素变动对成本的影响程度。通过成本报表的分析，对进一步了解企业经济效益及其好坏的原因，寻求降低成本的有效途径具有重要的意义。

成本报表分析的方法是完成成本报表分析的重要手段。在成本分析中，可供采用的技术方法很多，具体采用什么方法，应根据分析的要求和所掌握资料的情况而定。常用的分析方法有对比分析法、比率分析法、趋势分析法、因素分析法等。

（一）对比分析法

对比分析法也称比较分析法。它是通过实际数与基数的对比来揭示实际数与基数之间的差异，借以了解经济活动的成绩和问题的一种分析方法。工业企业各种成本报表的分析都要采用这种方法，因此，可以说是成本分析最基本的方法。

对比分析法所比较的基数由于分析的目的不同而有所不同。例如，将实际数与计划数或定额数对比，可以提示计划或定额的执行情况；将本期实际数与前期实际数或以往年度同期实际数对比，可以考察经济业务的发展变化情况；将本期实际数与本企业的历史先进水平对比，将本企业实际数与国内外同行业的先进水平对比，可以发现与先进水平之间的差异等。

采用对比分析法，应注意相比指标的可比性。进行对比的各项指标，必须是同质数量指标相对比，如实际产品成本与计划产品成本对比，实际原材料费用与定额原材料费用对比；再有，在经济内容、计算方法、计算期和影响指标形成的客观条件等方面，应有可比的共同基础,若相比指标之间有不可比因素,应先按可比的口径进行调整,然后再进行对比。

根据分析的需要,对比分析法可采用不同的比较形式,如绝对数比较、增减数比较、指数比较等。例如,上年产品单位成本为5元,本年单位成本4.5元;本年成本比上年降低0.5元;本年成本比上年降低10%。

(二)比率分析法

比率分析法是通过计算指标之间的比率,来考察企业经济活动相对效益的一种分析方法。比率分析法主要有相关指标比率分析法和构成比率分析法。

相关指标比率分析法是通过计算两个性质不同而又相关的指标的比率进行数量分析的方法。例如,计算成本与产值、主营业务收入或利润相比的相对数,即产值成本率、主营业务收入成本率或成本利润率,并将实际数与其基数进行对比,就可以反映各企业经济效益的好坏,揭示其与基数之间的差异。

构成比率分析法是通过计算某项指标的各组成部分占总体的比重进行数量分析的方法。例如,将构成产品成本的各费用项目分别与产品成本总额相比,计算产品成本的构成比率;将构成管理费用的各项费用分别与管理费用总额相比,计算管理费用的构成比率。通过这种分析,反映产品成本或经营管理费用的构成情况。

(三)趋势分析法

趋势分析法是根据企业连续几个会计期间的成本资料采用列表或绘制统计图的形式来反映,并借以观察企业成本增减变动趋势及变动程度的一种分析方法。

【例10-1】 某企业生产的甲产品2013—2017年各年的单位成本如表10-15所示。

表10-15 甲产品单位成本表

年 度	2013	2014	2015	2016	2017
单位成本	1 000	998	990	970	900

甲产品单位成本表表明,甲产品的单位成本总趋势是逐年降低的,为了进一步说明成本降低的程度,可计算两种趋势百分比。

一是定比趋势百分比。基本方法是:选定某年为基年(假定以1999年为基年),计算连续各年的趋势百分比,这一百分比说明其他各年的成本占基年成本水平的百分比。仍以上例资料为例,定比趋势百分比的计算结果如表10-16所示。

表10-16 定比趋势百分比计算表
2017年12月

年 度	2013	2014	2015	2016	2017
单位成本变动	100%	99.8%	99%	97%	90%

上述数据表明,2014年的单位成本比2013年降低了0.2%,2015年比2013年降低了1%,2016年比2013年降低了3%,2017年比2013年降低了10%。

为了分别确定各年成本比上年降低的幅度,则需要计算一个环比趋势百分比,其计算结果如表 10-17 所示。

表 10-17　环比趋势百分比计算表

2017 年 12 月

年　　度	2013	2014	2015	2016	2017
单位成本趋势	100%	99.8%	99.2%	97.98%	92.78%

上述计算表明,2014 年的成本比 2013 年降低了 0.2%,2015 年比 2014 年降低了 0.8%,2016 年比 2015 年降低了 2.02%,2017 年比 2016 年降低了 7.22%。由此可见,2017 年单位成本降低的幅度最大,应进一步查明原因。

(四) 因素分析法

因素分析法是把综合性指标分解为各个因素,研究诸因素变动对综合性指标变动影响程度的分析方法。因素分析按其综合指标中各构成因素的关系,又可分为简单因素分析和复杂因素分析。简单因素分析指综合指标的各构成因素之间没有直接的关系,分析某一因素的变动对综合指标的影响时,排除其他因素不至于造成错误的分析结果。复杂因素分析指综合指标的各构成因素之间有一定的连带关系,在这种特定关系中,每一因素都处在一定的地位,分析某一因素的变动对综合指标变动的影响时,排除了其他任何一因素,都将会造成错误的分析结果。例如,材料超支,是由于产品生产数量的变动、材料价格的变动、单位产品耗用量的变动三个因素构成的,若分析其中一个因素变动对综合指标的影响,应同时考虑另两个因素。在此情况下,通常要用连锁替代法进行分析。

连锁替代法也称连环替代法,它是用来确定某项综合指标构成因素的变动对综合指标影响程度的一种方法。其基本点是: ① 在计算某一因素对综合指标的影响时,假定其他因素不变; ② 确定各个因素的替代顺序,然后按照这一顺序替代计算。替代顺序一经确定不应随意变更。因为同一因素因替代顺序的不同对综合指标的影响程度将不相同,但所有构成因素综合影响程度不变。替代顺序确定的一般原则是:先数量、后质量;即先替代数量指标,后替代质量指标。先实物量指标,后价值量指标;先分子、后分母。数量指标指事物规模的大小、额度的高低,一般以绝对数表示,没有可比性。质量指标表示某个事物的发展水平,一般以相对数表示,通常有可比性。

假定某经济指标 N 受 A、B、C 三因素影响,关系式为: $N = A \times B \times C$。基期指标 N_0 由 A_0、B_0、C_0 组成,报告期指标 N_1 由 A_1、B_1、C_1 组成。即:

$$N_0 = A_0 \times B_0 \times C_0$$
$$N_1 = A_1 \times B_1 \times C_1$$

(1)

两个时期指标的差异数 $N_1 - N_0$ 即为分析对象。设连环替代顺序依次为 A、B、C,那么三因素变动对指标 N 变动的影响计算过程如下:

第一次替代,假定 A 变,B、C 保持基期不变。

$$N_2 = A_1 \times B_0 \times C_0 \tag{2}$$

第二次替代,假定 B 变,A 已变,报告期数不再变,C 保持基期不变。

$$N_3 = A_1 \times B_1 \times C_0 \tag{3}$$

第三次替代,假定 C 变,A、B 已变,报告期数均不再变,即得到报告期指标。

$$N_1 = A_1 \times B_1 \times C_1 \tag{4}$$

则有

(4)式－(3)式＝$N_1 - N_3$(表示 C 因素变动的影响)

(3)式－(2)式＝$N_3 - N_2$(表示 B 因素变动的影响)

(2)式－(1)式＝$N_2 - N_0$(表示 A 因素变动的影响)

最后,将 A、B、C 因素变动的影响程度相加:

$$(N_2 - N_0) + (N_3 - N_2) + (N_1 - N_3) = N_1 - N_0$$

分析结果与分析对象相符合。

例如,某企业上年与本年的总产值、职工人数、人均产量及产品单价资料如表10-18 所示。

表 10-18　总产值资料表

项目	人数(A)	人均产量(B)	单价(C)	总产值(N)
N_0	100	10	10	10 000
N_1	150	12	13	23 400

资料表明,本年产值较上年增加 13 400 元。其影响因素为职工人数、人均产量及产品销售单价。现分析各因素变动对总产值变动的影响。假定替代顺序为 A、B、C。

A 因素变动影响程度为:

$$A_1 \times B_0 \times C_0 - A_0 \times B_0 \times C_0 = (A_1 - A_0) \times B_0 \times C_0$$
$$= (150 - 100) \times 10 \times 10 = 5\,000(元)$$

B 因素变动影响程度为:

$$A_1 \times B_1 \times C_0 - A_1 \times B_0 \times C_0 = (B_1 - B_0) \times A_1 \times C_0$$
$$= (12 - 10) \times 150 \times 10 = 3\,000(元)$$

C 因素变动影响程度为:

$$A_1 \times B_1 \times C_1 - A_1 \times B_1 \times C_0 = (C_1 - C_0) \times A_1 \times B_1$$
$$= (13 - 10) \times 150 \times 12 = 5\,400(元)$$

A、B、C 三因素变动影响程度为:

$$5\,000 + 3\,000 + 5\,400 = 13\,400(元)$$

二、商品产品成本表分析

(一) 全部商品产品成本计划完成情况分析

在商品产品成本表中,将全部商品产品的实际总成本与计划总成本进行比较,以了解全部产品成本计划完成情况,并分别考察可比产品成本和不可比产品成本的计划完成情况,为进一步进行成本分析提供依据;将可比产品本年实际总成本与可比产品按上年实际单位成本计算的总成本相比较,以揭示可比产品成本升降变动的趋势。

【例 10-2】 根据商品产品成本表的有关资料,编制商品产品成本分析表,如表 10-19 所示。

从表 10-19 中可以看出:

(1) 全部商品产品的实际总成本比计划总成本降低 50 025 元,其降低率为 1.1%,据此可以判断企业成本降低的任务完成得不错。

(2) 可比产品中,甲产品和丙产品的成本计划完成得较好,但可比产品成本降低比上年有较大幅度的下降,需进一步分析其原因。

(3) 不可比产品中子产品没有完成计划,应检查计划是否订得过高,是否有完成降低指标的潜力,促使企业深入研究挖掘潜力的措施,把成本降下来。

(二) 可比产品成本分析

分析可比产品成本,在于揭示可比产品成本降低任务的完成情况,查明影响可比产品成本升降的因素及其程度。所以,可比产品成本的分析可从两个方面来进行:可比产品成本降低任务完成情况的分析,以及影响可比产品成本降低任务完成情况的因素分析。

1. 可比产品成本降低任务完成情况的分析

可比产品成本降低任务完成情况的分析主要是将可比产品成本实际降低额和降低率与计划降低额和降低率进行比较,以判断本期计划的执行情况。

计划降低额和降低率,实际降低额和降低率的计算公式如下:

$$可比产品成本计划降低额 = \sum \left(计划产量 \times 上年实际单位成本 \right) - \sum \left(计划产量 \times 本年计划单位成本 \right)$$

$$可比产品成本计划降低率 = \frac{可比产品成本计划降低额}{\sum (计划产量 \times 上年实际单位成本)} \times 100\%$$

$$可比产品成本实际降低额 = \sum \left(实际产量 \times 上年实际单位成本 \right) - \sum \left(实际产量 \times 本年实际单位成本 \right)$$

$$可比产品成本实际降低率 = \frac{可比产品成本实际降低额}{\sum (实际产量 \times 上年实际单位成本)} \times 100\%$$

表 10-19 商品产品成本分析表

2017 年 12 月　　　　　　　　　　　　　　　　　　　　　　　　金额单位：元

产品名称	产量		单位成本			本年累计总成本			本年实际与本年计划比		本年实际与去年实际比	
	计划	实际 ①	上年实际平均 ②	本年计划 ③	本年实际 ④	按上年实际平均单位成本计算 ⑤=①×②	按本年计划单位成本 ⑥=①×③	本年实际 ⑦=①×④	降低额 ⑧=⑥-⑦	降低率（%）⑨=⑧÷⑥	降低额 ⑩=⑤-⑦	降低率（%）⑪=⑩÷⑤
可比产品合计	—	—	—	—	—	2 282 500	2 168 750	2 122 725	46 025	2.12	159 775	7
其中：1. 甲产品	4 500	5 000	240	225	220	1 200 000	1 125 000	1 100 000	25 000	2.22	100 000	8.33
2. 乙产品	2 000	2 000	260	250	247.5	520 000	520 000	495 000	5 000	1.00	25 000	4.81
3. 丙产品	2 000	2 500	225	2 175	21 109	562 500	543 750	527 725	16 025	2.95	34 775	6.18
4.												
5.												
不可比产品合计	—	—	—	—	—	—	2 392 000	2 388 000	4 000	0.17	—	—
其中：1. 子产品	1 500	1 600	—	1 120	1 130	—	1 792 000	1 808 000	−16 000	−0.89	—	—
2. 丑产品	1 000	1 000	—	600	580	—	600 000	58 000	20 000	3.33	—	—
3.												
全部商品产品成本	—	—	—	—	—	—	4 650 750	4 510 725	50 025	1.10	—	—

根据表 10-19 商品产品成本分析表资料,计算可比产品成本降低任务完成情况如下:

可比产品成本计划降低额 = $(4\,500 \times 240 + 2\,000 \times 260 + 2\,000 \times 225) -$
$(4\,500 \times 225 + 2\,000 \times 250 + 2\,000 \times 217.5) =$
$2\,050\,000 - 1\,947\,500 = 102\,500(元)$

可比产品成本计划降低率 = $102\,500 \div 2\,050\,000 \times 100\% = 5\%$

可比产品成本实际降低额 = $(5\,000 \times 240 + 2\,000 \times 260 + 2\,500 \times 225) -$
$(5\,000 \times 220 + 2\,000 \times 247.5 + 2\,500 \times 211.09) =$
$2\,282\,500 - 2\,122\,725 = 159\,775(元)$

可比产品成本实际降低率 = $159\,775 \div 2\,282\,500 \times 100\% = 7\%$

实际成本与计划成本的比较如表 10-20 所示。

表 10-20　实际成本与计划成本的比较

	计　　划	实　　际	差　　异
降　低　额	102 500	159 775	57 275
降　低　率	5%	7%	2%

由此可见,企业可比产品成本实际降低额和降低率都超过了计划降低额和降低率,企业应就影响成本降低的主要因素作进一步的分析。

2. 影响可比产品成本降低任务完成情况的因素分析

一般来说,影响产品成本变动的因素有三个:产品产量变动、产品品种结构变动、产品单位成本变动,下面分别分析各因素变动对成本降低指标的影响。

(1) 产品产量变动对成本降低指标影响的分析。产量变动即实际产量比计划产量增加或减少。在其他因素不变的情况下,产品的总成本与产品数量成正比例变动,因此,产品产量变动只影响产品成本降低额的增减,不会影响成本降低率的变化。计算产品产量变动对成本的影响时,只计算成本降低额即可,其金额变动的计算公式如下:

$$\text{产品产量变动对成本降低额的影响} = \frac{\text{全部可比产品实际产量按上年}}{\text{实际平均单位成本计算的总成本}} \times \frac{\text{计 划}}{\text{降低率}} - \frac{\text{计 划}}{\text{降低额}}$$

根据以上资料,计算如下:

产品产量变动对成本降低额的影响 = $2\,282\,500 \times 5\% - 102\,500 = 11\,625(元)$

该结果表明由于产品产量变化使成本降低额比计划降低额多 11 625 元。

(2) 产品品种结构变动对成本降低指标影响的分析。产品品种结构是指各种产品在全部可比产品中所占的比重,产品品种结构变动既会影响成本降低额,又会影响成本降低率。如果成本降低幅度大的产品所占比重上升,则成本降低额和降低率都会提高;反之,则会下降。其计算公式如下:

$$\text{产品品种结构变动对成本降低率的影响} = \frac{\text{实际产量按上年实际平均单位成本计算的总成本} - \text{实际产量按计划单位成本计算总成本}}{\text{实际产量按上年实际平均单位成本计算的总成本}} \times 100\% - \text{计划成本降低率}$$

$$\begin{matrix}\text{产品品种结构} \\ \text{变动对成本} \\ \text{降低额的影响}\end{matrix} = \begin{matrix}\text{实际产量按上年} \\ \text{实际平均单位成} \\ \text{本计算的总成本}\end{matrix} \times \begin{matrix}\text{产品品种结构} \\ \text{变动对成本} \\ \text{降低率的影响}\end{matrix}$$

根据以上资料,计算如下:

$$\begin{matrix}\text{产品品种结构变动对} \\ \text{成本降低率的影响}\end{matrix} = (2\,282\,500 - 2\,168\,750) \div 2\,282\,500 \times 100\% - 5\% = -0.0164\%$$

$$\begin{matrix}\text{产品品种结构变动对} \\ \text{成本降低额的影响}\end{matrix} = 2\,282\,500 \times (-0.0164\%) = -375(\text{元})$$

该结果表明由于产品品种结构变动使成本降低额比计划降低额少 375 元,比计划降低率低 0.0164%。

(3) 产品单位成本变动对成本降低指标影响的分析。单位成本变动就是实际成本高于或低于计划成本的数额,当单位成本降低时,总成本降低额和降低率就越大;反之,则越小。在其他条件不变的情况下,单位成本变动对总成本变动影响的计算公式如下:

$$\begin{matrix}\text{产品单位成本} \\ \text{变动对成本} \\ \text{降低额的影响}\end{matrix} = \begin{matrix}\text{实际产量按计} \\ \text{划单位成本} \\ \text{计算的总成本}\end{matrix} - \text{实际总成本}$$

$$\begin{matrix}\text{产品单位成本} \\ \text{变动对成本} \\ \text{降低率的影响}\end{matrix} = \frac{\begin{matrix}\text{产品单位成本变动} \\ \text{对成本降低额的影响}\end{matrix}}{\begin{matrix}\text{实际产量按上年实际平均} \\ \text{单位成本计算的总成本}\end{matrix}} \times 100\%$$

根据以上资料计算如下:

$$\begin{matrix}\text{产品单位成本变动} \\ \text{对成本降低额的影响}\end{matrix} = 2\,168\,750 - 2\,122\,725 = 46\,025(\text{元})$$

$$\begin{matrix}\text{产品单位成本变动} \\ \text{对成本降低率的影响}\end{matrix} = 46\,025 \div 2\,282\,500 \times 100\% = 2.0164\%$$

该结果表明由于产品单位成本变动使成本超计划降低额为 46 025 元,超计划降低率为 2.0164%。

将上述各因素变动分析结果汇总如表 10-21 所示。

表 10-21　可比产品成本变动因素分析

影响产品成本变动的因素	成本超计划降低额(元)	成本超计划降低率(%)
产品产量的变动	11 625	
产品品种结构的变动	-375	-0.0164
产品单位成本的变动	46 025	2.0164
合　　计	57 275	2

从表 10-21 中可以看出各个因素对超计划成本降低额及降低率的影响程度,其中在 57 275 元的超计划降低额中有 46 025 元是由单位成本变动引起的。而产品品种结构的变动对产品成本完成计划起负作用,最终被其他两项的有利变动抵销。成本降低率的变动也是如此。可见,该企业单位成本降低较大,应积极总结经验,为企业的全面成本管理提供依据。

三、主要产品单位成本分析

在对企业全部产品及可比产品成本降低情况进行分析的基础上,应对企业主要产品单位成本进行具体的分析,以便找出主要产品单位成本升降的原因,寻求降低成本的途径。

主要产品单位成本分析包括两个方面的内容:一是分析主要产品单位成本计划完成情况;二是按成本项目进行逐项分析。

(一) 单位成本计划完成情况分析

对主要产品单位成本计划完成情况进行分析时,要将实际单位和计划单位成本或上年单位成本进行比较,计算差异,确定单位成本是升高还是降低了,升降幅度是多少,在此基础上再按成本项目进行逐项分析,以进一步了解各成本项目升降的情况。

例如,现以表 10-3 主要产品单位成本表中甲产品资料为例,编制甲产品的单位成本分析表,如表 10-22 所示。

表 10-22 甲产品单位成本分析表

金额单位:元

成本项目	上年实际平均单位成本	本年计划单位成本	本年实际单位成本	本年实际比上年		本年实际比计划	
				降低额	降低率(%)	降低额	降低率(%)
直接材料	600.15	555	528	72.15	12.02	27	4.86
直接人工	67.5	67.5	66	1.5	2.22	1.5	2.22
制造费用	52.35	52.5	66	−13.65	−26.07	−13.5	−25.71
合 计	720	675	660	60	8.33	15	2.22

从表 10-22 中的计算可以看出:

(1) 甲产品实际单位成本比上年降低了 60 元,降低率为 8.33%,比计划降低了 15 元,降低率为 2.22%。

(2) 从成本项目看,原材料项目、工资项目都比上年计划降低,并且原材料项目降低幅度较大,应进一步分析降低的原因,总结节约的经验;制造费用项目比上年计划都超支,需要进一步分析超支的原因,以便进一步降低产品的单位成本。

(二) 成本项目分析

下面对原材料、工资和制造费用三个成本项目逐一进行分析。

1. 原材料项目的分析

在企业产品制造成本中,原材料占成本的比重最大,是按成本项目分析单位成本的重点。影响单位产品原材料成本变动的因素主要有材料耗用量和材料单价两项,它们对单位成本影响的计算公式分别如下:

与计划相比:

$$\text{材料耗用量变动的影响} = (\text{实际单位耗用量} - \text{计划单位耗用量}) \times \text{计划单价}$$

$$\begin{matrix}材料价格\\变动的影响\end{matrix} = (实际单价 - 计划单价) \times 实际单位耗用量$$

与上年实际相比：

$$\begin{matrix}材料耗用量\\变动的影响\end{matrix} = \left(\begin{matrix}实际单位\\耗用量\end{matrix} - \begin{matrix}上年单位\\耗用量\end{matrix}\right) \times 上年单价$$

$$\begin{matrix}材料价格\\变动的影响\end{matrix} = (实际单价 - 上年单价) \times 实际单位耗用量$$

现根据甲产品的成本资料，甲产品原材料单耗及单价资料如表10-23所示。

表10-23 甲产品原材料单耗及单价资料表

材料名称	单耗（千克/件）			单价（元/千克）		
	上年实际	本年计划	本年实际	上年实际	本年计划	本年实际
A材料	195	187.5	180	3.15	3	2.85
B材料	61.5	60	60	4.65	4.5	4.65

根据表10-23资料，编制甲产品原材料成本变动分析表如表10-24所示。

表10-24 原材料成本变动分析表

产品名称：甲产品　　　　　　　　　　　　　　　金额单位：元

	材料名称		A材料	B材料	合计
单耗（千克）	上年实际	1	195	61.5	—
	本年计划	2	187.5	60	—
	本年实际	3	180	60	—
单价	上年实际	4	3.15	4.65	—
	本年计划	5	3	4.5	—
	本年实际	6	2.85	4.65	—
单位成本	上年实际	7=1×4	614.25	285.98	900.23
	本年计划	8=2×5	562.5	270	832.5
	本年实际	9=3×6	513	279	792
本年比上年	差异	10=7−9	101.25	6.98	108.23
	量差	11=(1−3)×4	47.25	6.98	54.23
	价差	12=(4−6)×3	54	0	54
本年比计划	差异	13=8−9	49.5	−9	40.5
	量差	14=(2−3)×5	22.5	0	22.5
	价差	15=(5−6)×3	27	−9	18

根据表10-24可以看出：

(1) 甲产品的原材料单位成本本年与上年相比降低了108.23元，其中消耗量减少使原材料成本降低了54.23元，价格下降使原材料成本降低了54元。

(2) 本年与计划相比,降低了 40.5 元,其中消耗量减少使原材料按计划成本降低 22.5 元,由于价格变动使原材料降低 18 元。

可见,原材料单位成本的下降是由于消耗量变动和价格变动综合作用的结果,其中 A 材料下降较大,B 材料的价格没有按计划下降,应进一步分析其原因。

2. 工资成本项目的分析

工资成本项目是企业产品成本的重要组成部分,它直接反映了企业的劳动组织是否合理,工时利用是否充分和劳动生产率是否提高等,其计算公式如下:

$$单位产品工资成本 = 单位产品工时消耗量 \times 小时工资额$$

可见,影响工资成本的基本因素为单位产品工时消耗量和小时工资额。其中,单位产品工时消耗量反映劳动生产率的高低,单位产品的工时消耗越少,则劳动生产率越高。小时工资额等于直接生产工人工资总额除以直接工时消耗总额,它与工资总额呈正比,与工时消耗总额呈反比。其影响程度可用公式计算如下:

$$\text{工时消耗量变动的影响} = \left(\text{实际单位工时消耗量} - \text{计划单位工时消耗量}\right) \times \text{计划小时工资额}$$

$$\text{小时工资额变动的影响} = \left(\text{实际小时工资额} - \text{计划小时工资额}\right) \times \text{实际单位消耗量}$$

与上年的比较原理同上,不再赘述。

根据甲产品成本计划和实际工时、工资总额资料,编制甲产品单位工资成本分析表,如表 10-25 所示。

表 10-25　甲产品单位工资成本分析表

项　目	本年计划	本年实际	差　异	工时消耗量变动影响	小时工资额变动的影响
单位产品工时消耗量(工时)	13.5	12	−1.5	—	—
小时工资额(元)	7.5	8.25	0.75	—	—
单位产品工资成本(元)	101.25	99	−2.25	−11.25	9

根据表 10-25 可以看出:

(1) 工时消耗量的减少使成本节约了 11.25 元,小时工资额的增加使成本上升了 9 元,两个因素共使实际工资成本降低了 2.25 元。

(2) 工时耗用量变动对成本降低是主要原因,说明是劳动生产率提高了。

(3) 小时工资额的增加可能是由于今年职工工资的增加,或劳动组织工作不够合理,应从改进工人定员定额着手,提高工时利用率。

3. 制造费用项目的分析

企业的制造费用通常是按生产工人工时消耗量的比例分配计入产品成本中的,所以,影响制造费用是单位产品工时和小时费用率两个因素,单位产品工时消耗决定于劳动生产率的高低,小时费用率则受费用总额变动的影响。

工时消耗量变动及费用分配率变动对单位成本中制造费用的影响可用公式计算如下:

$$\begin{pmatrix}工时消耗量\\变动的影响\end{pmatrix} = \begin{pmatrix}实际单位\\工时消耗量\end{pmatrix} - \begin{pmatrix}计划单位\\工时消耗量\end{pmatrix} \times \begin{pmatrix}计划小时\\费用分配率\end{pmatrix}$$

$$\begin{pmatrix}费用分配率\\变动的影响\end{pmatrix} = \begin{pmatrix}实际小时\\费用分配率\end{pmatrix} - \begin{pmatrix}计划小时\\费用分配率\end{pmatrix} \times \begin{pmatrix}实际单位\\工时消耗量\end{pmatrix}$$

仍以甲产品为例,根据单位产品制造费用及其他资料编制单位产品制造费用分析表,如表10-26所示。

表10-26 甲产品单位制造费用分析表

项 目	本年计划	本年实际	差 异	工时消耗量变动影响	小时工资额变动的影响
单位产品工时消耗量(工时)	13.5	12	−1.5	—	—
小时费用分配率(元)	5.84	8.25	2.41	—	—
单位产品制造费用(元)	78.84	99	20.16	−8.76	28.92

从表10-26中可以看出:

(1) 由于工时消耗量变动使制造费用节约了8.76元,但由于小时费用分配率的变动,使制造费用超支了28.92元。

(2) 今年的制造费用支出过高,应认真分析制造费用超支原因,采取有力措施,把制造费用降下来。

复习思考题

1. 什么是成本报表?编制成本报表有什么重要意义?
2. 你认为编制成本报表应该注意哪些问题?
3. 企业成本报表主要有哪几种?各报表编制的目的是什么?
4. 商品产品成本表中可比产品成本降低额和降低率是如何计算的?
5. 影响可比产品成本降低任务完成情况的因素有哪些?如何进行分析?
6. 主要产品单位成本计划完成情况是如何分析的?
7. 产品单位成本的技术经济指标是如何分析的?
8. 如何按企业生产工艺特点和管理要求来设置其他成本报表?

测 试 题

一、单项选择题

1. 编制产品生产成本表应该做到( )。
   A. 可比、不可比产品要分别填列
   B. 可比、不可比产品要合并填列
   C. 可比、不可比产品既可分别填列,也可合并填列
   D. 无须可比、不可比产品.
2. 企业成本报表的种类、项目、格式和编制方法由( )。
   A. 国家统一规定   B. 企业自行确定

C. 企业主管部门统一规定　　　　　　D. 企业主管部门与企业共同制定

3. 企业成本报表(　　)。
   A. 是对外报送的报表
   B. 是对内编报的报表
   C. 由有关部门规定哪些指标对外公布,哪些指标不对外公布
   D. 可根据债权人和投资人的要求,确定哪些指标对外公布,哪些指标不对外公布

4. 企业编制主要产品单位成本表时应按(　　)分别编制。
   A. 成本项目　　　B. 产品类别　　　C. 核算对象　　　D. 产品品种

5. 在按成本项目反映的产品生产成本表中,"上年实际"栏的数据应根据(　　)填列。
   A. 上年同期本表"上年实际"栏数据
   B. 上年12月"上年实际"栏数据
   C. 上年同期本表的"本年累计实际数"栏数据
   D. 上年12月本表的"本年累计实际数"栏数据

6. 在按产品种类反映的产品生产成本表中,"(　　)总成本"栏的数据,应根据产品成本明细账或产品成本汇总表填列。
   A. 本年实际　　　B. 本年计划　　　C. 本月实际　　　D. 本月计划

7. 制造费用明细表反映制造业(　　)。
   A. 辅助生产的制造费用
   B. 基本生产的制造费用
   C. 基本生产和辅助生产的制造费用
   D. 企业各生产单位的制造费用

8. 按产品类别反映的产品生产成本表中,填列某种产品成本数据时,只能在最后填列的项目是(　　)。
   A. 本月实际总成本
   B. 本月实际单位成本
   C. 本年累计实际总成本
   D. 本年累计实际平均单位成本

9. 分析影响成本变动的原因及其影响程度的定量方法主要是(　　)。
   A. 比率分析法
   B. 趋势分析法
   C. 相关指标分析法
   D. 因素替代分析法

10. 成本分析的基本方法是(　　)。
    A. 因素替代分析法
    B. 定性分析
    C. 定量分析
    D. 定性和定量相结合

11. 在其他因素不变的情况下,会使单位产品成本降低的情形是(　　)。
    A. 劳动生产率提高速度慢于平均工资增长速度
    B. 劳动生产率提高速度快于平均工资增长速度
    C. 劳动生产率提高速度等于平均工资增长速度
    D. 劳动生产率提高速度不等于平均工资增长速度

12. 单位产品成本随产量提高而降低的原因是(　　)。
    A. 单位产品耗费的变动费用随产量提高而降低
    B. 单位产品负担的固定费用随产量提高而降低
    C. 变动费用总额随产量提高而降低
    D. 固定费用总额随产量提高而降低

13. 可比产品成本降低额与降低率之间的关系是(　　)。
    A. 呈反比　　　B. 呈正比　　　C. 同方向变动　　　D. 无直接关系

14. 技术经济指标变动对产品成本的影响主要表现在对（　　）指标的影响。
　　A. 产品总成本　　　　　　　　　　B. 产品单位成本
　　C. 产品产量　　　　　　　　　　　D. 产品总成本和产品产量
15. 对可比产品成本降低额产生影响，但不影响可比产品成本降低率的因素是（　　）。
　　A. 产品品种比重　　　　　　　　　B. 产品产量
　　C. 产品单位成本　　　　　　　　　D. 脱离定额差异

二、多项选择题

1. 属于制造业成本报表的是（　　）。
　　A. 产品生产成本表　　　　　　　　B. 主要产品单位成本表
　　C. 制造费用明细表　　　　　　　　D. 商品流通费用明细表
2. 制造业成本费用报表的编制要求是（　　）。
　　A. 数字真实　　B. 计算准确　　C. 内容完整　　D. 报送及时
3. 工业企业成本报表一般包括（　　）。
　　A. 产品生产成本表　　　　　　　　B. 主要产品单位成本表
　　C. 制造费用明细表　　　　　　　　D. 各种期间费用明细表
　　E. 以上均包括
4. 在分析可比产品成本降低任务完成情况时，单纯产量变动可能会使（　　）。
　　A. 成本降低额增加　　　　　　　　B. 成本降低额减少
　　C. 成本降低率增加　　　　　　　　D. 成本降低率减少
　　E. 成本降低率不变
5. 生产多品种情况下，影响可比产品成本降低额变动的因素有（　　）。
　　A. 产品产量　　B. 产品单位成本　　C. 产品价格　　D. 产品品种结构
　　E. 产品质量
6. 成本报表分析常用的方法有（　　）。
　　A. 对比分析法　　B. 比例分析法　　C. 因素分析法　　D. 趋势分析法

三、判断题

1. 成本报表的种类、格式和内容必须符合国家有关部门的统一规定。（　　）
2. 成本报表是向企业的所有者和债权人报送的，以利于他们决策的一种会计报表。（　　）
3. 编制成本报表的目的主要是为了满足企业内部管理的需要。（　　）
4. 主要产品单位成本表应该按主要产品分别编制。（　　）
5. 企业可以根据自身的生产特点和管理要求，编制各种有利于进行成本控制和成本考核的报表。（　　）
6. 可比产品成本降低率等于可比产品成本降低额除以全部可比产品的全年总成本。（　　）
7. 产品产量的增加，会使产品成本中的固定成本相对节约，从而使产品单位成本下降。（　　）
8. 如果劳动生产率提高，这意味着单位产品成本一定下降。（　　）
9. 对可比产品来说，在产品品种比重和产品单位成本不变的情况下，产量增减会使成本降低率发生同比例的增减。（　　）
10. 产品产量的变动，只会使成本降低额同比例、同方向增减，而不会影响成本降低率。（　　）

四、计算分析题

（一）

一、目的　　练习成本分析。

二、资料 假定某企业生产甲产品,其耗用的直接材料有关资料如下(见表10-27):

表10-27 甲产品耗用直接材料情况表

项目	产品数量	材料单耗 (千克)	材料单价 (元)	材料费用 (元)
定额	200	50	30	
实际	210	48	32	
差异				

三、要求

(1) 分别计算定额耗用和实际耗用的材料费用,并对比两者存在的差异。
(2) 采用连环替代法(或差额计算法)分析各因素变动对总差异的影响程度。

(二)

一、目的 练习全部产品成本分析。

二、资料 某企业产品生产成本表如下(见表10-28):

表10-28 产品生产成本表

产品名称	计量单位	实际产量	单位成本			总成本		
			上年实际	本年计划	本年实际	按上年实际单位成本计算	按本年计划单位成本计算	本年实际
可比产品								
甲	件	30	1 050	1 035	1 020			
乙	件	35	1 350	1 275	1 245			
不可比产品								
丙	件	20	—	600	690			
全部产品								

产值成本率计划数为60元/百元,商品产值本月实际数按现行价格计算为153 000元。

三、要求

(1) 计算和填列产品生产成本表中总成本各栏数字。
(2) 分析全部产品生产成本计划的完成情况和产值成本率计划的完成情况。

(三)

一、目的 练习主要产品单位成本分析。

二、资料 某企业生产甲产品,本期计划产量500件,实际产量520件。产品单位成本如表10-29:

表10-29 主要产品单位成本表

单位:元

成本项目	上年实际平均成本	本年计划成本	本年实际成本
直接材料	360	320	330
直接人工	60	50	45
制造费用	180	130	165
合计	600	500	540

单位甲产品原材料耗用情况如表10-30：

表10-30　单位甲产品原材料耗用情况表

材料名称	耗用量（千克）		材料单价（元）		材料成本（元）	
	计划	实际	计划	实际	计划	实际
A材料	40	42	5	5	200	210
B材料	20	15	6	8	120	120
合计	—	—	—	—	320	330

单位甲产品直接人工费用的耗用情况如表10-31：

表10-31　单位甲产品直接人工费用耗用情况表

项目	计划	实际
单位产品工时(小时)	100	120
小时工资率	0.5	0.375
合计	50	45

单位甲产品制造费用的耗用情况如表10-32：

表10-32　单位甲产品制造费用耗用情况表

项目	计划	实际
单位产品制造费用(元)	130	165
其中：变动性制造费用	30	40
固定性制造费用	100	125
产品产量	500	520
产品生产总工时(小时)	1 000	1 352

三、要求　根据上述资料，利用表10-33分析甲产品单位成本变动情况，并分析各因素变动对单位成本的影响程度。

表10-33　甲产品单位成本分析表

成本项目	差异额（元）		差异率（%）		各项目降低额对单位成本的影响（%）	
	比上年	比计划	比上年	比计划	比上年	比计划
直接材料						
直接人工						
制造费用						
合计						

第十一章 作业成本法

第一节 作业成本法概述

一、作业成本法产生的背景

作业成本法的产生不是偶然的,而是众多因素综合作用的结果。20 世纪 70 年代以来,世界科学技术和社会经济环境发生了重大变化。这些变化对企业成本计算方法产生了一定的影响,使传统的成本计算方法已经不能适应经济环境的发展变化,进而催生了一种新的成本计算方法——作业成本法。作业成本法产生的背景主要体现在以下几个方面。

1. 科学技术的发展变化改变了产品成本的构成

20 世纪 70 年代以来,世界科学技术发生了日新月异的发展。西方发达国家的企业面对日趋激烈的全球竞争压力,纷纷将高新技术应用到生产领域。建立于高新技术基础上的生产,其基本特征是在电子技术革命的基础上形成的生产高度电脑化、自动化,包括电脑数控机床、机器人、电脑辅助设计、电脑辅助制造的广泛应用,形成了电脑一体化制造系统。它从产品订货开始,直到制造、销售等所有阶段,所使用的各种自动化系统综合成一个整体,由计算机统一进行调控。上述高新技术在生产领域的广泛应用改变了企业产品成本结构,使得直接材料成本和直接人工成本比重下降,而制造费用比重却大幅度上升。如何科学合理地分配制造费用成为一个重要问题。

2. 消费者需求的变化改变了企业的生产组织形式

随着经济的发展,经济发达国家的消费者提出越来越高的消费要求,消费者的行为变得更具有选择性,表现为从过去的崇尚时尚转向标新立异、突出个性。这种社会需求的重大变化要求企业具有较高的灵活反应能力,及时向消费者提供多样化和富有个性、日新月异的产品,以适应消费者多样化和快速多变的要求。与此相适应,对消费者多样化、日新月异的需求迅速做出反应的顾客化生产——弹性制造系统取代了传统的、以追求规模经济为目的的大批量生产。弹性制造系统的实质就是在计算机的控制下,将仔细挑选过的设备、机器人和原材料处理系统有机地组合在一起,并同步协调地工作。弹性制造系统使企业生产过程可以迅速地从生产某种产品转向另一种产品或者应付产品需求多种变化或者小批量生产。传统成本计算方法适应于产品品种单一化、常规化和数量批量化的企业。经济的发展,消费者需求的变化,动摇了传统成本计算方法赖以存在的基础。

3. 传统成本计算方法的不适应性

传统成本计算方法无法适应高新技术环境。在高新技术环境下,制造费用的数额和重要性大大提高。制造费用是一种间接费用,必须按一定标准将它分配计入有关的产品,以准确地计算产品成本。传统成本计算方法通常以直接人工成本、直接人工小时、机器小时等作为制造费用的分配标准。在20世纪初成本会计发展之初,企业多数是劳动密集型的,直接人工成本是产品成本的主要组成部分,制造费用数额较小。由于制造费用的发生与直接人工成本具有一定的相关性,加之直接人工成本数据容易取得,因而直接人工成本便成为制造费用的主要分配标准。然而,20世纪70年代后,高新技术的发展并广泛地应用于生产领域,引起生产组织的革命性变革。生产过程中高度自动化、电脑化,生产成本中的直接人工成本大大减少,而制造费用却大大增加,其重要性也日益提高。更为重要的是制造费用的发生与直接人工成本逐渐失去了相关性。这时,无论从提高成本计算的正确性,还是从提高成本控制的有效性来看,都要求把产品成本计算工作重点放在制造费用的分配上。传统成本计算方法采用单一标准分配制造费用,由此导致产量大、技术含量低的产品成本偏高,而产量小、技术含量高的产品成本偏低,严重扭曲了不同产品之间的成本,从而造成生产经营决策的失误。

4. 信息技术的发展为作业成本计算法的实际应用奠定了技术基础

作业成本法的基本思想早在20世纪40年代初就形成了,但是作业成本计算真正引起人们的关注却在20世纪80年代。这是因为一种新的理论和方法的创立不仅要有其本身内在新因素的成长,而且还要有相关学科的配合以及它赖以形成的社会环境和技术基础。就成本计算技术而言,作业成本法与传统成本计算法的不同之处主要在于采用多元化的制造费用分配标准。如果没有现代电子计算技术的高度发展和应用,多元化制造费用分配标准所带来的庞大的计算工作量将可能使得信息处理成本超过其效益,如此,作业成本计算法充其量只能停留在理念上,而难以真正的付诸实践。进入20世纪80年代,电子计算技术的发展和应用,以及信息处理技术的发展,为成本计算方法上实行多元化制造费用分配标准的作业成本法奠定了坚实的技术基础。

正是在上述因素的综合作用下,一种以"作业"为基础的成本计算方法——作业成本法便应运而生,并且成为成本会计发展的一次历史性革命。

二、作业成本法的基本概念

作业成本法是以企业制造产品过程中的"作业"为对象分配制造费用,进而计算产品生产成本的一种计算方法。作业成本法是一种建立在新型企业观基础之上的全新的成本计算方法。所谓新型企业观就是把企业看作是为最终满足顾客需要而设计的"一系列作业"的集合体。企业每完成一项作业就要消耗一定的资源,而作业的产出又形成一定的价值,依此推移,直至生产出满足顾客需要的最终产品。这一过程中,涉及几个基本的概念。

(一) 资源

资源是指支持作业的成本、费用来源。它是一定期间内为了生产产品或提供服务所发生的各类成本、费用项目，或者是作业执行过程中所需要花费的代价。通常，在企业财务部门编制的预算中可以比较清楚地得到各种资源项目。例如发出订货单是采购部门的一项作业，那么相应办工场地的折旧、采购人员的工资和附加费、电话费、办公费等都是订货作业的资源费用。制造行业中典型的资源项目一般有：原材料、辅助材料、燃料及动力费用、工资及福利费、折旧、办公费、修理费、运输费等。与某项作业直接相关的资源应该直接计入该作业，如果一项资源支持多种作业，那么应当使用资源动因将资源分配计入各项相应的作业中去。

(二) 作业及其分类

1. 作业

作业是指企业（或其他组织）内为了某种目的而进行的消耗资源的活动。它代表企业实施的工作，企业经营过程中的每一环节，或是生产过程中的每道工序都可以视为一项作业。企业整个经营过程中可以划分为许多不同的作业。作业的划分是从产品设计开始，到物料供应，从生产工艺流程的各个环节、质量检验、包装到发运销售的全过程。在制造业中，常见的作业实例有：产品设计、订单处理、采购、储存、材料搬运、机器调试、设备运行、质量检验、包装、销售、开发货单、发货、装运、收账、售后服务、人员培训等等。

2. 作业的基本特征

第一，作业是一种资源的投入和另一种效果产出的过程。即作业既是一种狭义的、具体的交易活动，又是一种动态活动，在这种活动过程中它既需要投入资源、耗费资源，但同时，它又产生一定的效果，实现活动的目的。如设计产品，投入的是智慧、技术、仪器等，产出的是产品设计方案。企业的经营过程，无论是销货收款，还是内部工序间交接，操作机器，或者登记文件，无一不是资源投入和效果产出的过程。

第二，作业活动贯穿于生产经营的全过程。产品从设计到最终销售出去是由各种作业的行使而完成的，没有作业的实施，经营活动就无法实现。

第三，作业是可以量化的，即作业可以采用一定的标准进行计量，这是作业最重要的特征。

3. 作业的分类

从不同的角度，可以将作业划分为不同的类别。在作业成本计算的实践中，经常提到的是将作业按照受益对象划分为以下四类：

(1) 单位水平作业。反映对每单位产品产量或服务所进行的工作，能够使每一单位产品都能够受益的作业，如直接材料、直接人工、机器运转消耗的电力等。单位水平作业所消耗的资源是同产品产量或服务量成比例的，有的是同直接人工小时、机器小时成正比例的。比如，对每一产品所进行的质量检查消耗的间接人工明显与生产数量有关，机器运转消耗的电力、润滑油与产品的产量有关，同时与机器小时也呈正比例。这类作业在生产过程中不断发生，并与产品产量呈正比例变动。

(2) 批量水平作业。批量水平作业是每生产一批产品执行一次的作业,由生产批别次数直接引起,与生产数量无关,能使一批产品受益。例如,为新的生产批别准备机器,一旦机器被准备好,每批无论是生产 20 单位还是 2 000 单位,准备成本都不变。又如,如果只对每批产品的第一件进行质量检验,这时所消耗的间接人工与批次呈正比例。生产计划也被认为是批量水平作业,因为每个生产周期都要制定一个生产计划,所以生产计划成本与生产周期的数量呈正比例,与每个生产周期内的生产数量无关。批量作业和单位作业的主要区别在于完成批量作业所需要的资源不依赖于每批所包含的单位数。

(3) 产品水平作业。这是进行每一类特定产品的生产和销售所需要的工作,能使某种产品的每一单位都受益的作业。这种作业的成本与产品的产量及批数无关,但与产品种类或产品线的数量呈正比例变动。如制图、工艺设计、流程设计、产品改良、技术支持等,可以把产品水平作业扩展到工厂以外,如市场调研、客户支持等,也是只与产品品种有关而与产品批次和数量无关。

(4) 能量(能力、维持)水平作业。这是使企业生产经营正常运转的工作,使各项生产条件保持正常工作状态而发生的作业,能使整个企业或某个机构、部门受益的作业,这些作业与产品的种类、生产的批次、每种产品的生产数量无关。如机器设备的租金、折旧、保险费、房屋厂房的维护修理、绿化费、照明、保安等,还有企业管理、人力资源管理等费用。

每个企业都可以根据自己企业的特点设计企业的作业类型。设计作业时应考虑生产的类型、组成、多样性和复杂性,而不仅仅考虑生产的业务量。在作业成本法下,将制造费用看作是一系列作业的结果,这些作业消耗资源,并确定了制造费用的水平。所以要反映产品真实的资源消耗,它们的制造费用份额必须按这种作业基础来吸纳,同时,它要求管理者分清导致成本发生的原因,在正确的层次上加以控制。

(三) 作业链和价值链

与作业相关的概念就是作业链和价值链。现代企业的实质是为满足顾客需要而设计的作业的集合体,因为从产品设计到产品销售的整个生产经营过程,都是由一系列前后有序的作业构成,这些作业由此及彼、由内到外相连接,就形成了一条作业链。作业消耗资源,产品消耗作业,每一项作业的完成都需要消耗一定的资源,同时又有一定的价值量和产出转移到下一个作业。价值沿作业链在各作业之间转移,就构成了一条价值链。因此,作业链的形成过程其实就是价值链的形成过程。作业的推移,同时也表现为价值在企业内部的逐步积累和转移,最后形成转移给顾客的总价值,这个总价值就是产品的总成本。价值链是作业链的货币表现。

(四) 作业中心和作业成本库

作业中心是一系列相互联系、能够实现某种特定功能的作业集合。例如,原材料采购作业中,材料采购、材料检验、材料入库、材料仓储保存等都是相互联系的,可以归类于材料处理作业中心。把相关的一系列作业消耗的资源费用归集到作业中心,构成这个作业中心的作业成本库,作业成本库是作业中心的货币表现形式。

(五) 成本动因

1. 概念

成本动因是指驱动或产生成本、费用的各种因素，它是作业成本法中非常重要的一个概念。成本动因是成本形成的起因，是确定成本的决定性因素。成本发生的基础因子是资源，没有人、财、物等资源就无从讲成本，仅有资源并非产生成本的充分必要条件，还必须实施作业以驱动资源，成本动因就是具体的成本驱动因子。如采购订单便是采购作业的成本动因。成本动因具有隐蔽性，不易识别，需要对成本行为进行仔细分析才能得到。每一项作业，都有与其相对应的作业成本动因。制造业的典型作业及其作业成本动因如表 11-1 所示。

表 11-1 制造业的典型作业及其作业成本动因

种类	代表性作业	作业成本动因
单位水平作业	产品检查、直接人工监督、直接动力、燃料费用	产品数量、直接人工小时、机器小时
批量水平作业	机器准备、材料搬运、生产计划、处理顾客订单	准备小时、检查小时、订单数量
产品水平作业	产品设计、零部件管理、工艺设计	产品种类、零部件数量等
能力水平作业	机器设备管理、房屋维修、照明、租金、折旧	场地面积

2. 确定成本动因的因素

在作业成本计算中，确定成本动因的个数要考虑两个因素：

一是成本动因与实际制造费用的相关程度。在既定的精确度下，运用相关程度较高的成本动因时，则成本动因的数目就较少；反之，如果缺少与实际制造费用相关程度较高的成本动因，则为达到一定的精确度水平，必须增加成本动因的数量。

二是产品成本的精确度和产品组合的复杂程度。倘若对产品成本的精确度要求比较高，则成本动因的数目必须增加；反之，则会减少。产品复杂程度低，则多个作业成本可汇集在同一个作业成本库中；反之，则汇集比较困难，所要求的成本动因数目也应增多。

3. 成本动因分类

第一种分类是根据成本动因在资源流动中所处的位置将其分为资源动因和作业动因。资源动因指作业耗用资源的种类及决定因素，它反映了耗用资源的起因，反映了作业量与资源耗用间的因果关系，是资源费用归集到作业的依据，如购货作业的动因是从事这一活动的职工人数。作业动因是成本对象所需作业种类和数量的决定因素，它反映成本对象使用作业的频率和强度，例如，产品 A 比产品 B 有更大的市场需求量，产品 A 就有比产品 B 更多的订购材料、零部件的订货单，显然产品 A 应从采购成本库中分配到更多的相关成本，这里订货单数目是作业动因。又如，产品设计消耗的资源与设计部门设计的品种数目具有正相关性，因此，产品设计作业的作业动因就是设计产品品种数目。资源动因是将资源成本分配到作业中心的标准,它反映了作业中心对资源的耗用情况,作业动因是将作业中心的成本分配到产品或劳务的标准,它反映了产品消耗作业的情况。

第二种分类是根据对生产是否有利分为积极成本动因和消极成本动因,前者指有助于形成产品,产生收入和利润的成本动因,如销售订单;后者指已导致资源的耗费,而无助于增加产品价值,对利润产生不利影响的成本动因,如报废单。

在作业成本法中,最困难的工作是确定成本动因,成本动因的选择是否恰当将影响作业成本计算的准确性。

第二节 作业成本计算的基本程序及例解

一、作业成本计算的基本程序

作业成本法认为"作业消耗资源,产品消耗作业"。作业是成本计算的核心,而产品成本则是制造和传递产品所需全部作业的成本总和。成本计算的基本步骤是:首先将企业提供的各种资源向作业进行分配,然后再将各项作业所耗用的资源向产品(或其他成本计算对象)分配。作业成本发挥使间接费用的分配更为合理,产品成本计算结果更为准确。作业成本计算法原理如图11-1所示。

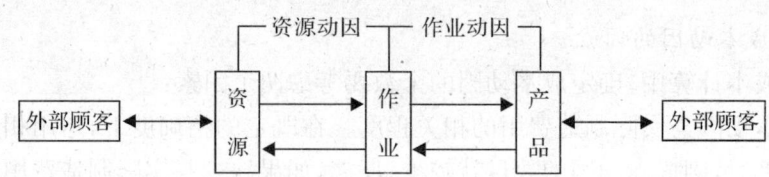

图 11-1 作业成本计算法原理

注:向右的箭头表示成本计算和形成过程,向左的箭头表示资源消耗过程。

根据上述基本原理,作业成本法的具体步骤如下。

(一)确认主要作业,确认作业中心

一个作业中心即是生产程序的一部分,例如,检验中心就是一个作业中心。按照作业中心披露成本信息,便于管理当局控制作业,评估业绩。在确认作业和作业中心时要特别注意具有以下特征的作业:① 资源昂贵、金额巨大;② 产品之间的使用程度差异极大;③ 需求的形态与众不同。

(二)将归集来的投入成本或资源分配到每一作业中心的成本库中

每一个成本库所代表的是它那个中心所执行的作业,因此,这一步骤的成本动因是要确认每个作业中心的资源耗用量。这一步骤的分配工作,反映了作业成本计算法的基本规则:作业量的多少决定着资源的耗用量,资源耗用量的高低与最终的产出量没有直接关系。资源动因是本步骤的分配基础,如检验部门是一个作业中心,检验小时就是资源动因,这时,许多与检验有关的成本就将会归集到消耗该项资源的作业中心。

(三)将各个作业中心的成本分配到最终产出(产品、劳务、顾客)

这个过程以作业动因为标准进行分配。如整备作业的作业动因是整备小时或整备次数;整备次数假设每次整备作业所消耗的资源都相同;整备小时则假定资源的消耗随产品所需要的整备时数的变动而变动。抽样检验作业的成本动因是生产的批次。这一步骤反映:产出量的多少决定着作业的耗用量。

作业成本法计算的基本程序如图 11-2 所示。

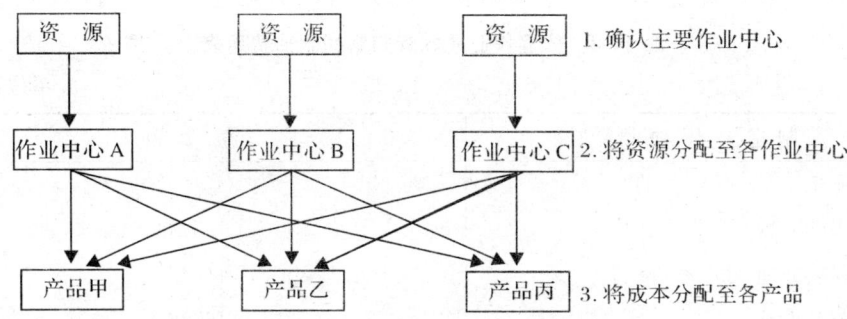

图 11-2 作业成本法计算的基本程序

二、作业成本法计算例解

下面举例说明作业成本法计算的基本程序,同时比较作业成本法与传统成本计算方法的差异。

某企业同时生产甲、乙、丙三种产品,甲产品是老产品,已经有多年的生产历史,产量和销量都比较稳定,每批生产 5 000 件以备客户订货的需要,年产甲产品 60 000 件;乙产品是应客户的要求改进的产品,每批生产 50 件,年产乙产品 30 000 件;丙产品是一种新的、复杂的产品,每批生产 5 件,年产丙产品 6 000 件。三种产品的生产成本资料如表 11-2 所示(制造费用按各种产品的直接人工比例分配)。

表 11-2 某企业产品生产成本表

单位:元

成本项目	直接材料	直接人工	制造费用	合 计
甲产品	300 000	120 000	600 000	1 020 000
乙产品	180 000	60 000	300 000	540 000
丙产品	48 000	18 000	90 000	156 000
合 计	528 000	198 000	990 000	1 716 000

根据表 11-2,按传统成本计算方法,某企业甲、乙和丙三种产品的单位成本计算结果如表 11-3 所示。

表 11-3 某企业产品单位生产成本表

单位：元

成本项目	直接材料	直接人工	制造费用	合　计
甲产品(60 000件)	5.00	2.00	10.00	17.00
乙产品(30 000件)	6.00	2.00	10.00	18.00
丙产品(6 000件)	8.00	3.00	15.00	26.00

传统成本计算法下，制造费用以直接人工为基础，是直接人工的5倍。作业成本法下，依据不同的成本库来归集制造费用，如表11-4所示。

表 11-4 依据作业成本库归集的制造费用表

单位：元

制造费用项目	金　额
间接人工	
采购人员	135 000
材料处理	140 000
整备人员	160 000
检验人员	135 000
产品分类人员	70 000
车间管理人员	80 000
小　计	720 000
其他制造费用	
热和照明	40 000
房屋占用	120 000
材料处理设备折旧	40 000
机器能量	70 000
小　计	270 000
合　计	990 000

有关的成本动因资料如下：

(1) 甲、乙、丙产品的单位机器小时比例是1∶1.5∶3.5；

(2) 每生产一批次产品需要一次标准的整备工作；

(3) 每批产品的标准检验单位是：甲产品每批50件、乙产品每批5件、丙产品每批2件；

(4) 甲、乙、丙产品每批材料移动次数分别是25、50和100；

(5) 甲、乙、丙产品每件购货订单数分别是100、200和700；

(6) 甲、乙、丙产品每种产品分类次数分别是50、75和200。

根据上述资料，按照单位水平作业、批量水平作业、产品水平作业和能量水平作业四个作业层次分配制造费用如下。

1. 单位水平作业,包括直接材料成本、直接人工成本和机器能量成本

(1) 直接成本(直接材料成本和直接人工成本)的计算与传统成本计算方法相同。

(2) 机器能量成本按一定比率分配到产品生产线,计算过程如表 11-5 所示。

表 11-5　机器能量成本分配表

产品名称	数量(件)	机器小时比例	合计(元)	分配率	分配额(元)
甲	60 000	1	60 000	0.56	33 350
乙	30 000	1.5	45 000	0.56	25 000
丙	6 000	3.5	21 000	0.56	11 650
合　计	—	—	126 000	0.56	70 000

2. 批量水平作业,包括检验成本、材料处理成本和整备成本

(1) 检验成本以检验次数为基础进行分配,计算过程如表 11-6 所示。

表 11-6　检验成本分配表

产品名称	批　量	每批检验数	合计(元)	分配率	分配额(元)
甲	12	50	600	22.50	13 500
乙	600	5	3 000	22.50	67 500
丙	1 200	2	2 400	22.50	54 000
合　计	—	—	6 000	22.50	135 000

(2) 材料处理成本以材料移动次数为基础进行分配,计算过程如表 11-7 所示。

表 11-7　材料处理成本分配表

产品名称	批　量	每批移动次数	合计(元)	分配率	分配额(元)
甲	12	25	300	1.20	360
乙	600	50	30 000	1.20	35 928
丙	1 200	100	120 000	1.20	143 712
合　计	—	—	150 300	1.20	180 000

(3) 整备成本以每批生产的整备次数为基础进行分配,计算过程如表 11-8 所示。

表 11-8　整备成本分配表

产品名称	每批整备次数	分　配　率	分配额(元)
甲	12	88.30	1 060
乙	600	88.30	52 980
丙	1 200	88.30	105 960
合　计	1 812	88.30	160 000

3. 产品水平作业,包括采购成本和产品分类成本

(1) 采购成本以购货订单数为基础进行分配,计算过程如表 11-9 所示。

表 11-9　采购成本分配表

产品名称	购货订单数量(件)	分配率	分配额(元)
甲	100	135.00	13 500
乙	200	135.00	27 000
丙	700	135.00	94 500
合　计	1 000	135.00	135 000

(2) 产品分类成本以分类次数为基础进行分配,计算过程如表11-10所示。

表 11-10　分类成本分配表

产品名称	分类次数(次)	分配率	分配额(元)
甲	50	215.38	10 770
乙	75	215.38	16 155
丙	200	215.38	43 075
合　计	325	215.38	70 000

4. 能量水平作业

能量水平作业可以以直接成本(直接材料成本+直接人工成本)作为分配基础,计算过程如表 11-11 所示。

表 11-11　能量成本分配表

产品名称	单位直接成本(元)	生产数量(件)	直接成本(元)	分配率	分配额(元)
甲	7.00	60 000	420 000	0.33	138 843
乙	8.00	30 000	240 000	0.33	79 339
丙	11.00	6 000	66 000	0.33	21 818
合　计	—	—	726 000	0.33	240 000

注:能量成本 240 000 元包括车间管理人员工资 80 000 元、照明和热动力费用 40 000 元和房屋占用费 120 000 元。

综合上述计算结果,按照作业成本计算法,甲、乙、丙产品的总成本和单位成本汇总表如表 11-12 所示。

表 11-12　某企业产品生产成本计算表

单位：元

项目	甲产品 单位成本	甲产品 总成本	乙产品 单位成本	乙产品 总成本	丙产品 单位成本	丙产品 总成本
1. 单位水平作业						
直接材料	5.00	300 000	6.00	180 000	8.00	48 000
直接人工	2.00	120 000	2.00	60 000	3.00	18 000
机器能量	0.56	33 350	0.83	25 000	1.94	11 650
小　计	7.56	453 350	8.83	265 000	12.94	77 650
2. 批量水平作业						
检验	0.23	13 500	2.25	67 500	9.00	54 000
材料处理	0.01	360	1.20	35 928	24.00	143 712
整备	0.02	1 060	1.77	52 980	17.66	105 960
小　计	0.26	14 920	5.22	156 408	50.66	303 672
3. 产品水平作业						
采购	0.23	13 500	0.90	27 000	15.75	94 500
产品分类	0.18	10 770	0.54	16 155	7.18	43 075
小　计	0.41	24 270	1.44	43 155	22.93	137 575
4. 能量水平作业	2.31	138 843	2.64	79 339	3.63	21 818
合　计	10.54	631 383	18.13	543 902	90.16	540 715

以上计算结果显示了传统成本计算法与作业成本计算法的区别。作业成本计算法能够提供更为详细的成本信息，其所确定的成本与传统成本计算法大不相同。本例中，甲产品和丙产品的差别尤为明显。甲产品是一种稳定大批量生产的产品，其单位成本几乎是传统成本计算法的一半；而丙产品是一种技术较高、小批量生产的产品，其单位成本大约是传统成本计算法的3倍多。传统成本计算法以直接人工为基础，导致的结果是甲产品补贴了丙产品。导致这种结果的主要原因在于传统成本计算法采用单一分配标准进行制造费用的分配，忽视了各种产品生产的复杂性和技术含量不同，与此相联系的作业量也不同。相比之下，传统成本计算法相关性较弱，而作业成本法考虑了引起制造费用发生的具有代表性的各种成本动因，并以此为基础分配制造费用，因而，它能较客观、合理地反映高新技术环境下各种产品的成本。

第三节　作业成本法的评价和适用范围

一、对作业成本法的评价

(一) 作业成本法与传统成本法相比的特点

1. 以作业为核心的多元化的成本核算对象

作业成本法作为一种与生产高度电脑化、自动化相适应的成本计算方法，不仅修正了被扭曲的传统成本信息,而且拓宽了成本核算对象的范围,即作业成本法的成本核算对象包括作业、作业中心、产品和劳务、顾客和市场等。作业成本法将作业的成本分配给上述各成本计算对象,可以获得不同决策所需的相关信息。

2. 以成本动因作为成本归集和分配的标准

传统成本计算假定所有的间接费用都与直接人工或机器工作时间相关,并以这些项目的数量为依据分配间接费用。作业成本法认为,资源的耗费、成本的产生取决于成本动因,间接费用的分配应以成本动因为尺度。成本动因是决定作业所需资源的因素,是决定成本的结构和金额的根本原因。它可以揭示执行作业的原因及作业耗费资源的多少。例如,采购订单数决定着采购作业的作业负担和资源耗费,于是采购订单数便是采购作业的成本动因。因此,将资源分配到成本对象上的标准是成本动因。

3. 作业成本计算不仅是一个成本分配过程,而且更重要的是一个依据因果关系分析资源流动并进行作业管理的过程

首先,它要确定一个企业或部门的成本对象(产品、劳务、顾客等),接着分析这些成本对象需要哪些作业,然后再考虑完成这些作业需要哪些资源,并通过对作业动因、资源动因等成本动因的分析确定成本对象与作业、作业与资源间的数量尺度。

其次,它根据资源动因将资源成本分配到作业中,然后再根据作业动因将作业的成本分配给成本对象,从而提供对决策有用、准确性高的成本信息,揭示了优化资源配置的可能性。通过对资源成本构成要素及资源动因的分析,可以揭示每项作业的成本及其作业资源使用者的重要程度,从而确定改进作业的重点和改进项目的先后顺序。

再次,作业动因、资源动因等成本动因的确定,需要设计、制造、营销、储运、财会、人事等部门的广泛参与,需要大量非财务信息,需要参考企业的各项规章制度、质量标准以及行业规范,需要对资源流动过程中的每种因素进行分析确定,因此,实施作业成本法的过程实质上是一个对企业进行全面诊断的过程,也是明确每个员工的岗位责任,揭示各种人、财、物要素运用效益,挖掘企业发展潜力,提高其整体优势的过程。可以说,发展至今,作业成本法已成为以作业为核心,以成本分配观与过程分配观为二维导向、作业成本计算与作业管理相结合的全面成本管理制度。

最后,作业成本法以增加顾客价值为业绩评价的目标。业绩评价主要是考评作业满足其内外顾客价值的成效。顾客价值越高,表明作业越有效。根据作业是否能有效地增加顾客价值,作业成本法将作业分为增值作业和不增值作业。前者如购货、加工、装配等,后者如仓储、搬运、检验以及供产销环节的等待与延误等。不增值作业由于并未增加产出价值,应减少直至消除,以使产品成本在保证产出价值的前提下得以降低。对于增值作业,应通过对其资源动因的分析,来反映实际已耗用的资源与实际需要的资源,从而提高作业效率(作业量/资源费用)。

(二) 作业成本法的优点

作业成本法较传统成本计算方法主要有以下两方面突出的优势。

1. 提供相对准确的成本信息,提高了决策的相关性

传统成本计算方法将间接费用按单一的标准(直接人工或机器工时等)分配到成

本对象,不能客观地反映成本对象与资源耗费之间的本质联系,导致了成本信息的较大扭曲。尤其在自动化程度高、人工费用日益减少的企业里,这种分配方法将导致间接费用分摊的严重失真,使得产量高、复杂程度低的产品成本偏高,而产量低、复杂程度高的产品成本偏低,造成了产品成本的极度歪曲。传统成本计算法提供的成本信息是失真的,与决策不相关,容易导致决策的失误。

采用作业成本计算法,能够改变传统成本计算歪曲不同产品成本的事实。作业成本法从成本对象与资源耗费的因果关系着手,将资源的耗费按照成本动因分配至成本对象,客观地反映了成本对象与资源耗费之间的本质联系,克服传统成本计算方法的缺陷。作业成本计算法分配基础的多样性,使得间接费用的分配更具精确性和合理性,提供了相对准确的成本信息。同时,管理者通过成本动因可以更清晰地明确间接费用发生的原因,从而可以实施更有效的过程成本控制。相对准确的成本信息也大大提高了决策的相关性。

2. 有利于改进责任会计系统和业绩评价体系

传统的责任会计系统以部门或班组等作为成本中心,并以此作为考评的单位,这在劳动密集型的企业尚可适用,但在新的制造环境下,由于资本密集和知识密集,直接人工成本近趋于消失。因此必须改进传统的责任会计系统。作业成本计算有助于新责任会计系统的建立。因为作业成本法以作业而不再以产品作为成本计算的对象,计算时将同质的成本划归到同一成本库,建立一个成本中心。以成本库作为新的责任中心,分析、评价该中心费用发生的合理性,以能否为最终产品增加价值作为合理性的标准,尽量降低直到消除那些不能为最终产品增加价值的作业。作业成本法关注那些使成本增加和复杂化的因素,在评价作业时,作业成本法的宗旨在于利用具体的作业信息,提高增值作业效率,力图规避无效作业。作业成本法下的业绩评价清晰地反映了作业、资源在增加顾客价值中所起的作用,揭示了增值作业、非增值作业以及与资源耗费之间的联系,可为改进作业管理、优化资源配置提供有用信息。

(三) 作业成本法的局限性

作业成本法有传统成本计算方法所没有的优越性,但其本身也不是一种十全十美的成本计算方法,还存在着许多方面的局限性。具体表现在以下几个方面。

1. 作业成本法所提供的信息仍以传统会计为基础

传统会计以历史成本为基础,与未来的战略决策缺乏相关性;传统的会计方法具有一定的随意性和可选择性,如折旧方法的选择,所带来的会计处理方法的不同结果,必然影响到作业成本法。

2. 在确定作业中心和成本动因时,具有人为性

如果资源耗费的发生与作业中心成本库有明显的变动关系,那么作业中心的确定也较容易,所分配的成本也较准确。然而,由于企业生产的复杂性和多样性,有些资源的发生是固定的,很难与特定作业相联系,如折旧费、动力费、保险费等。如果将这些资源的耗费影响追溯到某作业,那么将会影响到成本分配的准确性。如果这种资源的耗费在企业的成本费用中所占的比重较少,那么问题不大;然而,如果这样的

资源耗费所占比重较大,作业中心的同质性就会受到怀疑,采用作业成本法有时就不明显。

3. 实施成本较高且短期内实施效果不明显

实施作业成本法,可能会给企业带来中长期的经济效益,但是短期内实施效果不明显,并且实施成本较高,这些成本包括:会计人员和其他参与作业成本法人员的成本,软件成本、咨询成本等。特别是定期收集选定成本动因的数量资料,会给企业成本核算带来极大的挑战。

二、作业成本法的适用范围

实践已经证明,作业成本法不仅适用于制造业、商品流通业,也可以运用于金融企业、财务公司以及各种服务行业。西方发达国家的大银行也纷纷采用作业成本法,进行银行作业管理。生产过程复杂、产品品种多的公司使用该方法,可以获益不少,但它不太适用于生产过程简单、产品品种少的公司。因为该方法本身较为复杂,需要良好的专业技能,而且费时。因此,是否采用此法主要取决于公司生产过程的难易程度、管理会计师的专业技术水平等,各公司应根据成本—效益原则判断是否采用作业成本法计算产品成本和进行作业管理。适合使用作业成本法的企业特征如下。

1. 间接费用在产品成本结构中比重较大

间接费用在产品中所占的比重越大,采用传统成本法分配间接费用,就会使成本信息受到严重的歪曲,进而影响成本决策的正确性。如果采用作业成本法,会提高成本信息的精确度,使成本决策更具相关性。

2. 企业规模大,产品种类多

产品种类繁多的企业,通常存在间接费用在不同种类产品之间进行分配的问题,传统成本法笼统地将不同质的间接费用用统一的标准进行分配,显然会使成本信息不可靠。而作业成本法则以作业为中心,区分不同质的费用采用不同的动因进行分配,能更准确地将成本追溯到各种产品。

3. 产品工艺过程复杂,作业环节多且容易辨认

作业环节越多,间接费用的发生与传统成本法的单一分配标准不相关的可能性越大,采用单一的分配标准对成本信息的扭曲越大;同时,作业环节越多,不增值作业的可能性越多,这时可以采用作业成本法分析,消除不增值作业,降低产品成本。

4. 生产准备成本较高,各次投产数量相差较大

生产准备成本通常与投产批次相关,而与每批的投产数量关系不大,若将这种成本按传统标准分配到各产品,则会导致分配结果的不准确。而作业成本法则把该成本按各产品对调整作业的消耗次数分配到各产品,显然可以提高分配的准确性。

5. 计算机技术较高

作业成本法的计算过程较复杂,并且对计算结果的准确性要求也高,可以利用计算机技术收集数据、采用一些程序处理信息。

复习思考题

1. 什么是作业成本法？
2. 什么是作业、作业链和价值链？
3. 作业成本法的基本程序是什么？
4. 什么是成本动因？它分为几种类型？它们的区别是什么？
5. 作业成本法与传统成本计算方法有何区别？
6. 为什么说，在传统成本计算法下，高产产品给低产产品提供了补助？
7. 作业成本法有哪些缺陷？应如何克服？
8. 具备什么特征的企业比较适合采用作业成本法？

测试题

一、单项选择题

1. 能够使每一单位产品都能够受益的作业是（　　）。
   A. 单位水平作业　　　　　　　　　　B. 批量水平作业
   C. 产品水平作业　　　　　　　　　　D. 能量（能力、维持）水平作业

2. 使企业生产经营正常运转的工作,使各项生产条件保持正常工作状态而发生的作业是（　　）。
   A. 单位水平作业　　　　　　　　　　B. 批量水平作业
   C. 产品水平作业　　　　　　　　　　D. 能量（能力、维持）水平作业

3. 能使某种产品的每一单位都受益的作业是（　　）。
   A. 单位水平作业　　　　　　　　　　B. 批量水平作业
   C. 产品水平作业　　　　　　　　　　D. 能量（能力、维持）水平作业

4. 与生产数量无关,能使一批产品受益的作业是（　　）。
   A. 单位水平作业　　　　　　　　　　B. 批量水平作业
   C. 产品水平作业　　　　　　　　　　D. 能量（能力、维持）水平作业

5. 作业成本计算法计算间接费用分配率应考虑（　　）。
   A. 生产工时　　　B. 作业目的　　　C. 总量标准　　　D. 成本动因

6. 作业成本法最重要的优点在于（　　）。
   A. 促进企业组织方式变革　　　　　　B. 作业的计量和分配较为客观
   C. 促使管理人员加强成本控制　　　　D. 简化了成本计算程序

7. 下列对作业成本计算法的表述中,不正确的是（　　）。
   A. 作业成本计算法的应用受到适用条件的限制
   B. 作业的计量和分配带有一定的主观性
   C. 成本动因有着严谨的判断方法
   D. 作业成本计算法并没有解决与作业活动无关的间接费用分配问题

二、多项选择题

1. 成本动因可以是（　　）。
   A. 财务指标　　　　　　　　　　　　B. 非财务指标
   C. 数量型或非数量型的　　　　　　　D. 内部或外部的

2. 采用作业成本计算法应具备的条件有( )。
   A. 制造费用比重相当大
   B. 作业环节较多
   C. 生产运行数量相差很大且生产准备成本昂贵
   D. 会计电算化程度较高
3. 选择适当的成本动因通常应考虑的因素有( )。
   A. 成本动因资料是否易得
   B. 与作业实际消耗的相关度
   C. 成本动因引发的人为行为
   D. 执行者的判断经验
4. 作业成本法的局限性主要有( )。
   A. 作业成本法所提供的信息仍以传统会计为基础
   B. 在确定作业中心和成本动因时,具有人为性
   C. 实施成本较高且短期内实施效果不明显
   D. 间接费用分配标准的多元性
5. 适合使用作业成本法的企业特征是( )。
   A. 间接费用在产品成本中结构中比重较小
   B. 企业规模大,产品种类多
   C. 产品工艺过程复杂,作业环节多且容易辨认
   D. 生产准备成本较高,各次投产数量相差较大
   E. 计算机技术较不高
6. 作业成本法较传统成本计算方法主要的优势是( )。
   A. 提供相对准确的成本信息,提高了决策的相关性
   B. 作业成本法所提供的信息仍以传统会计为基础
   C. 有利于改进责任会计系统和业绩评价体系
   D. 在确定作业中心和成本动因时,具有人为性
7. 作业成本法与传统成本法相比的特点是( )。
   A. 以作业为核心的多元化的成本核算对象
   B. 以成本动因作为成本归集和分配的标准
   C. 作业成本计算不仅是一个成本分配过程,而且更重要的是一个依据因果关系分析资源流动并进行作业管理的过程
   D. 作业成本法以增加顾客价值为业绩评价的目标
8. 作业的基本特征是( )。
   A. 作业是一种资源的投入和另一种效果产出的过程
   B. 作业活动贯穿于生产经营的全过程
   C. 作业是可以量化的
   D. 所有作业都是增加价值的

三、判断题

1. 作业是作业成本计算法的基础。 ( )
2. 成本动因与作业之间是一对一的对应关系。 ( )
3. 作业成本计算仅仅是一种成本核算方法,并非是一种现代成本管理的方法。 ( )
4. 作业成本计算法适用于生产经营的作业环节不多,各种产品需要技术服务的程度相差不大

的情况。　　　　　　　　　　　　　　　　　　　　　　　　　　　　（　）

5. 作业成本计算法通常能恰如其分地反映间接成本与产量之间的变动关系。（　）

6. 并不是所有的企业都适合采用作业成本法。　　　　　　　　　　　　（　）

四、计算分析题

（一）

一、目的　　练习传统成本法和作业成本法的比较。

二、资料　　某企业生产甲、乙、丙三种产品，2017年10月有关成本资料如表11-13至表11-15。

表11-13　成本资料表

摘　要	甲产品	乙产品	丙产品	合　计
产品产量（件）	100	200	40	340
直接材料（元）	5 000	18 000	800	23 800
直接人工（元）	5 800	16 000	1 600	23 400
制造费用（元）	—	—	—	38 940
年直接人工工时（小时）	300	800	80	1 180

表11-14　资　料　表

	制　造　费　用	金　额（元）
作业成本库	装配	12 126
	材料采购	2 000
	物料处理	6 000
	起动准备	30
	质量控制	4 210
	产品包装	2 500
	工程处理	7 000
	管理	5 074
	合　　　计	38 940

表11-15　资　料　表

制造费用	成本动因	作业量			
		甲产品	乙产品	丙产品	合　计
装配	机器小时（小时）	100	250	80	430
材料采购	订单数量（张）	12	48	140	200
物料处理	材料移动（次数）	7	30	63	100
起动准备	准备次数（次数）	10	40	100	150
质量控制	检验小时（小时）	40	80	80	200
产品包装	包装次数（次数）	4	30	66	100
工程处理	工程处理时间（小时）	100	180	120	400
管理	直接人工（小时）	300	800	80	1 180

三、要求　根据上述资料,利用下表分别采用传统成本法和作业成本法计算甲、乙、丙三种产品的总成本和单位成本。

(1)传统成本计算法:

表11-16　制造费用分配表

	甲产品	乙产品	丙产品	合　计
直接人工工时(小时)				
分配率				
制造费用(元)				

表11-17　产品成本计算单

金额单位:元

摘　要	甲产品	乙产品	丙产品
直接材料 直接人工 制造费用 总成本 产量(件) 单位成本			

(2)作业成本计算法:

表11-18　单位作业成本计算表

摘　要	成本动因	制造费用	作业量	单位作业成本
装配 材料采购 物料处理 起动准备 质量控制 产品包装 工程处理 管理				

表11-19　制造费用分配表

摘　要	单位作业成本	甲产品		乙产品		丙产品	
		作业量	作业成本(元)	作业量	作业成本(元)	作业量	作业成本(元)
装配 材料采购 物料处理 起动准备 质量控制 产品包装 工程处理 管理							
合　计							

表 11-20　产品成本计算单

金额单位：元

项　目	甲产品	乙产品	丙产品
直接材料			
直接人工			
制造费用			
总成本			
产量（件）			
单位成本			

（二）

一、目的　练习运用传统成本法和作业成本法分配制造费用。

二、资料　某企业本月生产甲、乙两种产品，本月发生费用资料如下表。

表 11-21　本月发生费用资料表

摘　要	甲产品	乙产品
产品产量（件）	100	100
生产批次（次）	10	1
机器小时（小时）	1 200	800

本月发生制造费用 45 000 元，其中装配费 12 000 元（成本动因为工时），质量检验费 22 000 元、设备调试费 11 000 元（成本动因为生产批次）。

三、要求　根据上述资料利用下表完成下列事项：

（1）采用传统成本法分配制造费用（按机器工时比例分配）。

（2）采用作业成本法分配制造费用。

① 传统成本计算法：

表 11-22　制造费用分配表

摘　要	甲产品	乙产品	合　计
机器小时数（小时）			
分配率			
制造费用（元）			

② 作业成本计算法：

表 11-23　制造费用分配表

摘　要	制造费用金额	作业量总数	单位产品作业成本	甲产品		乙产品	
				作业量	作业成本	作业量	作业成本
装配费用							
质量检验费							
设备调试费							
合　计							

（三）

一、目的　练习传统成本法和作业成本法的成本计算及其比较。

二、资料　某企业生产甲、乙、丙、丁四种产品，本月生产费用资料如下表。

表11-24　生产费用资料表

产品	产量（件）	单位料耗（元/件）	单位直接人工（元/件）	单位机器工时（小时/件）
甲	10	6	0.5	0.5
乙	100	6	0.5	0.5
丙	10	18	1.5	1.5
丁	100	18	1.5	1.5

表11-25　生产费用资料表

产品	起动数	订单数	加工次数	备件数
甲产品	1	1	1	1
乙产品	3	3	3	1
丙产品	1	1	1	1
丁产品	3	3	3	1
制造费用金额	940	1 000	2 000	2 000

三、要求　根据上述资料，利用下表完成下列事项：

(1) 按传统成本计算法(制造费用按机器工时比例分配)计算各产品的总成本和单位成本。

(2) 按作业成本法计算各产品的总成本和单位成本。

(3) 比较上述两种方法计算结果的差异，并说明原因。

① 传统成本计算法：

表11-26　制造费用分配表

项目	甲产品	乙产品	丙产品	丁产品
机器工时数(小时)				
分配率				
制造费用(元)				

表11-27　产品成本计算单

单位：元

摘要	甲产品	乙产品	丙产品	丁产品
直接材料				
直接人工				
制造费用				
总成本				
单位成本				

② 作业成本计算法：

表 11-28 制造费用分配表

摘要	制造费用	作业量	单位产品作业成本	甲产品	乙产品	丙产品	丁产品
起动							
订单							
加工							
备件							
合计							

表 11-29 产品成本计算单

单位：元

摘要	甲产品	乙产品	丙产品	丁产品	合计
直接材料					
直接人工					
制造费用					
总成本					
单位成本					

测试题参考答案

第一章 总 论

一、单项选择题
1. A 2. B 3. C 4. C 5. B

二、多项选择题
1. ABCDE 2. AB 3. ABCD

三、判断题
1. × 2. √ 3. √ 4. × 5. √ 6. √ 7. ×

第二章 制造业成本核算的要求和一般程序

一、单项选择题
1. B 2. C 3. D 4. B 5. C 6. C 7. B

二、多项选择题
1. ACDE 2. ABC 3. BCD 4. BCD 5. ABC 6. BC 7. AC 8. ABC

三、判断题
1. × 2. × 3. √ 4. × 5. √ 6. √

四、计算分析题

外购材料的金额＝63 000＋34 000＋5 000＝102 000(元)

工资的金额＝25 000＋5 000＋7 000＝37 000(元)

福利费的金额＝37 000×14％＝5 180(元)

直接材料的金额＝56 000＋12 000＝68 000(元)

直接人工的金额＝25 000×(1＋14％)＝28 500(元)

制造费用的金额＝15 500＋5 000×(1＋14％)＝21 200(元)

第三章 制造业要素费用的核算

一、单项选择题
1. C 2. D 3. D 4. B 5. B 6. A 7. D 8. D 9. D 10. C 11. B 12. A 13. D 14. A 15. D 16. D 17. B 18. D 19. A 20. C 21. D 22. B 23. D 24. A 25. B 26. C 27. D 28. B 29. C 30. D 31. C

二、多项选择题
1. ACD 2. CD 3. ABCDE 4. ABD 5. ABCD 6. ABC 7. AC 8. AB 9. ABD 10. AD 11. ABCD 12. AB 13. ACD 14. ACD 15. ABCDE 16. AC 17. ABD 18. ABC 19. ABC 20. ABCD

三、判断题

1. × 2. × 3. × 4. √ 5. × 6. × 7. √ 8. × 9. × 10. √ 11. × 12. √ 13. × 14. × 15. √ 16. × 17. × 18. × 19. √ 20. × 21. √ 22. √ 23. √ 24. × 25. √

四、计算分析题

（一）

表 3-24 甲材料费用分配表

2017 年 10 月　　　　　　　　　　　　　　　　金额单位：元

产品	产品投产量	单位定额	定额消耗总量	分配率	实际消耗总量	分配率	应分配材料费用
A 产品	4 000	3	12 000		12 600		157 500
B 产品	3 200	2.5	8 000		8 400		105 000
C 产品	2 400	5	12 000		12 600		157 500
合　计	—	—	32 000	1.05	33 600	12.5	420 000

（二）

会计分录如下：

借：基本生产成本——A 产品　　　　　　　　　　157 500
　　　　　　　　——B 产品　　　　　　　　　　105 000
　　　　　　　　——C 产品　　　　　　　　　　157 500
　　制造费用　　　　　　　　　　　　　　　　　 30 000
　　管理费用　　　　　　　　　　　　　　　　　 70 000
　　贷：原材料——甲材料　　　　　　　　　　　520 000

（三）

表 3-25 甲材料费用分配表

2017 年 10 月　　　　　　　　　　　　　　　　金额单位：元

产品名称	单位消耗定额数	系 数	实际产量	标准产量（总系数）	费用分配率	应分配材料费用
A_1	30	1.2	400	480		12 480
A_2	27.5	1.1	500	550		14 300
A_3	25	1	1 000	1 000		26 000
A_4	20	0.8	200	160		4 160
A_5	17.5	0.7	160	112		2 910
合　计	—	—		2 302	26	59 850

（四）

A 产品按实际产量计算的定额工时总量 = 9 500 × 30 ÷ 60 = 4 750（小时）
B 产品按实际产量计算的定额工时总量 = 8 700 × 15 ÷ 60 = 2 175（小时）
人工费用分配率 = 16 620 ÷ (4 750 + 2 175) = 2.4（元/小时）
A 产品应分配的人工费用 = 4 750 × 2.4 = 11 400（元）
B 产品应分配的人工费用 = 2 175 × 2.4 = 5 220（元）

(五)

(1)

表 3-26　工资费用分配表

2017 年 10 月　　　　　　　　　　　　　　　金额单位：元

产　品	实际生产工时(小时)	分　配　率	分配金额
A 产品	800		42 400
B 产品	400		21 200
C 产品	300		15 900
合　计	1 500	53	79 500

表 3-27　提取福利费计算表

2017 年 10 月　　　　　　　　　　　　　　　金额单位：元

产品名称或人员类别	工资总额	计提比例	提取职工福利费
产品生产工人			
A 产品	42 400		5 936
B 产品	21 200		2 968
C 产品	15 900		2 226
车间管理人员	5 500		770
厂部管理人员	15 000		2 100
合　计	100 000	14%	14 000

(2) 会计分录如下：

借：基本生产成本——A 产品　　　　　　42 400
　　　　　　　　　——B 产品　　　　　　21 200
　　　　　　　　　——C 产品　　　　　　15 900
　　制造费用　　　　　　　　　　　　　 5 500
　　管理费用　　　　　　　　　　　　　15 000
　　贷：应付职工薪酬　　　　　　　　　100 000
借：基本生产成本——A 产品　　　　　　 5 936
　　　　　　　　　——B 产品　　　　　　 2 968
　　　　　　　　　——C 产品　　　　　　 2 226
　　制造费用　　　　　　　　　　　　　　770
　　管理费用　　　　　　　　　　　　　 2 100
　　贷：应付职工薪酬　　　　　　　　　 14 000

(六)

(1)

表 3-28　外购电费分配表

2017 年 10 月　　　　　　　　　　　　　　　单位：元

产　品	实际工时(小时)	分　配　率	分配金额
A 产品	4 000	2	8 000
B 产品	2 000	2	4 000
C 产品	1 500	2	3 000
合　计	7 500		15 000

(2) 会计分录如下:

借:基本生产成本——A产品　　　　　　　　　　　　　　　8 000
　　　　　　　　——B产品　　　　　　　　　　　　　　　4 000
　　　　　　　　——C产品　　　　　　　　　　　　　　　3 000
　　制造费用　　　　　　　　　　　　　　　　　　　　　 1 000
　　管理费用　　　　　　　　　　　　　　　　　　　　　 2 000
　　贷:应付账款　　　　　　　　　　　　　　　　　　　 18 000

(七)

表 3-29　辅助生产费用分配表(直接分配法)

2017 年 10 月　　　　　　　　　　　　　　金额单位:元

计量单位:

辅助生产车间	应分配费用	分配数量	分配率	分配额					
				产品		车间管理		行政管理部门	
				数量	金额	数量	金额	数量	金额
供电车间	58 240	40 000	1.456	30 000	43 680	3 000	4 368	7 000	10 192
机修车间	53 760	4 000	13.44	—	—	3 000	40 320	1 000	13 440
合计	112 000	—	—		43 680	—	44 688	—	23 632

会计分录如下:

借:基本生产成本　　　　　　　　　　　　　　　　　　43 680
　　制造费用　　　　　　　　　　　　　　　　　　　　44 688
　　管理费用　　　　　　　　　　　　　　　　　　　　23 632
　　贷:辅助生产成本——供电车间　　　　　　　　　　 58 240
　　　　　　　　　　——机修车间　　　　　　　　　　 53 760

(八)

表 3-30　辅助生产费用分配表(交互分配法)

2017 年 10 月　　　　　　　　　　　　　　金额单位:元

计量单位:

	辅助生产车间	应分配费用	分配数量	分配率	分配额									
					供电车间		机修车间		产品		车间管理		行政管理部门	
					数量	金额	数量	金额	数量	金额	数量	金额	数量	金额
交互分配	供电车间	58 240	44 000	1.3236			4 000	5 294.55						
	机修车间	53 760	4 240	12.6792	240	3 043.02								
	小计					3 043.02		5 294.55						
对外分配	供电车间	55 988.47	40 000	1.3997					30 000	41 991.35	3 000	4 199.14	7 000	9 797.98
	机修车间	56 020.53	4 000	14.0051							3 000	42 015.40	1 000	14 005.13
	小计									41 991.35		46 214.54		23 803.11
合计						3 043.02		5 294.55		41 991.35		46 214.54		23 803.11

（九）

会计分录如下：

(1) 借：基本生产成本　　　　　　　　　　　　　　　　　36 000
　　　　制造费用　　　　　　　　　　　　　　　　　　　2 500
　　　　管理费用　　　　　　　　　　　　　　　　　　　1 500
　　　贷：原材料　　　　　　　　　　　　　　　　　　　40 000

(2) 借：基本生产成本　　　　　　　　　　　　　　　　　25 000
　　　　制造费用　　　　　　　　　　　　　　　　　　　2 000
　　　　管理费用　　　　　　　　　　　　　　　　　　　3 000
　　　贷：应付职工薪酬　　　　　　　　　　　　　　　　30 000

(3) 借：基本生产成本　　　　　　　　　　　　　　　　　3 500
　　　　制造费用　　　　　　　　　　　　　　　　　　　280
　　　　管理费用　　　　　　　　　　　　　　　　　　　420
　　　贷：应付职工薪酬　　　　　　　　　　　　　　　　4 200

(4) 借：制造费用　　　　　　　　　　　　　　　　　　　100
　　　　管理费用　　　　　　　　　　　　　　　　　　　200
　　　贷：银行存款　　　　　　　　　　　　　　　　　　300

(5) 借：制造费用　　　　　　　　　　　　　　　　　　　3 000
　　　　管理费用　　　　　　　　　　　　　　　　　　　1 000
　　　贷：累计折旧　　　　　　　　　　　　　　　　　　4 000

(6) 借：制造费用　　　　　　　　　　　　　　　　　　　500
　　　贷：银行存款　　　　　　　　　　　　　　　　　　500

(7) 借：制造费用　　　　　　　　　　　　　　　　　　　1 000
　　　贷：周转材料——低值易耗品　　　　　　　　　　　1 000

(8) 借：制造费用　　　　　　　　　　　　　　　　　　　300
　　　贷：其他应收款　　　　　　　　　　　　　　　　　250
　　　　　库存现金　　　　　　　　　　　　　　　　　　50

(9) 借：制造费用　　　　　　　　　　　　　　　　　　　1 000
　　　贷：银行存款　　　　　　　　　　　　　　　　　　1 000

(10) 借：制造费用　　　　　　　　　　　　　　　　　　500
　　　贷：银行存款　　　　　　　　　　　　　　　　　　500

(11) 借：基本生产成本　　　　　　　　　　　　　　　　2 500
　　　　制造费用　　　　　　　　　　　　　　　　　　　200
　　　　管理费用　　　　　　　　　　　　　　　　　　　600
　　　贷：银行存款　　　　　　　　　　　　　　　　　　3 300

(12) 借：制造费用　　　　　　　　　　　　　　　　　　500
　　　贷：预付账款　　　　　　　　　　　　　　　　　　500

表 3-31　制造费用明细账

生产单位：基本生产车间

年		凭证字号	摘要	费用明细项目										合计
月	日			工资	福利费	折旧费	修理费	机物料消耗	低值易耗品摊销	办公费	差旅费	劳动保护费	租赁费	保险费	水电费	
								2 500								2 500
				2 000	280											2 280
										100						100
(略)	(略)	(略)	(略)			3 000										3 000
							500									500
									1 000							1 000
											300					300
												1 000				1 000
													500			500
														200		200
															500	500
合计				2 000	280	3 000	500	2 500	1 000	100	300	1 000	500	500	200	11 880

（十）

(1)

表 3-32　制造费用分配表

生产单位：基本生产车间　　　2017 年 10 月　　　金额单位：元

产品名称	生产工时（小时）	分配率	分配金额
A 产品	3 000	0.99	2 970
B 产品	5 000	0.99	4 950
C 产品	4 000	0.99	3 960
合　计	12 000		11 880

(2) 会计分录如下：

　　借：基本生产成本——A 产品　　　　　　　　　　　　　　　　　2 970
　　　　　　　　　　——B 产品　　　　　　　　　　　　　　　　　4 950
　　　　　　　　　　——C 产品　　　　　　　　　　　　　　　　　3 960
　　　贷：制造费用　　　　　　　　　　　　　　　　　　　　　　11 880

（十一）

(1)

表 3-33　制造费用分配表

生产单位：第一基本车间　　　2017 年 10 月　　　金额单位：元

产品名称	标准机器工时（小时）				费用分配率	分配金额
	甲类设备（标准机器工时）	乙类设备（系数1.25）		标准机器工时合计		
		实际工时	标准工时			
A 产品	25 000	50 000	62 500	87 500		131 250
B 产品	10 000	40 000	50 000	60 000		90 000
C 产品	40 000	10 000	12 500	52 500		78 750
合　计	75 000	100 000	125 000	200 000	1.5	300 000

(2) 会计分录如下：

　　借：基本生产成本——A产品　　　　　　　　　　　　131 250
　　　　　　　　　　——B产品　　　　　　　　　　　　 90 000
　　　　　　　　　　——C产品　　　　　　　　　　　　 78 750
　　　　贷：制造费用　　　　　　　　　　　　　　　　　300 000

（十二）

(1) 年度预定分配率：

　　甲产品年度计划产量的定额工时＝24 000×4＝96 000(小时)
　　乙产品年度计划产量的定额工时＝18 000×6＝108 000(小时)
　　年度计划分配率＝163 200÷(96 000＋108 000)＝0.8

(2) 1月份分配转出的制造费用：

　　该月甲产品应分配的制造费用＝0.8×1 800×4＝5 760(元)
　　该月乙产品应分配的制造费用＝0.8×1 500×6＝7 200(元)
　　该月应分配转出的制造费用＝5 760＋7 200＝12 960(元)

结转1月份制造费用会计分录如下：

　　借：基本生产成本——甲产品　　　　　　　　　　　　 5 760
　　　　　　　　　　——乙产品　　　　　　　　　　　　 7 200
　　　　贷：制造费用——基本车间　　　　　　　　　　　12 960

(3) 11月份分配转出的制造费用：

　　该月甲产品应分配的制造费用＝0.8×1 200×4＝3 840(元)
　　该月乙产品应分配的制造费用＝0.8×1 000×6＝4 800(元)
　　该月应分配转出的制造费用＝3 840＋4 800＝8 640(元)

结转11月份制造费用会计分录如下：

　　借：基本生产成本——甲产品　　　　　　　　　　　　 3 840
　　　　　　　　　　——乙产品　　　　　　　　　　　　 4 800
　　　　贷：制造费用——基本车间　　　　　　　　　　　 8 640

(4) 12月份分配转出的制造费用如下：

　　该月甲产品应分配的制造费用＝0.8×900×4＝2 880(元)
　　该月乙产品应分配的制造费用＝0.8×800×6＝3 840(元)
　　该月应分配转出的制造费用＝2 880＋3 840＝6 720(元)

结转12月份制造费用会计分录如下：

　　借：基本生产成本——甲产品　　　　　　　　　　　　 2 880
　　　　　　　　　　——乙产品　　　　　　　　　　　　 3 840
　　　　贷：制造费用——基本车间　　　　　　　　　　　 6 720

制造费用年末余额＝310＋6 200－6 720＝－210(元)(贷方余额)
分配率＝210÷(900×4＋800×6)＝0.025
甲产品调减制造费用＝3 600×0.025＝90(元)
乙产品调减制造费用＝4 800×0.025＝120(元)

调整会计分录如下：

　　借：基本生产成本——甲　　　　　　　　　　　　　　　　90
　　　　　　　　　　——乙　　　　　　　　　　　　　　　 120
　　　　贷：制造费用　　　　　　　　　　　　　　　　　　 210

（十三）

(1) 预定（计划）分配率＝115 460÷(2 200×8＋1 500×5)＝4.6

　　3月份甲产品应负担制造费用＝4.6×180×8＝6 624（元）

　　3月份乙产品应负担制造费用＝4.6×120×5＝2 760（元）

　　该车间3月份应分配转出的制造费用＝6 624＋2 760＝9 384（元）

　3月份"制造费用"账户借方实际发生额为9 200元，贷方根据预定分配率转出9 384元，贷方余额184元，即多分配数，平时不予调整。

(2) 节约差异1 392元，应进行调整冲回。具体计算如下：

　　调整分配率＝1 392÷116 000＝0.012

　　甲产品多分配的制造费用＝0.012×76 000＝912（元）

　　乙产品多分配的制造费用＝0.012×40 000＝480（元）

调整会计分录如下：

　借：基本生产成本——甲产品　　　　　　　　　　　　　912

　　　　　　　　　　——乙产品　　　　　　　　　　　　　480

　　贷：制造费用——第一基本生产车间　　　　　　　　　　　　　1 392

（十四）

(1) 计算并结转不可修复废品生产成本：

　　废品应负担的材料费用＝43 200÷(1 880＋120)×120＝2 592（元）

　　废品应负担的人工费用＝47 136÷(1 880＋84)×84＝2 016（元）

　　废品应负担的制造费用＝35 352÷(1 880＋84)×84＝1 512（元）

　　不可修复废品生产成本＝2 592＋2 016＋1 512＝6 120（元）

会计分录如下：

　借：废品损失　　　　　　　　　　　　　　　　　　　　　6 120

　　贷：基本生产成本——直接材料　　　　　　　　　　　　　2 592

　　　　　　　　　　——直接人工　　　　　　　　　　　　　2 016

　　　　　　　　　　——制造费用　　　　　　　　　　　　　1 512

(2) 登记并结转回收废品残料价值：

会计分录如下：

　借：库存现金　　　　　　　　　　　　　　　　　　　　　1 020

　　贷：废品损失　　　　　　　　　　　　　　　　　　　　　1 020

(3) 登记并结转过失人应赔偿款：

会计分录如下：

　借：其他应收款　　　　　　　　　　　　　　　　　　　　　300

　　贷：废品损失　　　　　　　　　　　　　　　　　　　　　300

(4) 计算并结转废品净损失：

　　废品净损失＝6 120－1 020－300＝4 800（元）

会计分录如下：

　借：基本生产成本　　　　　　　　　　　　　　　　　　　　4 800

　　贷：废品损失　　　　　　　　　　　　　　　　　　　　　4 800

(5) 根据会计分录登记废品损失明细账和产品生产成本计算单：

表 3-34 废品损失明细账

生产单位：第二车间　　　　　　　　　　　　　　　　　　　　产品：乙产品

2017年		凭证字号	摘　　要	借　方	贷　方	余　额
月	日					
10			不可修复废品负担材料费	2 592		2 592
			废品应负担的人工费用	2 016		4 608
			废品应负担的制造费用	1 512		6 120
			回收废品残料价值		1 020	5 100
			过失人应赔偿款		300	4 800
			结转废品净损失		4 800	0

表 3-35 产品生产成本计算单

生产单位：第二车间　　　　　　2017年10月　　　　　　　　产品：乙产品

摘　　要	直接材料	直接人工	制造费用	废品损失	合　计
累计生产费用	43 200	47 136	35 352		125 688
转出废品生产成本	2 592	2 016	1 512		6 120
转入废品净损失				4 800	4 800
合格品总成本	40 608	45 120	33 840	4 800	124 368
合格品单位成本	21.6	24	18	2.55	66.15

（十五）

(1) 编制废品成本计算表，计算不可修复废品的生产成本：

表 3-36 废品成本计算表

项　目	产量	直接材料	生产工时	直接工资	制造费用	合　计
费用总额	1 060	69 960	30 000	60 000	15 000	144 960
分配率		66		2	0.5	
废品成本	60	3 960	1 800	3 600	900	8 460

(2) 登记废品损失明细账：

表 3-37 废品损失明细账

摘　　要	直接材料	直接工资	制造费用	合　计
不可修复废品成本	3 960	3 600	900	8 460
残料价值	500			500
合计	3 460	3 600	900	7 960
结转废品净损失	3 460	3 600	900	7 960

(3) 编制有关不可修复废品损失核算的会计分录如下：

　　借：废品损失　　　　　　　　　　　　　　　　　8 460
　　　　贷：原材料　　　　　　　　　　　　　　　　　3 960
　　　　　　应付职工薪酬　　　　　　　　　　　　　　3 600
　　　　　　制造费用　　　　　　　　　　　　　　　　　900

借：原材料	500
贷：废品损失	500
借：基本生产成本	7 960
贷：废品损失	7 960

（十六）

(1) 编制发生可修复废品修复费用的会计分录如下：

借：废品损失	26 540
贷：原材料	8 000
应付工资	11 000
应付职工薪酬	1 540
制造费用	6 000

(2) 编制应收过失人赔款的会计分录如下：

| 借：其他应收款 | 1 200 |
| 贷：废品损失 | 1 200 |

(3) 结转本月废品净损失的会计分录如下：

| 借：基本生产成本 | 25 340 |
| 贷：废品损失 | 25 340 |

（十七）

(1) 不可修复废品的生产成本＝5×100＋30×5×3＋30×5×4＝500＋450＋600＝1 550(元)

(2) 废品净损失＝1 550＋2 130＋850＋119＋1 360－160－120＝5 729(元)

(3) 会计分录如下：

① 借：废品损失　　　　　　　　　　　　　　　　　　　　4 459
　　贷：原材料　　　　　　　　　　　　　　　　　　　　　2 980
　　　　应付职工薪酬　　　　　　　　　　　　　　　　　　　119
　　　　制造费用　　　　　　　　　　　　　　　　　　　　1 360

② 借：废品损失　　　　　　　　　　　　　　　　　　　　1 550
　　贷：基本生产成本　　　　　　　　　　　　　　　　　　1 550

③ 借：原材料　　　　　　　　　　　　　　　　　　　　　　160
　　贷：废品损失　　　　　　　　　　　　　　　　　　　　　160

④ 借：其他应收款　　　　　　　　　　　　　　　　　　　　120
　　贷：废品损失　　　　　　　　　　　　　　　　　　　　　120

⑤ 借：基本生产成本　　　　　　　　　　　　　　　　　　5 729
　　贷：废品损失　　　　　　　　　　　　　　　　　　　　5 729

（十八）

(1) 计算不可修复废品的生产成本：

不可修复废品的材料成本＝40×30＝1 200(元)

不可修复废品的人工成本＝260×10＝2 600(元)

不可修复废品的制造费用＝260×14＝3 640(元)

不可修复废品的生产成本＝1 200＋2 600＋3 640＝7 440(元)

(2) 计算全部废品的净损失：

全部废品的净损失＝不可修复废品的生产成本＋可修复废品的修复费用－残料价值－应收赔偿款＝

7 440＋1 000＋720＋1 600－200－400＝10 160(元)

(3) 编制归集废品修复费用,以及结转不可修复废品生产成本、废品残值、应收赔款和废品净损失的会计分录如下:

借:废品损失	3 320
贷:原材料	1 000
应付职工薪酬	720
制造费用	1 600
借:废品损失	7 440
贷:基本生产成本	7 440
借:原材料	200
贷:废品损失	200
借:其他应收款	400
贷:废品损失	400
借:基本生产成本	10 160
贷:废品损失	10 160

第四章　生产费用在完工产品与在产品之间分配的核算

一、单项选择题

1. A　2. B　3. D　4. A　5. B　6. B　7. C　8. A　9. C　10. C　11. D　12. C　13. A　14. C　15. C　16. D　17. D　18. C　19. B

二、多项选择题

1. BC　2. ABC　3. ABCE　4. ABDE　5. BC　6. ACD　7. ABCD　8. AB

三、判断题

1. √　2. √　3. √　4. ×　5. √　6. √　7. ×　8. ×　9. ×　10. ×

四、计算分析题

(一)

(1) 采用约当产量法计算甲产品月末在产品成本和本月完工产品成本如表4-5所示。

表4-5　产品成本计算单

产品:甲产品　　产量:4 000件　　2017年10月　　　　　　金额单位:元

摘　　要	直接材料	直接人工	制造费用	合　　计
月初在产品成本	600 000	88 000	112 000	800 000
本月生产费用	4 866 200	882 200	1 122 800	6 871 200
生产费用合计	5 466 200	970 200	1 234 800	7 671 200
完工产品数量	4 000	4 000	4 000	
月末在产品约当产量	800	400	400	
生产量合计	4 800	4 400	4 400	
费用分配率(单位成本)	1 138.79	220.5	280.64	
完工产品总成本	4 555 166.67	882 000	1 122 545.46	6 559 712.13
月末在产品成本	911 033.33	88 200	112 254.54	1 111 487.87

(2) 编制结转本月完工入库产品成本的会计分录如下:

借:库存商品——甲产品	6 559 712.13
贷:基本生产成本——甲产品	6 559 712.13

(二)

(1) 第一、第二、第三道工序的完工率分别为10%、40%、80%。

(2) 月末在产品的约当产量为 66 件。
(3) 完工产品成本为 22 400 元；在产品成本为 10 092 元。

（三）

(1) 原材料在每道工序开始时一次投料，则各工序的完工率为：

第一道工序 $=100\div(100+60+40)\times100\%=50\%$
第二道工序 $=(100+60)\div(100+60+40)\times100\%=80\%$
第三道工序 $=(100+60+40)\div(100+60+40)\times100\%=100\%$

各工序约当产量是：

第一道工序 $=150\times50\%=75$（件）
第二道工序 $=200\times80\%=160$（件）
第三道工序 $=250\times100\%=250$（件）

(2) 原材料陆续投料完工率为：

第一道工序 $=100\times50\%\div(100+60+40)\times100\%=25\%$
第二道工序 $=(100+60\times50\%)\div(100+60+40)\times100\%=65\%$
第三道工序 $=(100+60+40\times50\%)\div(100+60+40)\times100\%=90\%$

各工序约当产量是：

第一道工序 $=150\times25\%=37.5$（件）
第二道工序 $=200\times65\%=130$（件）
第三道工序 $=250\times90\%=225$（件）

（四）

各工序的完工率为：

第一道工序 $=40\times50\%\div100\times100\%=20\%$
第二道工序 $=(40+30\times50\%)\div100\times100\%=55\%$
第三道工序 $=(40+30+30\times50\%)\div100\times100\%=85\%$

各工序约当产量是：

第一道工序 $=1\,000\times20\%=200$（件）
第二道工序 $=1\,200\times55\%=660$（件）
第三道工序 $=1\,500\times85\%=1\,275$（件）

（五）

(1) 原材料在生产开始时一次投入的：

原材料费用分配率 $=13\,920\div(400+80)=29$
完工产品的原材料费用 $=400\times29=11\,600$（元）
在产品的原材料费用 $=80\times29=2\,320$（元）
或 $=13\,920-11\,600=2\,320$（元）

(2) 生产开始时投入材料的 80%，加工到 60% 时再投入其余的 20% 时：

原材料费用分配率 $=13\,920\div(400+80\times80\%)=30$
完工产品的原材料费用 $=400\times30=12\,000$（元）
在产品的原材料费用 $=64\times30=1\,920$（元）
或 $=13\,920-12\,000=1\,920$（元）

(3) 当原材料在生产过程中陆续均衡投入时：

原材料费用分配率 $=13\,920\div(400+80\times50\%)=31.64$

完工产品的原材料费用＝400×31.64＝12 656(元)
在产品的原材料费用＝40×31.64＝1 265.6(元)

(六)

第一道工序在产品的加工程度＝16×50%÷40×100%＝20%
第二道工序在产品的加工程度＝(16＋24×50%)÷40×100%＝70%
在产品约当产量分别为：
第一道工序＝200×20%＝40(件)
第二道工序＝100×70%＝70(件)
制造费用分配率＝26 270÷[600＋(40＋70)]＝37
完工产品应负担的制造费用＝600×37＝22 200(元)
月末在产品应负担的制造费用＝(40＋70)×37＝4 070(元)

(七)

直接材料分配率＝21 000÷(9 000＋1 500)＝2
直接人工分配率＝11 700÷(6 000＋500)＝1.8
制造费用分配率＝10 400÷(6 000＋500)＝1.6

表 4-6 产品成本计算单

摘 要	直接材料	直接人工	制造费用	合 计
本月合计	21 000	11 700	10 400	43 100
分配率	2	1.8	1.6	
完工产品成本	18 000	10 800	9 600	38 400
在产品成本	3 000	900	800	4 700

(八)

在产品按定额成本计价法计算月末在产品成本和完工产品成本如表 4-7 所示：

表 4-7 完工产品与月末在产品成本计算表

成本项目	生产费用合计	月末在产品成本	完工产品成本
直接材料	48 020	100×70＝7 000	41 020
直接工资	15 250	1 300×2.05＝2 665	12 585
制造费用	12 000	1 300×2.40＝3 120	8 880
合 计	75 270	12 785	62 485

(九)

完工产品总成本为 251 800 元；在产品总成本为 16 200 元。

1. 原材料定额费用总额＝5 000×30＋400×25＝160 000(元)
   原材料费用分配率＝(30 000＋194 000)÷160 000＝1.4
   完工产品应负担的材料费用＝150 000×1.4＝210 000(元)
   在产品应负担的材料费用＝10 000×1.4＝14 000(元)

2. 工时定额总和＝5 000×3.8＋400×2.5＝19 000＋1 000＝20 000(小时)
   人工费用分配率＝(2 500＋25 000)÷20 000＝1.375
   完工产品应负担的人工费用＝19 000×1.375＝26 125(元)
   在产品负担的人工费用＝1 000×1.375＝1 375(元)

3. 制造费用分配率＝(1 500＋15 000)÷20 000＝0.825
   完工产品负担的制造费用＝19 000×0.825＝15 675(元)

在产品应负担的制造费用=1 000×0.825=825(元)
4. 完工产品总成本=210 000+26 125+15 675=251 800(元)
   在产品总成本=14 000+1 375+825=16 200(元)

(十)

(1) 计算定额原材料费用：

完工产品=100×80=8 000(元)

在产品=3 000+7 000-8 000=2 000(元)

(2) 计算定额工时：

完工产品=100×40=4 000(小时)

在产品=2 000+3 000-4 000=1 000(小时)

(3) 计算定额比例：

直接材料分配率=(3 500+7 500)÷(8 000+2 000)=1.1

直接工资分配率=(2 500+3 500)÷(4 000+1 000)=1.2

制造费用分配率=(1 500+2 500)÷(4 000+1 000)=0.8

(4) 计算完工产品成本和月末在产品成本(见表4-8)：

表4-8 完工产品与月末在产品成本计算表

成本项目	完工产品成本	月末在产品成本
直接材料	8 000×1.1=8 800	2 000×1.1=2 200 (3 500+7 500-8 800)
直接工资	4 000×1.2=4 800	1 000×1.2=1 200 (2 500+3 500-4 800)
制造费用	4 000×0.8=3 200	1 000×0.8=800 (1 500+2 500-3 200)
合　计	16 800	4 200

(十一)

(1) 计算各项费用分配率：

材料费用分配率=10 010÷(5 600+3 500)=1.1

人工费用分配率=8 550÷(3 860+1 880)=1.48955

制造费用分配率=7 462÷(3 860+1 880)=1.3

(2) 分配计算完工产品和月末在产品成本：

完工产品应负担的材料费用=5 600×1.1=6 160(元)

完工产品应负担的人工费用=3 860×1.48955=5 750(元)

完工产品应负担的制造费用=3 860×1.3=5 018(元)

完工产品成本=6 160+5 750+5 018=16 928(元)

在产品应负担的材料费用=3 500×1.1=3 850(元)

在产品应负担的人工费用=8 550-5 750=2 800(元)

在产品应负担的制造费用=1 880×1.3=2 444(元)

在产品成本=3 850+2 800+2 444=9 094(元)

(3) 登记甲产品成本明细账(见表4-9)：

表 4-9 产品成本明细账

摘 要		原材料	直接人工	制造费用	合 计
月初在产品成本		1 120	950	830	2 900
本月生产费用		8 890	7 600	6 632	23 122
合 计		10 010	8 550	7 462	26 022
完 工 产 品	定额	5 600	3 860(工时)		
	实际	6 160	5 750	5 018	16 928
月 末 在产品	定额	3 500	1 880(工时)		
	实际	3 850	2 800	2 444	9 094

(十二)

材料费用分配率=(120 000+320 000)÷(18 000+2 000)=22
完工产品负担的材料费用=18 000×22=396 000(元)
在产品负担的材料费用=2 000×22=44 000(元)
直接人工费用分配率=(27 360+109 440)÷(8 400+1 600)=13.68
完工产品负担的人工费用=8 400×13.68=114 912(元)
在产品负担的人工费用=1 600×13.68=21 888(元)
制造费用分配率=(6 000+34 000)÷(8 400+1 600)=4
完工产品应负担的制造费用=8 400×4=33 600(元)
在产品应负担的制造费用=1 600×4=6 400(元)
完工产品总成本=396 000+114 912+33 600=544 512(元)
在产品总成本=44 000+21 888+6 400=72 288(元)

(十三)

第一道工序在产品约当产量=(18×50%÷48)×120=22.5(件)
第二道工序在产品约当产量=(18+24×50%)÷48×80=50(件)
第三道工序在产品约当产量=(18+24+6×50%)÷48×160=150(件)
在产品约当产量合计=22.5+50+150=222.5(件)
制造费用分配率=16 450÷(600+222.5)=20
完工产品负担的制造费用=600×20=12 000(元)
在产品负担的制造费用=222.5×20=4 450(元)

(十四)

A产品完工产品的总成本=7 200+2 400+1 800+800=12 200(元)
A产品完工产品的单位成本=12 200÷200=61(元)

(十五)

材料费用分配率=(8 000+32 000)÷(180+20)=200
月末在产品成本(在产品原材料费用)=200×20=4 000(元)
本月完工产品成本=8 000+32 000+1 140+1 800−4 000=38 940(元)

第五章 生产类型与产品成本计算方法

一、单项选择题

1. D 2. D 3. B 4. B 5. C 6. C

二、多项选择题

1. CD 2. ABCD 3. ACD 4. BC 5. AD 6. BD 7. AB

三、判断题
1. √ 2. √ 3. × 4. √ 5. √

第六章　产品成本计算的品种法

一、单项选择题
1. A　2. A　3. B　4. C

二、多项选择题
1. BD　2. ACD　3. ABC　4. ABE　5. ABD

三、判断题
1. ×　2. ×　3. √　4. ×　5. ×　6. √

四、计算分析题

（一）

① 表 6-17　直接材料费用分配表

2017 年 10 月　　　　　　　　　　　　　　　　　金额单位：元

产品	直接耗用材料	分配率	分配共同用料	耗料合计
A 产品	400 000		80 000	480 000
B 产品	200 000		40 000	240 000
合　计	600 000	0.2	120 000	720 000

会计分录如下：

借：基本生产成本——A 产品	480 000
——B 产品	240 000
制造费用	8 000
辅助生产成本——供电车间	124 000
——锅炉车间	20 000
管理费用	12 000
贷：原材料	884 000

② 表 6-18　直接人工费用分配表

2017 年 10 月　　　　　　　　　　　　　　　　　金额单位：元

产品	生产工时（小时）	工资分配		福利费分配	
		分配率	分配金额	分配率	分配金额
A 产品	81 000		324 000		45 360
B 产品	54 000		216 000		30 240
合　计	135 000	4	540 000	0.56	75 600

会计分录如下：

借：基本生产成本——A 产品	369 360
——B 产品	246 240
制造费用	18 240
辅助生产成本——供电车间	22 800
——锅炉车间	27 360
管理费用	68 400
贷：应付职工薪酬	752 400

会计分录如下：

③ 借：制造费用　　　　　　　　　　　　　　　　　60 000
　　　　辅助生产成本——供电车间　　　　　　　　12 000
　　　　　　　　　　　——锅炉车间　　　　　　　10 000
　　　　管理费用　　　　　　　　　　　　　　　　　16 000
　　　贷：累计折旧　　　　　　　　　　　　　　　　98 000

会计分录如下：

④ 借：制造费用　　　　　　　　　　　　　　　　　 4 000
　　　　辅助生产成本——供电车间　　　　　　　　 2 400
　　　　　　　　　　　——锅炉车间　　　　　　　 1 600
　　　　管理费用　　　　　　　　　　　　　　　　　 2 000
　　　贷：银行存款　　　　　　　　　　　　　　　　10 000

会计分录如下：

⑤ 借：制造费用　　　　　　　　　　　　　　　　　 2 800
　　　　辅助生产成本——供电车间　　　　　　　　　 800
　　　　　　　　　　　——锅炉车间　　　　　　　 2 000
　　　　管理费用　　　　　　　　　　　　　　　　　 6 400
　　　贷：库存现金　　　　　　　　　　　　　　　　12 000

会计分录如下：

⑥ 借：制造费用　　　　　　　　　　　　　　　　　 6 000
　　　　辅助生产成本——供电车间　　　　　　　　80 000
　　　　　　　　　　　——锅炉车间　　　　　　　44 000
　　　　管理费用　　　　　　　　　　　　　　　　　12 000
　　　贷：银行存款　　　　　　　　　　　　　　　 142 000

⑦

表 6-19　辅助生产成本明细账

2017 年 10 月　　　　　　　　　　　　　生产单位：供电车间

摘　要	费　用　项　目					合　计
	材　料	人　工	折　旧	外购电力	其他费用	
耗用材料	124 000					124 000
工资及福利费		22 800				22 800
本月折旧			12 000			12 000
付水电费				80 000		80 000
付其他费用					3 200	3 200
合　计	124 000	22 800	12 000	80 000	3 200	242 000

表 6-20　辅助生产成本明细账

2017 年 10 月　　　　　　　　　　　　　生产单位：锅炉车间

摘　要	费　用　项　目					合　计
	材　料	人　工	折　旧	水电费	其他费用	
耗用材料	20 000					20 000
工资及福利费		27 360				27 360
本月折旧			10 000			10 000
付水电费				40 000		40 000
付其他费用					7 600	7 600
合　计	20 000	27 360	10 000	40 000	7 600	104 960

表 6-21 辅助生产费用分配表
2017 年 10 月　　　　　　　　　　　　　　　　　　　　　　　　金额单位：元

项目		供电车间		锅炉车间	
		劳务量（度）	金额	劳务量（立方米）	金额
待分配费用			242 000		104 960
劳务供应量		612 000		29 000	
计划单位成本			0.4		4.6
受益单位	供电车间			2 000	9 200
	锅炉车间	60 000	24 000		
	产品生产车间	400 000	160 000		
	基本生产车间一般耗用	20 000	8 000	20 000	92 000
	管理部门耗用	132 000	52 800	7 000	32 200
按计划成本分配合计			244 800		133 400
辅助生产车间实际成本			251 200		128 960
辅助生产车间成本差异			6 400		−4 440

表 6-22 产品生产用电分配表
2017 年 10 月　　　　　　　　　　　　　　　　　　　　　　　　金额单位：元

产品	生产工时	分配率	分配金额
A 产品	81 000		96 000
B 产品	54 000		64 000
合计	135 000	1.185 2	160 000

会计分录如下：

借：辅助生产成本——锅炉车间　　　　　　　　　　　　　24 000
　　基本生产成本——A 产品　　　　　　　　　　　　　　96 000
　　　　　　　　——B 产品　　　　　　　　　　　　　　64 000
　　制造费用　　　　　　　　　　　　　　　　　　　　　8 000
　　管理费用　　　　　　　　　　　　　　　　　　　　52 800
　　贷：辅助生产成本——供电车间　　　　　　　　　　244 800
借：管理费用　　　　　　　　　　　　　　　　　　　　6 400
　　贷：辅助生产成本——供电车间　　　　　　　　　　　6 400
借：辅助生产成本——供电车间　　　　　　　　　　　　9 200
　　制造费用　　　　　　　　　　　　　　　　　　　　92 000
　　管理费用　　　　　　　　　　　　　　　　　　　　32 200
　　贷：辅助生产成本——锅炉车间　　　　　　　　　　133 400
借：管理费用　　　　　　　　　　　　　　　　　　　　4 440
　　贷：辅助生产成本——锅炉车间　　　　　　　　　　　4 440

⑧

表 6-23　制造费用明细账

生产单位：基本生产车间　　　　2017 年 10 月　　　　　　　　　　　单位：元

摘　要	费用明细项目						合　计
	原材料	工资及福利费	折旧费	修理费用	办公费	水电费　其他	
车间耗用材料	8 000						8 000
工资及福利费		18 240					18 240
本月折旧			60 000				60 000
修理费用				4 000			4 000
购办公用品					2 800		2 800
付水电费						4 000	4 000
购办公用品					2 000		2 000
分配辅助费用						8 000　92 000	100 000
本期发生额	8 000	18 240	60 000	4 000	4 800	12 000　92 000	199 040
分配结转	8 000	18 240	60 000	4 000	4 800	12 000　92 000	199 040

表 6-24　制造费用分配表

2017 年 10 月　　　　　　　　　　　　　　　　　金额单位：元

产　品	生产工时（小时）	分　配　率	分配金额
A 产品	81 000		119 424
B 产品	54 000		79 616
合　计	135 000	1.4744	199 040

会计分录如下：

借：基本生产成本——A 产品　　　　　　119 424
　　　　　　　　　——B 产品　　　　　　 79 616
　　贷：制造费用　　　　　　　　　　　199 040

⑨　**表 6-25　产品成本计算单**（基本生产成本明细账）

产品：A 产品　　　　　　2017 年 10 月

摘　要	直接材料	直接人工	制造费用	合　计
月初在产品成本	40 000	24 000	16 000	80 000
本月生产费用	480 000	369 360	119 424	968 784
生产费用合计	520 000	393 360	135 424	1 048 784
完工产品产量	1 600	1 600	1 600	
在产品约当产量	800	400	400	
生产总量	2 400	2 000	2 000	
分配率（单位成本）	216.67	196.68	67.712	
完工产品总成本	346 666.67	314 688	108 339.2	769 693.87
月末在产品成本	173 333.33	78 672	27 084.8	279 090.13

表 6-26 产品成本计算单(基本生产成本明细账)

产品：B产品　　　　　　　　2017 年 10 月

摘　要	直接材料	直接人工	制造费用	合　计
本月生产费用	240 000	246 240	79 616	565 856
产量	1 000	1 000	1 000	
分配率(单位成本)	240	246.24	79.616	
完工产品总成本	240 000	246 240	79 616	565 856

会计分录如下：

借：库存商品——A产品　　　　　　　　　　　　　　　　769 693.87
　　　　　　——B产品　　　　　　　　　　　　　　　　565 856.00
　　贷：基本生产成本——A产品　　　　　　　　　　　　769 693.87
　　　　　　　　　　——B产品　　　　　　　　　　　　565 856.00

（二）

(1) 材料费用分配的会计分录如下：

借：基本生产成本——A产品　　　　　　　　　　　　　　8 000
　　　　　　　　——B产品　　　　　　　　　　　　　　40 000
　　辅助生产成本——供电车间　　　　　　　　　　　　　1 000
　　　　　　　　——机修车间　　　　　　　　　　　　　　700
　　制造费用　　　　　　　　　　　　　　　　　　　　　8 300
　　管理费用　　　　　　　　　　　　　　　　　　　　　4 000
　　贷：原材料　　　　　　　　　　　　　　　　　　　62 000

(2)

表 6-27 人工费用分配汇总表

应借账户	应贷账户	生产工时	分配率	应付工资	应付福利费	合　计
基本生产成本	A产品	6 000		34 800	4 872	39 672
	B产品	4 000		23 200	3 248	26 448
	小　计	10 000	5.8	58 000	8 120	66 120
辅助生产成本	供电车间			1 150	161	1 311
	机修车间			2 800	392	3 192
制造费用				1 500	210	1 710
管理费用				5 000	700	5 700
合　计				68 450	9 583	78 033

人工费用分配的会计分录如下：

借：基本生产成本——A产品　　　　　　　　　　　　　　39 672
　　　　　　　　——B产品　　　　　　　　　　　　　　26 448
　　辅助生产成本——供电车间　　　　　　　　　　　　66 120
　　　　　　　　——机修车间　　　　　　　　　　　　　1 311
　　制造费用　　　　　　　　　　　　　　　　　　　　　3 192
　　管理费用　　　　　　　　　　　　　　　　　　　　　1 710
　　　　　　　　　　　　　　　　　　　　　　　　　　　5 700
　　贷：应付职工薪酬　　　　　　　　　　　　　　　　78 033

(3) 折旧费用分配的会计分录如下：

　　借：辅助生产成本——供电车间　　　　　　　　　　　　　　　720
　　　　　　　　　　　　——机修车间　　　　　　　　　　　　　960
　　　　制造费用　　　　　　　　　　　　　　　　　　　　　　7 800
　　　　管理费用　　　　　　　　　　　　　　　　　　　　　　3 000
　　　　贷：累计折旧　　　　　　　　　　　　　　　　　　　　12 480

(4) 其他费用分配的会计分录如下：

　　借：辅助生产成本——供电车间　　　　　　　　　　　　　　40 600
　　　　　　　　　　　　——机修车间　　　　　　　　　　　　 450
　　　　制造费用　　　　　　　　　　　　　　　　　　　　　　18 700
　　　　管理费用　　　　　　　　　　　　　　　　　　　　　　13 600
　　　　贷：银行存款　　　　　　　　　　　　　　　　　　　　73 350

(5)

表 6-28　辅助生产费用分配表

辅助生产部门			供电车间	机修车间	合　计
待分配费用			43 631	5 302	48 933
供应量及单位			175 000 度	920 小时	
单位计划成本			0.24 元/度	8 元/小时	
辅助生产部门	供电车间	数量		30	
		金额		240	240
	机修车间	数量	14 500		
		金额	3 480		3 480
其他部门	产品生产	数量		148 500	
		金额	35 640		35 640
	车间一般耗用	数量	4 500	800	
		金额	1 080	6 400	7 480
	管理部门	数量	7 500	90	
		金额	1 800	720	2 520
合　计			42 000	7 360	49 360

供电车间实际成本＝43 631＋240＝43 871(元)
供电车间成本差异＝43 871－42 000＝1 871(元)
机修车间实际成本＝5 302＋3 480＝8 782(元)
机修车间成本差异＝8 782－7 360＝1 422(元)

辅助生产费用的分配差异的结转会计分录如下：

　　借：基本生产成本——A 产品　　　　　　　　　　　　　　　21 384
　　　　　　　　　　　——B 产品　　　　　　　　　　　　　　14 256
　　　　辅助生产成本——供电车间　　　　　　　　　　　　　　240
　　　　　　　　　　　——机修车间　　　　　　　　　　　　　3 480
　　　　制造费用　　　　　　　　　　　　　　　　　　　　　　7 480
　　　　管理费用　　　　　　　　　　　　　　　　　　　　　　2 520
　　　　贷：辅助生产成本——供电车间　　　　　　　　　　　　42 000
　　　　　　　　　　　　　——机修车间　　　　　　　　　　　7 360

借：管理费用　　　　　　　　　　　　　　　　　　　　　　　　　　3 292
　　　　贷：辅助生产成本——供电车间　　　　　　　　　　　　　　　1 871
　　　　　　　　　　　　——机修车间　　　　　　　　　　　　　　　1 422
（6）制造费用分配及结转的会计分录如下：
　　借：基本生产成本——A产品　　　　　　　　　　　　　　　　　26 394
　　　　　　　　　　——B产品　　　　　　　　　　　　　　　　　17 596
　　　　贷：制造费用　　　　　　　　　　　　　　　　　　　　　　43 990
（7）

表6-29　A产品成本计算单

完工数量：180件

成本项目	期初在产品成本	本期生产费用	生产费用合计	期末在产品成本	产成品成本	
					总成本	单位成本
原材料	5 000	8 000	13 000	2 826.07	10 173.93	43.96
燃料和动力	8 160	21 384	29 544	4 337.65	25 206.35	106.26
职工薪酬	18 000	39 672	57 672	8 467.40	49 204.60	207.43
制造费用	12 500	26 394	38 894	5 710.42	33 183.58	139.89
合计	43 660	95 450	139 110	21 341.54	117 768.46	497.54

表6-30　B产品成本计算单

完工数量：100件

成本项目	期初在产品成本	本期生产费用	期末在产品成本	完工产品成本	
				总成本	单位成本
原材料	7 600	40 000	7 600	40 000	400
燃料和动力	2 200	14 256	2 200	14 256	142.56
职工薪酬	4 500	26 448	4 500	26 448	264.48
制造费用	3 300	17 596	3 300	17 596	175.96
合计	17 600	98 300	17 600	98 300	983

表6-31　产成品成本汇总表

产品	原材料	燃料及动力	职工薪酬	制造费用	合计
A	10 173.93	25 206.35	49 204.60	33 183.58	117 768.46
B	40 000	14 256	26 448	17 596	98 300
合计	50 173.93	39 462.35	75 652.60	50 779.58	216 068.46

结转完工产品生产成本的会计分录如下：
　　借：库存商品——A产品　　　　　　　　　　　　　　　　　　117 768.46
　　　　　　　　——B产品　　　　　　　　　　　　　　　　　　98 300.00
　　　　贷：基本生产成本——A产品　　　　　　　　　　　　　　117 768.46
　　　　　　　　　　　——B产品　　　　　　　　　　　　　　98 300.00

第七章　产品成本计算的分批法

一、单项选择题
1. A　2. A　3. C　4. A　5. C　6. D　7. B　8. D　9. C

二、多项选择题
1. ABD　2. ABDE　3. AC　4. BDE　5. BCD　6. AB　7. ABC　8. ABD

三、判断题
1. √　2. √　3. ×　4. √　5. √　6. √

四、计算分析题

（一）

(1)

表 7-11　产品成本计算单　　批　量：　开工日期：　完工日期：

批别：401 批次　产品：甲产品

摘　要	直接材料	直接人工	制造费用	合　计
月初在产品成本	168 000	24 000	16 000	208 000
本月生产费用	—	17 126.11	13 520.61	30 646.72
生产费用合计（完工产品总成本）	168 000	41 126.11	29 520.61	238 646.72
完工产品数量	40	40	40	—
完工产品单位成本	4 200	1 028.15	738.02	5 966.17

表 7-12　产品成本计算单　　批　量：　开工日期：　完工日期：

批别：501 批次　产品：乙产品

摘　要	直接材料	直接人工	制造费用	合　计
本月生产费用	792 000	9 419.36	7 436.35	808 855.71
完工产品数量	6	6	6	—
完工产品单位定额成本	3 300	825	700	4 825
完工产品定额总成本	19 800	4 950	4 200	28 950
月末在产品成本	772 200	4 469.36	3 236.35	779 905.71

表 7-13　产品成本计算单　　批　量：　开工日期：　完工日期：

批别：402 批次　产品：丙产品

摘　要	直接材料	直接人工	制造费用	合　计
月初在产品成本	240 000	4 000	4 000	248 000
本月生产费用	—	85 630.53	67 603.04	153 233.57
生产费用合计（月末在产品成本）	240 000	89 630.53	71 603.04	401 233.57

会计分录如下：

借：库存商品——401 批甲产品　　　　　　　　238 646.72
　　　　　　　——501 批乙产品　　　　　　　　 28 950.00
　　贷：基本生产成本——401 批甲产品　　　　　238 646.72
　　　　　　　　　　——501 批乙产品　　　　　　28 950.00

会计分录如下：

(2) 借：基本生产成本——501 批乙产品　　　　　　　　　　　　　　792 000
　　　贷：原材料　　　　　　　　　　　　　　　　　　　　　　　　　　792 000

(3)
表 7-14　直接人工费用分配表

2017 年 10 月　　　　　　　　　　　　　　　　　　　　　　金额单位：元

产品	生产工时（小时）	分配工人工资		分配福利费		合计
		分配率	分配金额	计提比例	分配金额	
401 批产品	16 000		15 022.9		2 103.21	17 126.11
501 批产品	8 800		8 262.6		1 156.76	9 419.36
402 批产品	80 000		75 114.5		10 516.03	85 630.53
合计	104 800	0.938 9	98 400	14%	13 776	112 176

会计分录如下：

借：基本生产成本——401 批甲产品　　　　　　　　　　　　　　15 022.9
　　　　　　　　——501 批乙产品　　　　　　　　　　　　　　　8 262.6
　　　　　　　　——402 批丙产品　　　　　　　　　　　　　　　75 114.5
　　贷：应付职工薪酬——工资　　　　　　　　　　　　　　　　　98 400.0
借：基本生产成本——401 批甲产品　　　　　　　　　　　　　　2 103.21
　　　　　　　　——501 批乙产品　　　　　　　　　　　　　　　1 156.76
　　　　　　　　——402 批丙产品　　　　　　　　　　　　　　　10 516.03
　　贷：应付职工薪酬——福利费　　　　　　　　　　　　　　　　13 776.00

(4)
表 7-15　制造费用分配表

2017 年 10 月　　　　　　　　　　　　　　　　　　　　　　金额单位：元

产品	生产工时（小时）	分配率	分配金额
401 批产品	16 000		13 520.64
501 批产品	8 800	0.845 04	7 436.35
402 批产品	80 000		67 603.20
合计	104 800		88 560.19

会计分录如下：

借：基本生产成本——401 批甲产品　　　　　　　　　　　　　　13 520.60
　　　　　　　　——501 批乙产品　　　　　　　　　　　　　　　7 436.35
　　　　　　　　——402 批丙产品　　　　　　　　　　　　　　　67 603.20
　　贷：制造费用　　　　　　　　　　　　　　　　　　　　　　　88 560.19

(二)
表 7-18　生产成本二级账

摘要	直接材料	工时	直接人工	制造费用	合计
本月发生	262 130	61 030	103 751	140 369	506 250
累计费用分配率	—	—	1.7	2.3	—
完工产品转出	208 370	43 130	73 321	99 199	380 890
余额	53 760	17 900	30 430	41 170	125 360

表7-19　105批次甲产品成本明细账

摘　要	直接材料	工　时	直接人工	制造费用	合　计
完工产品转出	126 590	25 980	44 166	59 754	230 510
完工产品数量	10	—	10	10	10
完工产品单位成本	12 659	—	4 416.6	5 975.4	23 051

表7-20　106批次乙产品成本明细账

摘　要	直接材料	工　时	直接人工	制造费用	合　计
完工产品转出	81 780	17 150	29 155	39 445	150 380
完工产品数量	15	—	15	15	15
完工产品单位成本	5 452	—	1 943.66	2 629.67	10 025.33

（三）

表7-21　生产成本二级账

摘　要	直接材料	工　时	直接人工	制造费用	合　计
本月发生	12 450	8 980	3 592	5 388	21 430
累计费用分配率	—	—	0.4	0.6	—
完工产品转出	7 960	3 730	1 492	2 238	11 690
余额	4 490	5 250	2 100	3 150	9 740

表7-22　甲产品成本明细账

摘　要	直接材料	工　时	直接人工	制造费用	合　计
本月发生	6 120	3 250	1 300	1 950	9 370
完工产品转出	6 120	3 250	1 300	1 950	9 370
完工产品单位成本	612	—	130	195	937
余额	0	0	0	0	0

表7-23　乙产品成本明细账

产品批号：802　　　　　产品名称：乙产品　　　　　批量：10件

摘　要	直接材料	工　时	直接人工	制造费用	合　计
本月发生	3 680	750	300	450	4 430
完工产品转出	1 840	480	192	288	2 320
完工产品单位成本	368	—	38.4	57.6	464
余额	1 840	—	108	162	2 110

表7-24　丙产品成本明细账

产品批号：803　　　　　产品名称：丙产品　　　　　批量：5件

摘　要	直接材料	工　时	直接人工	制造费用	合　计
本月发生	1 360	2 840	1 136	1 704	4 200
完工产品转出	—	—	—	—	—
完工产品单位成本	—	—	—	—	—
余额	1 360	2 840	1 136	1 704	4 200

表 7-25 丁产品成本明细账

产品批号：804　　　　　产品名称：丁产品　　　　　批量：5 件

摘　要	直接材料	工　时	直接人工	制造费用	合　计
本月发生	1 290	2 140	856	1 284	3 430
完工产品转出	—	—	—	—	—
完工产品单位成本	—	—	—	—	—
余额	1 290	2 140	856	1 284	3 430

第八章　产品成本计算的分步法

一、单项选择题

1. D　2. D　3. B　4. A　5. D　6. C　7. A　8. A　9. B　10. C　11. D　12. C　13. D　14. D　15. D

二、多项选择题

1. AD　2. BCDE　3. BCE　4. ACD　5. AD　6. ABCD　7. BC　8. AD

三、判断题

1. ×　2. √　3. √　4. ×　5. √　6. ×　7. √　8. ×　9. ×　10. ×　11. √

四、计算分析题

(一)

表 8-26　第一车间产品生产成本明细账

产品：A 半成品　　　　　2017 年 10 月　　　　　金额单位：元

摘　要	直接材料	直接人工	制造费用	合　计
月初在产品成本	5 000	1 250	1 000	7 250
本月本步发生费用	55 000	26 250	21 000	102 250
生产费用合计	60 000	27 500	22 000	109 500
本月完工产品数量	1 000	1 000	1 000	
月末在产品约当产量	200	100	100	
约当总产量	1 200	1 100	1 100	
完工产品单位成本	50	25	20	95
完工产品总成本	50 000	25 000	20 000	95 000
月末在产品成本	10 000	2 500	2 000	14 500

表 8-27　第二车间产品生产成本明细账

产品：B 半成品　　　　　2017 年 10 月　　　　　金额单位：元

摘　要	上步转入	本步发生		合　计
	A 半成品	直接人工	制造费用	
月初在产品成本	19 000	4 000	3 000	26 000
本月本步发生费用	—	40 000	30 000	70 000
本月上步转入费用	95 000	—	—	95 000
生产费用合计	114 000	44 000	33 000	191 000
本月完工产品数量	1 000	1 000	1 000	—
月末在产品约当产量	200	100	100	
约当总产量	1 200	1 100	1 100	
完工产品单位成本	95	40	30	165
完工产品总成本	95 000	40 000	30 000	165 000
月末在产品成本	19 000	4 000	3 000	26 000

表 8-28 第三车间产品生产成本明细账

产品：甲产品　　　　　　　　　2017 年 10 月　　　　　　　　金额单位：元

摘　要	上步转入 B半成品	本步发生 直接人工	本步发生 制造费用	合　计
月初在产品成本	66 000	8 000	6 000	80 000
本月本步发生费用	—	42 000	31 500	73 500
本月上步转入费用	165 000	—	—	165 000
生产费用合计	231 000	50 000	37 500	318 500
本月完工产品数量	1 100	1 100	1 100	—
月末在产品约当产量	300	150	150	—
约当总产量	1 400	1 250	1 250	—
完工产品单位成本	165	40	30	235
完工产品总成本	181 500	44 000	33 000	258 500
月末在产品成本	49 500	6 000	4 500	60 000

(二)

表 8-29 A 半成品成本计算单

第一车间

项　目	直接材料	直接人工	制造费用	合　计
月初在产品成本	7 920	474	766	9 160
本月费用	11 880	1 770	2 872	16 522
合　计	19 800	2 244	3 638	25 682
完工半成品数量	300	300	300	—
单位产品定额耗用量(工时)	45	20	20	—
完工产品定额耗用(工时)总量	13 500	6 000	6 000	—
月末在产品数量	100	100	100	—
单位在产品定额耗用量(工时)	45	8	8	—
定额耗用(工时)总量	4 500	800	800	—
完工半成品与在产品定额耗用量(工时)总和	18 000	6 800	6 800	—
分配率	1.1	0.33	0.535	—
完工产品转出	14 850	1 980	3 210	20 040
月末在产品成本	4 950	264	428	5 642

结转自制半成品成本的会计分录如下：

借：库存商品——自制半成品　　　　　　　　　　20 040
　　贷：基本生产成本　　　　　　　　　　　　　　20 040

表 8-30 自制半成品明细账

A 半成品

项目	收　入			发　出			结　存		
	数量	单位成本	总成本	数量	单位成本	总成本	数量	单位成本	总成本
月初结存							75	60	4 500
收入	300	66.8	20 040						
发出				240	65.44	15 705.6			
月末结存							135	65.44	8 834.4

自制半成品发出的会计分录如下：

借：基本生产成本　　　　　　　　　　　　　　　　　　　15 705.6
　　贷：库存商品——自制半成品　　　　　　　　　　　　　　　　15 705.6

表 8-31　A 产品成本计算单

第二车间

项　目	半成品	直接人工	制造费用	合　计
月初在产品成本	18 240	1 012	1 204	20 456
本月费用	15 705.6	1 879.7	2 238.5	19 823.8
合　计	33 945.6	2 891.7	3 442.5	40 279.8
完工产品数量	438	438	438	—
月末在产品约当产量	42	21	21	—
约当总产量	480	459	459	—
完工产品单位成本	70.72	6.3	7.5	84.52
完工产品转出	30 975.36	2 759.4	3 285	37 019.76
月末在产品成本	2 970.24	132.3	157.5	3 260.04

结转完工产品成本的会计分录如下：

借：库存商品——产成品　　　　　　　　　　　　　　　　37 019.76
　　贷：基本生产成本　　　　　　　　　　　　　　　　　　　　37 019.76

进行成本还原：

表 8-32　产成品成本还原计算表

项　目	还原分配率	半成品	直接材料	直接人工	制造费用	成本合计
还原前成品成本	×	30 975.36	—	2 759.4	3 285	37 019.76
本月所产半成品成本	×	×	14 850	1 980	3 210	20 040
成本还原	1.545677	×	22 953.3	3 060.44	4 961.62	30 975.36
还原后产成品成本	×	×	22 953.3	5 819.84	8 246.62	37 019.76

(三)

还原分配率＝15 200÷30 400＝0.5

表 8-33　产品成本还原计算表

产量：100 件

项　目	分配率	半成品	原材料	职工薪酬	制造费用	合　计
还原前产品成本	—	15 200	—	6 420	5 880	27 500
本月所产半成品成本	—	—	18 240	6 980	5 180	30 400
产品成本中半成品成本还原	0.5	−15 200	9 120	3 490	2 590	0
还原后产品总成本	—	—	9 120	9 910	8 470	27 500
产成品单位成本			91.2	99.1	84.7	275

(四)

表 8-34　产品成本明细账

车间名称：第一车间　　　　　　　　　　　　　　　　　　　产品名称：半成品 A

项　目	直接材料	直接人工	制造费用	合　计
月初在产品定额成本	12 000	7 600	5 800	25 400
本月生产费用	60 400	43 000	33 000	136 400
生产费用合计	72 400	50 600	38 800	161 800
完工半成品成本	59 800	45 000	35 200	140 000
月末在产品定额成本	12 600	5 600	3 600	21 800

表 8-35 自制半成品明细账

半成品名称：半成品 A

计量单位：件
金额单位：元

月初余额		本月增加		合　　计			本月减少	
数量	实际成本	数量	实际成本	数量	单位成本	实际成本	数量	实际成本
2 000	24 000	10 000	140 000	12 000	13.67	164 000	10 400	142 133.33

表 8-36 产品成本明细账

车间名称：第二车间　　　　　　　　　　　　　　　　产品名称：产成品 A

项　　目	半成品	直接人工	制造费用	合　　计
月初在产品定额成本	55 200	4 900	5 200	65 300
本月生产费用	142 133.33	39 200	30 800	212 133.33
生产费用合计	197 333.33	44 100	36 000	277 433.33
完工产成品成本	183 533.33	38 850	32 000	254 383.33
月末在产品定额成本	13 800	5 250	4 000	23 050

表 8-37 产成品成本还原计算表

项　　目	还原分配率	半成品	直接材料	直接人工	制造费用	成本合计
还原前成品成本	×	183 533.33	×	38 850	32 000	254 383.33
本月所产半成品成本	×	×	59 800	45 000	35 200	140 000
成本还原	1.310 95	×	78 394.95	58 992.86	46 145.52	183 533.33
还原后产成品成本	×	×	78 394.95	97 842.86	78 145.52	254 383.33

（五）

表 8-40 第一车间产品生产成本明细账

产品：甲产品　　　　　　2017 年 10 月　　　　　　金额单位：元

摘　　　　要		直接材料	直接人工	制造费用	合　　计
月初在产品成本		35 000	16 250	13 000	64 250
本月发生生产费用		55 000	26 250	21 000	102 250
生产费用合计		90 000	42 500	34 000	166 500
最终产成品数量		1 100	1 100	1 100	1 100
在产品约当产量	本步在产品约当产量	200	100	100	—
	已交下步未完工半成品	500	500	500	—
约当总产量（分配标准）		1 800	1 700	1 700	—
单位产成品成本份额		50	25	20	95
结转 1 100 件产成品成本份额		55 000	27 500	22 000	104 500
月末在产品成本		35 000	15 000	12 000	62 000

表 8-41 第二车间产品生产成本明细账

产品：甲产品　　　　　　2017 年 10 月　　　　　　金额单位：元

摘　　　　要	直接材料	直接人工	制造费用	合　　计
月初在产品成本	—	20 000	15 000	35 000
本月发生生产费用	—	40 000	30 000	70 000
生产费用合计	—	60 000	45 000	105 000
最终产成品数量	—	1 100	1 100	1 100

(续表)

摘要		直接材料	直接人工	制造费用	合计
在产品约当产量	本步在产品约当产量	—	100	100	—
	已交下步未完工半成品		300	300	—
约当总产量（分配标准）		—	1 500	1 500	—
单位产成品成本份额		—	40	30	70
结转1 100件产成品成本份额		—	44 000	33 000	77 000
月末在产品成本		—	16 000	12 000	28 000

表 8-42　第三车间产品生产成本明细账

产品：甲产品　　　　　2017年10月　　　　　金额单位：元

摘要	直接材料	直接人工	制造费用	合计
月初在产品成本	—	8 000	6 000	14 000
本月发生生产费用	—	42 000	31 500	73 500
生产费用合计	—	50 000	37 500	87 500
最终产成品数量	—	1 100	1 100	—
本步在产品约当产量	—	150	150	—
约当总产量（分配标准）	—	1 250	1 250	—
单位产成品成本份额	—	40	30	70
结转1 100件产成品成本份额	—	44 000	33 000	77 000
月末在产品成本	—	6 000	4 500	10 500

表 8-43　产品成本计算汇总表

产品：甲产品　　　　　2017年10月　　　　　产量：1 100件　单位：元

车间	直接材料	直接人工	制造费用	合计
第一车间	55 000	27 500	22 000	104 500
第二车间	—	44 000	33 000	77 000
第三车间	—	44 000	33 000	77 000
完工产品总成本	55 000	115 500	88 000	258 500
完工产品单位成本	50	105	80	235

（六）

表 8-47　第一车间产品生产成本明细账

产品：A零件　　　　　2017年10月　　　　　金额单位：元

摘要		直接材料	直接人工	制造费用	合计
月初在产品成本		4 700	760	690	6 150
本月发生生产费用		14 740	3 320	2 472	20 532
生产费用合计		19 440	4 080	3 162	26 682
最终产成品数量		1 600	1 600	1 600	—
在产品约当产量	本步在产品约当产量	240	120	120	—
	第三车间在产品约当产量	320	320	320	—
约当总产量（分配标准）		2 160	2 040	2 040	—
单位产成品成本份额		9	2	1.55	12.55
结转产成品成本份额		14 400	3 200	2 480	20 080
月末在产品成本		5 040	880	682	6 602

表 8-48　第二车间产品生产成本明细账

产品：B零件　　2017 年 10 月　　金额单位：元

摘　　要		直接材料	直接人工	制造费用	合　　计
月初在产品成本		2 100	550	390	3 040
本月发生生产费用		6 400	1 550	1 110	9 060
生产费用合计		8 500	2 100	1 500	12 100
最终产成品数量		1 600	1 600	1 600	—
在产品约当产量	本步在产品约当产量	80	80	80	—
	第三车间在产品约当产量	320	320	320	—
约当总产量（分配标准）		2 000	2 000	2 000	—
单位产成品成本份额		4.25	1.05	0.75	6.05
结转产成品成本份额		6 800	1 680	1 200	9 680
月末在产品成本		1 700	420	300	2 420

表 8-49　第三车间产品生产成本明细账

产品：AB产品　　2017 年 10 月　　金额单位：元

摘　　要	直接材料	直接人工	制造费用	合　　计
月初在产品成本	—	100	150	250
本月发生生产费用	—	912	1 248	2 160
生产费用合计	—	1 012	1 398	2 410
最终产成品数量		1 600	1 600	
本步在产品约当产量		160	160	
约当总产量（分配标准）	—	1 760	1 760	—
单位产成品成本份额		0.575	0.7943	1.3693
结转产成品成本份额		920	1 270.91	2 190.91
月末在产品成本	—	92	127.09	219.09

表 8-50　产品成本计算汇总表

产品：甲产品　　2017 年 10 月　　产量：1 100　单位：元

车　　间	直接材料	直接人工	制造费用	合　　计
第一车间	14 400	3 200	2 480	20 080
第二车间	6 800	1 680	1 200	9 680
第三车间	—	920	1 270.91	2 190.91
完工产品总成本	21 200	5 800	4 950.91	31 950.91
完工产品单位成本	13.25	3.625	3.094	19.97

第九章　产品成本计算的辅助方法

一、单项选择题

1. D　2. C　3. B　4. D　5. C　6. C　7. D　8. D　9. B　10. B　11. C　12. D　13. C　14. B　15. D　16. D

二、多项选择题

1. ACE　2. ADE　3. ABC　4. AD　5. ABCD　6. ACD　7. BCD

三、判断题
1. × 2. × 3. ✓ 4. × 5. × 6. × 7. × 8. ✓ 9. ✓

四、计算分析题

(一)

(1) 系数比例法:

表 9-21　A 类产品总系数计算表

型号	系数	月末在产品				完工产品			合计	
		数量	完工率	投料系数	投工系数	产量	总系数	比例	投料总系数	投工总系数
—	①	②	③	④=①×②	⑤=③×④	⑥	⑦=①×⑥	⑧	⑨=④+⑦	⑩=⑤+⑦
A_1	0.96	750	80%	720	576	500	480	15%	1 200	1 056
A_2	0.96	1 700	50%	1 632	816	1 000	960	30%	2 592	1 776
A_3	1	800	79%	800	632	800	800	25%	1 600	1 432
A_4	1.28	600	50%	768	384	500	640	20%	1 408	1 024
A_5	1.60	550	90%	880	792	200	320	10%	1 200	1 112
合计	—	—	—	4 800	3 200	3 000	3 200	100%	8 000	6 400

根据投料总系数和投工总系数,计算完工产品和在产品应分配费用的百分比,计算完工产品和在产品成本。

完工产品和在产品应分配原材料费用百分比:

月末在产品比例 = 4 800 ÷ 8 000 × 100% = 60%

完工产品比例 = 3 200 ÷ 8 000 × 100% = 40%

完工产品和在产品应分配工资、制造费用的百分比:

月末在产品比例 = 3 200 ÷ 6 400 × 100% = 50%

完工产品比例 = 3 200 ÷ 6 400 × 100% = 50%

表 9-22　基本生产明细账

产品名称:A 类　　　　　　　　　2017 年 10 月

摘要	原材料	燃料和动力	工资及福利费	制造费用	合计
月初在产品成本	70 000	12 000	18 000	3 600	103 600
本月生产费用	80 000	28 000	42 000	8 400	158 400
合计	150 000	40 000	60 000	12 000	262 000
完工产品成本	60 000	20 000	30 000	6 000	116 000
月末在产品成本	90 000	20 000	30 000	6 000	146 000

根据完工产品总成本及类内各产品系数比例,编制产品成本计算单,计算类内各产品成本。

表 9-23　产品成本计算单

成本项目		原材料	燃料和动力	工资及福利费	制造费用	合计
总成本		60 000	20 000	30 000	6 000	116 000
A_1 (15%)	总成本	9 000	3 000	4 500	900	17 400
	单位成本	18	6	9	1.80	34.80
A_2 (30%)	总成本	18 000	6 000	9 000	1 800	34 800
	单位成本	18	6	9	1.80	34.80

(续表)

成本项目		原材料	燃料和动力	工资及福利费	制造费用	合 计
A_3	总成本	15 000	5 000	7 500	1 500	29 000
(25%)	单位成本	18.75	6.25	9.375	1.875	36.25
A_4	总成本	12 000	4 000	6 000	1 200	23 200
(20%)	单位成本	24	8	12	2.40	46.40
A_5	总成本	6 000	2 000	3 000	600	11 600
(10%)	单位成本	30	10	15	3	58

(2) 系数分配率法：

根据本月费用的合计数及投料总系数和投工总系数，计算系数分配率：

原材料系数分配率＝费用合计数÷投料总系数＝150 000÷8 000＝18.75
燃料和动力系数分配率＝费用合计数÷投工总系数＝40 000÷6 400＝6.25
工资及福利费系数分配率＝费用合计数÷投工总系数＝60 000÷6 400＝9.375
制造费用系数分配率＝费用合计数÷投工总系数＝12 000÷6 400＝1.875

根据费用合计数及系数分配率、类内各产品系数，计算完工产品和在产品成本及类内各产品的成本。

表 9-24 费用分配计算表

项 目	总系数	总 成 本				
		原材料	燃料和动力	职工薪酬	制造费用	合 计
系数分配率	—	18.75	6.25	9.375	1.875	—
月末在产品成本	4 800 (3 200)	90 000	20 000	30 000	6 000	146 000
完工产品成本	3 200	60 000	20 000	30 000	6 000	116 000
A_1	480	9 000	3 000	4 500	900	17 400
A_2	960	18 000	6 000	9 000	1 800	34 800
A_3	800	15 000	5 000	7 500	1 500	29 000
A_4	640	12 000	4 000	6 000	1 200	23 200
A_5	320	6 000	2 000	3 000	600	11 600

月末在产品应负担原材料费用＝4 800×18.75＝90 000(元)
月末在产品应负担燃料和动力费用＝3 200×6.25＝20 000(元)
完工产品应负担原材料费用＝3 200×18.75＝60 000(元)
A_1 完工产品应负担原材料费用＝480×18.75＝9 000(元)

其余类推（从略）。

(二)

(1) 系数分配法：

表 9-27 产品成本计算单

产品名称	产量(件)	系 数	总系数	分配率	联产品成本
甲	2 400	1	2 400		24 000
乙	1 800	0.8	1 440		14 400
丙	2 500	0.6	1 500		15 000
合 计	6 700	—	5 340	10	53 400

表 9-28　甲产品成本汇总表

成本项目	分离前成本		加工费	总成本	单位成本
	比重	金额			
原材料	29%	6 960	400	7 360	3.07
燃料及动力	15%	3 600	90	3 690	1.54
工资及福利费	37%	8 880	60	8 940	3.73
制造费用	19%	4 560	30	4 590	1.91
合　　计	100%	24 000	580	24 580	10.25

(2) 实物量分配法：

表 9-29　产品成本计算单

金额单位：元

产品名称	产量(件)	联合成本	分配率	应负担成本	加工费	总成本
甲	2 400			19 128.24	580	19 708.24
乙	1 800			14 346.18		14 346.18
丙	2 500			19 925.58		19 925.58
合　计	6 700	53 400	7.970 1	53 400	580	53 980

(3) 销售价值分配法：

表 9-30

金额单位：元

产品名称	产量(件)	单价	销售价值	比例	应负担成本	加工费	总成本
甲	2 400	5	12 000	44.94%	23 997.96	580	24 577.96
乙	1 800	4	7 200	26.97%	14 401.98		14 401.98
丙	2 500	3	7 500	28.09%	15 000.06		15 000.06
合　计	6 700	—	26 700	100%	53 400	580	53 980

(4) 净实现价值分配法：

表 9-31

金额单位：元

产品名称	产量(件) ①	单价 ②	销售价值 ③=①×②	净实现价值 ④=③−⑦	比例 ⑤	应负担成本 ⑥=53 400×⑤	加工费 ⑦	总成本 ⑧=⑥+⑦
甲	2 400	5	12 000	11 420	43.72%	23 346.48	580	23 926.48
乙	1 800	4	7 200	7 200	27.57%	14 722.38		14 722.38
丙	2 500	3	7 500	7 500	28.71%	15 331.14		15 331.14
合　计	6 700	—	26 700	26 120	100%	53 400	580	53 980

(三)

表 9-32 产品成本计算单

产品名称：甲产品　　　　　　　　2017 年 10 月

成本项目	月初在产品		月初在产品定额变动		本月费用		完工产品成本			月末在产品	
	定额成本	定额差异	调整数	变动差异数	定额成本	定额差异	定额成本	定额差异	定额变动差异	实际成本	定额成本	定额差异
直接材料	430	−20	−30	30	800	50	1 000	25	30	1 055	200	5
直接人工	100	8	0	0	450	14	500	20	0	520	50	2
制造费用	160	10	0	0	720	34	800	40	0	840	80	4
合　计	690	−2	−30	30	1 970	98	2 300	85	30	2 415	330	11

月末在产品定额费用：

直接材料按原定额计算＝20×4.3×5＝430(元)

直接材料按新定额计算＝20×4×5＝400(元)

材料费定额变动差异＝430−400＝30(元)

材料费定额变动调整数＝400−430＝−30(元)

直接人工定额费用＝20×50％×5×2＝100(元)

制造费用定额费用＝20×50％×5×3.2＝160(元)

本月定额费用：

直接材料定额费用＝(50＋10−20)×4×5＝800(元)

直接人工定额费用＝(50＋10×50％−20×50％)×5×2＝450(元)

制造费用定额费用＝(50＋10×50％−20×50％)×5×3.2＝720(元)

完工产品定额费用：

直接材料定额费用＝50×4×5＝1 000(元)

直接人工定额费用＝50×5×2＝500(元)

制造费用定额费用＝50×5×3.2＝800(元)

月末在产品定额费用：

直接材料定额费用＝10×4×5＝200(元)

直接人工定额费用＝10×50％×5×2＝50(元)

制造费用定额费用＝10×50％×5×3.2＝80(元)

直接材料定额差异分配率＝(−20＋50)÷(1 000＋200)×100％＝2.5％

直接人工定额差异分配率＝(8＋14)÷(500＋50)×100％＝4％

制造费用定额差异分配率＝(10＋34)÷(800＋80)×100％＝5％

第十章　成本报表与成本分析

一、单项选择题

1. A　2. B　3. B　4. A　5. C　6. A　7. D　8. D　9. D　10. D　11. B　12. B　13. C　14. B　15. B

二、多项选择题

1. ABC　2. ABCD　3. ABCDE　4. ABE　5. ABD　6. ABCD

三、判断题

1. ×　2. ×　3. √　4. √　5. √　6. ×　7. √　8. ×　9. ×　10. √

四、计算分析题

(一)

(1)

表 10-27 定额耗用和实际耗用的材料费用及差异比较

项目	产品数量	材料单耗(千克)	材料单价(元)	材料费用(元)
定额	200	50	30	300 000
实际	210	48	32	322 560
差异	10	−2	2	22 560

(2) 分析:

产量变动影响＝15 000(元)

单耗变动影响＝−12 600(元)

单价变动影响＝20 160(元)

(二)

(1) 产品生产成本表中总成本各栏的计算和填列见下表。

表 10-28 产品生产成本表

产品名称	计量单位	实际产量	单位成本(元)			总 成 本 (元)		
			上年实际	本年计划	本年实际	按上年实际单位成本计算	按本年计划单位成本计算	本年实际
可比产品						31 500	31 050	30 600
甲	件	30	1 050	1 035	1 020	47 250	44 625	43 575
乙	件	35	1 350	1 275	1 245			
不可比产品								
丙	件	20	—	600	690		12 000	13 800
全部产品						78 750	87 675	87 975

(2) 全部产品生产成本计划完成情况:

87 975−87 675＝300(元)(超支)

300÷87 975×100%＝0.34%(超支)

产值成本率计划数为 60 元/百元,实际数为 57.5 元/百元(87 975÷153 000×100%)。

上述计算说明,本月全部产品实际总成本虽然比计划超支,但本月商品产值也大,从产品成本率分析看,企业本月生产耗费的经济效益比较好。总成本超支是由于丙产品(不可比产品)成本超支所致,可比产品甲与产品乙成本都是降低的。应对丙产品超支,甲、乙产品节约进行进一步分析,寻找原因。

(三)

表 10-33 甲产品单位成本分析表

成本项目	差异额(元)		差异率(%)		各项目降低额对单位成本的影响(%)	
	比上年	比计划	比上年	比计划	比上年	比计划
直接材料	−30	+10	−8.33	+3.125	−5	+2
直接人工	−15	−5	−25	−10	−2.5	−1
制造费用	−15	+35	−8.33	+26.92	−2.5	+7
合 计	−60	+40	−41.66	+20.045	−10	+8

分析：甲产品实际单位成本比上年节约 60 元，而且各成本项目比上年均有所降低，说明企业成本呈降低趋势。但企业并未完成成本计划，实际单位成本比计划超支 40 元，超支率为 8%。除直接人工成本影响降低 1%外，直接材料、制造费用影响单位成本分别超支 2%和超支 7%，这就需要按单位产品成本项目进一步分析超支原因。

(1) 单位产品直接材料成本分析：

耗用量差异：

A 材料＝(42－40)×5＝10(元)

B 材料＝(15－20)×6＝－30(元)

单价差异：

A 材料＝42×(5－5)＝0(元)

B 材料＝(8－6)×15＝30(元)

由于 A 材料消耗量上升，使成本升高 10 元；B 材料消耗量降低，使成本降低 30 元；B 材料单价上升，使成本升高 30 元。所以，由于直接材料单价、耗用量变动，使单位成本升高 10 元(10－30＋30)。

(2) 单位产品直接人工成本分析：

人工效率差异＝(120－100)×0.5＝10(元)

小时工资率差异＝120×(0.375－0.5)＝－15(元)

人工效率差异为 10 元，说明劳动生产率降低了，生产单位产品耗用的工时增加了；由于工资率的降低，使成本降低了 15 元。综合起来，人工成本降低了 5 元。

(3) 单位产品制造费用分析：

变动性制造费用：

人工效率差异的影响＝(1 352÷520－1 000÷500)×(30×500÷1 000)＝9(元)

分析差异率的影响＝2.6×(40×520÷1 352－30×500÷1 000)＝1(元)

9＋1＝10(元)

固定性制造费用：

人工效率差异的影响＝(2.6－2)×(100×500÷1 000)＝30(元)

生产能力利用差异的影响＝2.6×(100×500÷1 352－100×500÷1 000)＝－33.85(元)

耗费差异的影响＝2.6×(125×520÷1 352－100×500÷1 352)＝28.85(元)

30－33.85＋28.85＝25(元)

制造费用实际比计划升高 35 元，其中，变动性制造费用升高 10 元，固定性制造费用升高 25 元。由于人工效率差异使成本升高 39 元(9＋30)，说明单位产品耗用工时增加，劳动生产率下降。

第十一章 作业成本法

一、单项选择题

1. A 2. D 3. C 4. B 5. D 6. B 7. C

二、多项选择题

1. ABD 2. ABCD 3. AB 4. ABC 5. BCD 6. AC 7. ABCD 8. ABC

三、判断题

1. √ 2. × 3. × 4. × 5. × 6. √

四、计算分析题

（一）

(1) 传统成本计算法：

表 11-16　制造费用分配表

	甲产品	乙产品	丙产品	合　计
直接人工工时（小时）	300	800	80	1 180
分配率		38 940÷1 180＝33		
制造费用（元）	9 900	26 400	2 640	38 940

表 11-17　产品成本计算单

金额单位：元

摘　要	甲产品	乙产品	丙产品
直接材料	5 000	18 000	800
直接人工	5 800	16 000	1 600
制造费用	9 900	26 400	2 640
总 成 本	20 700	60 400	5 040
产量（件）	100	200	40
单位成本	207	302	126

(2) 作业成本计算法：

表 11-18　单位作业成本计算表

摘　要	成本动因	制造费用	作业量	单位作业成本
装　配	机器小时（小时）	12 126	430	28.2
材料采购	订单数量（张）	2 000	200	10
物料处理	材料移动（次数）	6 000	100	60
起动准备	准备次数（次数）	30	150	0.2
质量控制	检验小时（小时）	4 210	200	21.05
产品包装	包装次数（次数）	2 500	100	25
工程处理	工程处理时间（小时）	7 000	400	17.5
管　理	直接人工（小时）	5 074	1 180	4.3

表 11-19 制造费用分配表

摘要	单位作业成本（元）	甲产品 作业量	甲产品 作业成本（元）	乙产品 作业量	乙产品 作业成本（元）	丙产品 作业量	丙产品 作业成本（元）
装　配	28.2	100	2 820	250	7 050	80	2 256
材料采购	10	12	120	48	480	140	1 400
物料处理	60	7	420	30	1 800	63	3 780
起动准备	0.2	10	2	40	8	100	20
质量控制	21.05	40	842	80	1 684	80	1 684
产品包装	25	4	100	30	750	66	1 650
工程处理	17.5	100	1 750	180	3 150	120	2 100
管　理	4.3	300	1 290	800	3 440	80	344
合　计	—	—	7 344	—	18 362	—	13 234

表 11-20 产品成本计算单

金额单位：元

项　目	甲产品	乙产品	丙产品
直接材料	5 000	18 000	800
直接人工	5 800	16 000	1 600
制造费用	7 344	18 362	13 234
总成本	18 144	52 362	15 634
产量（件）	100	200	40
单位成本	181.44	261.81	390.85

（二）

（1）传统成本计算法：

表 11-22 制造费用分配表

摘要	甲产品	乙产品	合计
机器小时数（小时）	1 200	800	2 000
分配率	45 000÷2 000＝22.5（元/小时）		
制造费用（元）	27 000	18 000	45 000

甲产品应负担的制造费用＝22.5×1 200＝27 000（元）

乙产品应负担的制造费用＝22.5×800＝18 000（元）

（2）作业成本计算法：

表 11-23 制造费用分配表

摘要	制造费用金额	作业量总数	单位产品作业成本	甲产品 作业量	甲产品 作业成本	乙产品 作业量	乙产品 作业成本
装配费用	12 000	2 000	6	1 200	7 200	800	4 800
质量检验费	22 000	11	2 000	10	20 000	1	2 000
设备调试费	11 000	11	1 000	10	10 000	1	1 000
合　计	45 000	—	—	—	37 200	—	7 800

甲产品应负担的制造费用为 37 200 元。
乙产品应负担的制造费用为 7 800 元。

(三)

(1) 传统成本计算法:

表 11-26　制造费用分配表

项　　目	甲产品	乙产品	丙产品	丁产品
机器工时数(小时)	5	50	15	150
分配率	5 940÷220＝27(元/小时)			
制造费用	135	1 350	405	4 050

表 11-27　产品成本计算单

摘　　要	甲产品	乙产品	丙产品	丁产品
直接材料	60	600	180	1 800
直接人工	5	50	15	150
制造费用	135	1 350	405	4 050
总成本	200	2 000	600	6 000
单位成本	20	20	60	60

(2) 作业成本计算法:

表 11-28　制造费用分配表

摘要	制造费用	作业量	单位产品作业成本	甲产品	乙产品	丙产品	丁产品
起动	940	8	117.5	117.5	352.5	117.5	352.5
订单	1 000	8	125	125	375	125	375
加工	2 000	8	250	250	750	250	750
备件	2 000	4	500	500	500	500	500
合计	5 940	—	—	992.5	1 977.5	992.5	1 977.5

表 11-29　产品成本计算单

摘　　要	甲产品	乙产品	丙产品	丁产品	合　　计
直接材料	60	600	180	1 800	2 640
直接人工	5	50	15	150	220
制造费用	992.5	1 977.5	992.5	1 977.5	5 940
总成本	1 057.5	2 627.5	1 187.5	3 927.5	8 800
单位成本	105.75	26.275	118.75	39.275	—

模拟试题及参考答案

模拟试题(一)

一、单项选择题(每题1分,共20分)

1. 生产费用是同(　　)相联系的。
   A. 期间　　　　　　　　　　B. 产品
   C. 生产工艺　　　　　　　　D. 成本计算方法

2. 根据有关资料,在若干个与生产经营成本有关的方案中,选择最优方案、确定目标成本是成本会计的(　　)职能。
   A. 成本核算　　　　　　　　B. 成本决策
   C. 成本预测　　　　　　　　D. 成本控制

3. 辅助生产费用交互分配后的实际费用要在(　　)分配。
   A. 辅助生产以外的各受益单位之间
   B. 在各受益单位之间
   C. 各辅助生产车间之间
   D. 各基本生产车间之间

4. 应计入产品成本而不能分清应由哪种产品负担的材料、人工等费用,应(　　)。
   A. 不计入产品成本
   B. 按一定的标准分配计入产品成本
   C. 直接计入产品成本
   D. 直接冲减本期损益

5. 区分各种产品成本计算方法的主要标志是(　　)。
   A. 成本计算期
   B. 完工产品与在产品费用分配方法
   C. 成本计算对象
   D. 费用分配标准

6. 不计算在产品成本的方法,适用于(　　)。
   A. 能制定比较准确的消耗定额的情况
   B. 月末在产品数量变动不大的情况

C. 原材料费用在产品成本中所占比重较大的情况

D. 月末在产品数量很小的情况

7. 在产品按定额成本计价法,每月生产费用脱离定额的节约差异或超支差异(　　)。

　　A. 当月在完工产品与在产品之间分配

　　B. 全部计入月末在产品成本

　　C. 全部计入当月完工产品成本

　　D. 全部计入管理费用

8. 生产过程中或入库后发现的各种废品损失,不包括(　　)。

　　A. 修复废品的人员工资

　　B. 修复废品领用的材料

　　C. 不可修复废品的报废损失

　　D. 实行"三包"损失

9. 废品净损失在分配转出时,应借记(　　)账户,贷记"废品损失"账户。

　　A. "基本生产成本"　　　　　　B. "制造费用"

　　C. "管理费用"　　　　　　　　D. "营业外支出"

10. 某工业企业某种产品本月完工 250 件,月末在产品 160 件,在产品完工程度测定为 40%;月初和本月发生的原材料费用共为 56 520 元,原材料随着加工进度陆续投入,则完工产品月末在产品的原材料费用分别为(　　)。

　　A. 45 000 元和 11 250 元

　　B. 45 000 元和 11 520 元

　　C. 34 298 元和 21 952 元

　　D. 40 000 元和 16 250 元

11. 假定某企业某产品工时定额为 40 小时,经两道工序组成。每道工序的工时定额分别为 30 小时和 10 小时,则第二道工序的完工程度是(　　)。

　　A. 37.5%　　　　　　　　　　B. 50%

　　C. 87.5%　　　　　　　　　　D. 90%

12. 产品成本计算的品种法适用于(　　)。

　　A. 大量大批多步骤生产,管理要求提供半成品成本资料

　　B. 小批单件单步骤生产

　　C. 大量大批多步骤生产

　　D. 大量大批单步骤生产

13. 联产品的成本计算一般采用(　　)。

　　A. 分类法　　　　　　　　　　B. 分步法

　　C. 分批法　　　　　　　　　　D. 品种法

14. 影响可比产品成本降低率的因素有(　　)。

　　A. 产品产量

　　B. 产品单位成本

C. 产品的种类和规格

D. 产品数量

15. 一定时期销售一定数量产品的主营业务成本与主营业务收入的比率是（　　）。

   A. 成本费用利润率

   B. 产值成本率

   C. 销售成本率

   D. 销售利润率

16. 可以测定各因素对有关成本指标差异的影响程度的成本分析方法是（　　）。

   A. 指标对比分析法

   B. 趋势比率分析法

   C. 构成比率分析法

   D. 因素分析法

17. 下列属于商品流通业成本核算特点的是（　　）。

   A. 商品成本计价的单一性

   B. 成本计算期与会计期间不一致

   C. 以每一种商品作为成本计算对象

   D. 商品经营成本分类核算上的特殊性

18. 下列关于作业成本法的说法中,错误的是（　　）。

   A. 作业成本法以成本动因作为成本归集和分配的标准

   B. 作业中心和成本动因的确定是人为的

   C. 作业成本法是一种适合于所有企业的一种成本计算方法

   D. 在高新技术生产环境下,与传统成本计算方法相比,作业成本法提供的成本信息更客观、准确

19. 在作业成本法下,将作业成本分配到各种产品的标准是（　　）。

   A. 机器工时   B. 作业动因

   C. 生产工人工资   D. 资源动因

20. 下列作业属于批量水平作业的是（　　）。

   A. 设备调整   B. 直接材料

   C. 编制产品生产流程 D. 厂房维修

二、多项选择题（每题2分,共12分）

1. 下列应计入产品成本的费用是（　　）。

   A. 辅助生产车间管理人员工资

   B. 厂部管理人员工资

   C. 专设销售机构人员工资

   D. 车间机物料消耗

2. 下列各项中,为了计算产品成本,必须正确划分的费用界限有（　　）。

A. 生产成本与期间费用的界限

B. 营业费用与管理费用的界限

C. 各个月份的费用界限

D. 各种产品的费用界限

E. 完工产品与在产品的费用界限

3. 下列不需要进行成本还原的分步法是(　　)。

A. 逐步综合结转分步法

B. 逐步分项结转分步法

C. 平行结转分步法

D. 按计划成本结转分步法

4. 成本计划的内容包括(　　)。

A. 主要产品单位成本计划

B. 全部商品产品成本计划

C. 制造费用计划

D. 期间费用计划

5. 生产成本报表主要包括(　　)。

A. 商品产品成本表

B. 主要产品单位成本表

C. 制造费用明细表

D. 利润表

E. 管理费用明细表

6. 一般说来,适合采用作业成本法的企业应具备的特点是(　　)。

A. 计算机技术较高

B. 企业规模大,产品种类多

C. 生产过程简单,产品品种少

D. 制造费用在产品成本中比重较大

三、判断题(每题1分,共15分)

1. 原材料费用都是直接费用。　　　　　　　　　　　　　　　　　　　(　　)

2. 实行计件工资制的企业,由于材料缺陷产生的废品,不付计件工资。(　　)

3. 各企业可以根据自己的特点和管理的要求,对成本项目作适当的增减。

(　　)

4. 采用约当产量法计算在产品成本时,如果原材料不是在开始生产时一次投入,而是随着加工进度陆续投入的,其投料程度与其加工进度完全一致,则计算材料费用的约当产量与计算加工费用的约当产量应是一致的。(　　)

5. 采用各种成本计算方法计算产品成本,各月末都要在完工产品与月末在产品之间分配费用。(　　)

6. 会计报表按其报送对象可以分为对外报表和对内报表两类。成本报表属于内部报表,不再对外报送。（　　）
7. 产量变动之所以影响产品单位成本,是由于在产品全部成本中包括了一部分变动费用。（　　）
8. 在商品产品成本表中,可比产品成本降低额和降低率,是可比产品的实际成本与计划成本相比的降低额和降低率。（　　）
9. 零售企业的库存商品和已销商品的成本都是按进价计算的。（　　）
10. 运输企业成本核算的特点之一是成本计算对象的多样性。（　　）
11. 施工企业建筑产品的收入和成本的计量大多按单件产品进行,施工企业往往按单独的工程项目进行成本计算。（　　）
12. 采用作业成本法分配制造费用,与采用传统的成本计算方法分配制造费用,结果应该相等。（　　）
13. 对直接费用的处理,采用作业成本法与采用传统的成本计算方法是一样的。（　　）
14. 传统的成本计算方法高估了生产量小而技术复杂程度高的产品的成本。（　　）
15. 产品水平作业的发生不仅与产品种类有关,而且与生产产品的数量相关。（　　）

四、填空题（每空1分,共24分）

1. 产品成本计算的基本方法有_____、_____和_____。
2. 采用顺序分配法分配辅助生产费用时,辅助生产车间应按_____顺序排列。
3. 按年度计划分配率分配制造费用时,年末"制造费用"账户为借方余额,则表示_____额大于_____额,年末调整时,应借记"_____"账户,贷记"_____"账户。
4. 在按计划成本法进行辅助生产费用的分配时,计划成本与实际成本的差额一般记入"_____"账户。
5. 某产品经三道工序而成,假定第一道工序的定额工时为 10 小时,第二道工序的定额工时为 15 小时,第三道工序的定额工时为 25 小时,则第一、第二、第三道工序在产品的完工率分别为_____、_____和_____。
6. 某企业为进行生产,本月耗用全部外购原材料 20 000 元,其中,生产产品耗用 15 000 元,车间管理部门耗用 3 000 元,销售部门耗用 2 000 元。本月发生工资及福利费用 8 000 元,其中,直接生产人员工资及福利费为 4 500 元,车间管理人员工资及福利费为 2 000 元,企业行政管理人员工资及福利费为 1 500 元,则本月所发生的产品成本费用为_____元。
7. 在定额法下,在产品定额成本的基础上,加减以下各种差异:_____、_____和_____,可以将定额成本调整为实际成本。

8. 商品流通企业的成本核算中,批发企业一般采用_____法来进行商品成本的核算,而零售企业通常采用_____法来进行商品成本的核算。

9. 产品成本分析中常用的几种方法有:_____、_____、_____和_____。

10. 某企业甲产品变动制造费用的实际发生额为40 000元,实际生产工时为10 000小时,单位产品的工时标准为1.5小时,每小时标准工资率为3.6元,实际生产甲产品8 000件,则甲产品变动制造费用的效率差异和开支差异分别为_____元和_____元。

五、计算题(本题包括两小题,共29分)

1. 某厂生产甲产品,分两个步骤分别在两个车间进行生产。采用逐步结转分步法计算产品成本,半成品成本按综合成本结转。第一车间为第二车间提供半成品甲,第二车间将半成品甲加工成为产成品甲。半成品甲通过仓库收发(半成品成本用加权平均法计算),各车间的月初及月末在产品按定额成本计算。本月第一车间加工完成半成品甲500件送交半成品仓库。第二车间从半成品仓库领用半成品600件,加权平均单位成本30元,本月完工入库产成品甲400件。

要求:计算半成品甲和产成品甲的成本,进行成本还原(完成以下表格)。

产品成本计算单

车间名称:一车间
半成品名称:甲半成品　　2017年9月　　　　完工数量:500件

摘 要	直接材料	直接人工	制造费用	合 计
月初在产品定额成本	1 600	2 200	1 800	5 600
本月生产费用	4 600	5 800	4 200	14 600
费用合计	6 200	8 000	6 000	20 200
完工半成品成本				
月末在产品定额成本	1 800	2 000	1 600	5 400

产品成本计算单

车间名称:二车间
产品名称:甲　　　　2017年9月　　　　完工数量:400件

摘 要	半成品	直接人工	制造费用	合 计
月初在产品定额成本	2 140	1 820	2 040	6 000
本月生产费用		6 450	5 850	
费用合计		8 270	7 890	
完工产品成本				
月末在产品定额成本	5 192	2 840	2 540	10 572

产品成本还原计算表

产品名称：甲　　　　　　2017 年 9 月　　　　　　产量：400 件

项　目	还原分配率	半成品	直接材料	直接人工	制造费用	合　计
还原前产成品成本	×		×			
本月所产半成品成本	×	×				
产成品所耗半成品还原						×
还原后产成品总额	×	×				
产成品单位成本	×	×				

2. 某企业生产甲、乙、丙三种产品，采用作业成本法计算产品成本。完成下面表格。

单位作业成本计算表

项　目	成本动因	制造费用	作业总量	单位作业成本
装　配	机器小时（小时）	18 189	645	
材料采购	订单数量（张）	3 000	200	
物料处理	材料移动（次数）	9 000	100	
起动准备	准备次数（次）	450	225	
合　计	—	30 234	—	—

制造费用分配表

项　目	单位作业成本	甲产品		乙产品		丙产品	
		作业量	作业成本	作业量	作业成本	作业量	作业成本
装　配		150		375		120	
材料采购		12		48		140	
物料处理		7		30		63	
起动准备		15		60		150	
合　计	—	—					

产品成本计算单

项　目	甲产品	乙产品	丙产品
直接材料	3 000	10 800	4 800
直接人工	3 480	9 600	9 600
制造费用			
总成本			

模拟试题(二)

一、单项选择题(每题1分,共15分)

1. 辅助生产费用的顺序分配法,是指将辅助生产费用按辅助生产车间(　　)的顺序进行分配。
   A. 受益少的排列在前,受益多的排列在后
   B. 受益多的排列在前,受益少的排列在后
   C. 费用多的排列在前,费用少的排列在后
   D. 费用少的排列在前,费用多的排列在后

2. 适用于季节性生产企业分配制造费用的方法是(　　)。
   A. 生产工人工资比例分配法　　　B. 生产工人工时比例分配法
   C. 机器工时比例法　　　　　　　D. 按年度计划分配率分配法

3. 采用简化的分批法,在产品完工之前,各批产品成本明细账(　　)。
   A. 不登记任何费用
   B. 只登记材料费用
   C. 登记间接计入费用,不登记直接计入费用
   D. 登记直接计入费用,不登记间接计入费用

4. 商品流通企业的成本核算中,批发企业一般采用(　　)来进行商品成本的核算。
   A. 数量进价金额核算法　　　　　B. 售价金额核算法
   C. 进价金额核算法　　　　　　　D. 数量售价金额核算法

5. 在按产品种类反映的产品生产成本表中,应反映上年成本资料的产品是(　　)。
   A. 主要产品　　　　　　　　　　B. 非主要产品
   C. 可比产品　　　　　　　　　　D. 不可比产品

6. 成本还原的对象是(　　)。
   A. 产成品成本
   B. 各步骤半成品成本
   C. 各步骤产成品中所耗上一步骤半成品成本
   D. 各步骤的产成品成本

7. 如果某种产品所耗原材料费用在产品成本中所占比重很大,在产品成本的确定可使用的方法是(　　)。

A. 约当产量法 B. 在产品按年初固定数法
C. 在产品按所耗原材料费用计算法 D. 在产品按完工产品成本法

8. 分批法适用于（ ）。
   A. 大批大量多步骤生产 B. 大批大量单步骤生产
   C. 大批大量生产 D. 单件小批生产

9. 某工业企业某种产品本月完工250件，月末在产品160件，在产品完工程度测定为60%；月初和本月发生的原材料费用共为41 520元，原材料随着加工进度陆续投入，则完工产品月末在产品的原材料费用分别为（ ）。
   A. 40 000元和1 250元 B. 25 000元和16 520元
   C. 30 000元和11 520元 D. 35 000元和6 250元

10. 采用约当产量法计算在产品成本时，影响在产品准确性的关键因素是（ ）。
    A. 在产品的数量 B. 完工产品的数量
    C. 在产品的完工程度 D. 废品的数量

11. 下列关于作业成本法的说法中，错误的是（ ）。
    A. 作业成本法以成本动因作为成本归集和分配的标准
    B. 作业成本法是一种适合于所有企业的一种成本计算方法
    C. 作业中心和成本动因的确定是人为的
    D. 在高新技术生产环境下，与传统成本计算方法相比，作业成本法提供的成本信息更客观、准确

12. 某厂辅助生产的发电车间待分配费用10 824元，提供给供水车间6 006度，基本生产车间42 636度，行政管理部门5 280度，共计54 120度，采用直接分配法，其费用分配率应是（ ）。
    A. 10 824÷(42 636+5 280) B. 10 824÷(6 006+5 280)
    C. 10 824÷(6 006+42 636) D. 10 824÷(6 006+42 636+5 280)

13. 生产过程中或入库后发现的各种废品损失，不包括（ ）。
    A. 修复废品的人员工资 B. 修复废品领用的材料
    C. 不可修复废品的报废损失 D. 管理不善所造成的产品变质损失

14. 在成本差异分析中，变动性制造费用的开支差异类似于（ ）。
    A. 直接人工效率差异 B. 直接材料用量差异
    C. 直接材料成本差异 D. 直接人工工资率差异

15. 采用逐步结转分步法，其在完工产品与在产品之间分配费用，是指在（ ）之间的费用分配。
    A. 产成品与月末在产品
    B. 完工半成品与月末加工中的在产品
    C. 产成品与广义在产品
    D. 前面步骤的完工半成品与加工中在产品，最后步骤的产成品与加工中在产品

二、多项选择题（每题2分，共10分）

1. 企业基本生产所发生的各项费用，在记入"基本生产成本"账户的借方时，对应贷方账户可能有（　　）。
   A. "原材料" B. "辅助生产成本"
   C. "制造费用" D. "管理费用"
   E. "财务费用"

2. 辅助生产车间分配转出的成本，可以借记（　　）账户。
   A. "低值易耗品" B. "原材料"
   C. "财务费用" D. "营业费用"
   E. "管理费用"

3. 成本报表的分析方法主要有（　　）。
   A. 对比分析法 B. 比率分析法
   C. 差额计算法 D. 趋势分析法
   E. 连环替代分析法

4. 产品成本计算的基本方法主要有（　　）。
   A. 定额法 B. 品种法
   C. 分类法 D. 分批法
   E. 分步法

5. "废品损失"账户借方的对应账户可能有（　　）。
   A. "原材料" B. "应付工资"
   C. "应付福利费" D. "财务费用"
   E. "管理费用"

三、判断题（每题1分，共16分）

1. 成本项目的设置，应根据企业的生产特点和管理的要求来决定。（　　）
2. 生产过程中发生的原材料费用都是直接计入费用。（　　）
3. 完工产品与在产品之间分配费用的约当产量比例法一般适用于工资及其他费用的分配，不适用于原材料费用的分配。（　　）
4. 工业企业成本核算的一般程序，就是对各种费用进行审核，划分五个方面的费用界限的过程。（　　）
5. 销售部门的原材料费用不属于产品成本项目。（　　）
6. 在采用按年初固定计算在产品成本的方法中，本月发生的生产费用则为本月完工产品的费用。（　　）
7. 采用平行结转分步法，各步骤可以同时计算产品成本，但各步骤间不会结转半成品成本。（　　）
8. 按照分步法计算产品成本，如果企业只生产一种产品，则成本计算对象是该种

产品及其所经过的各个生产步骤。（　　）

9. 产品成本项目通常包括原材料、工资及福利费、燃料及动力、制造费用、废品损失和管理费用等。（　　）

10. 平行结转分步法中的在产品指的是广义在产品。（　　）

11. 采用作业成本法分配制造费用，与采用传统的成本计算方法分配制造费用，结果应该不相等。（　　）

12. 在标准成本法下，各种成本差异账户的借方登记超支差异，贷方登记节约差异。（　　）

13. 对直接费用的处理，采用作业成本法与采用传统的成本计算方法是不一样的。（　　）

14. 标准成本法与定额法的根本区别在于是否为各种成本差异设置专门的账户。（　　）

15. 品种法只适用于大量大批的单步骤生产。（　　）

16. 制造费用所采用的所有分配方法，分配结果"制造费用"账户期末都没有余额。（　　）

四、填空题（每空 1 分，共 16 分）

1. 产品成本计算基本方法主要是依据_____的不同来划分的。

2. 辅助生产费用交互分配后的实际费用要在_____之间进行分配。

3. 在定额法下，在产品定额成本的基础上，加减以下各种差异：_____、_____和_____，可以将定额成本调整为实际成本。

4. 在按计划成本法进行辅助生产费用的分配时，计划成本与实际成本的差额一般记入"_____"账户。

5. 某企业采用分类法计算产品成本，类内三种产品的材料费用定额为：甲产品为 90 000 元，乙产品为 100 000 元，丙产品为 120 000 元，其中乙产品为标准产品，则甲、丙产品的材料费用系数分别为_____和_____。

6. 采用逐步结转分步法，若半成品完工后不为下一步直接领用，而通过半成品库收发，则在半成品入库时，应借记"_____"账户，贷记"基本生产成本"账户。

7. 按年度计划分配率分配制造费用时，年末"制造费用"账户为贷方余额，则表示_____额大于_____额，年末调整时，应借记"_____"账户，贷记"_____"账户。

8. 某企业为进行生产本月耗用全部外购原材料 25 000 元，其中，生产产品耗用 20 000 元，车间管理部门耗用 4 000 元，销售部门耗用 1 000 元。本月发生工资及福利费用 9 000 元，其中，直接生产人员工资及福利费为 4 000 元，车间管理人员工资及福利费为 3 000 元，企业行政管理人员工资及福利费为 2 000 元，则本月所发生的产品成本费用为_____元。

9. 某企业甲产品变动制造费用的实际发生额为 45 000 元，实际生产工时为 10 000

小时,单位产品的工时标准为 1.5 小时,每小时标准工资率为 4.2 元,实际生产甲产品 7 000 件,则甲产品变动制造费用的效率差异和开支差异分别为_____元和_____元。

五、计算分析题(两小题,共 23 分)

(一) 某企业生产甲产品 2 000 件,其中 200 件为不可修复废品,废品残值总计 40 元,无赔偿。这种产品耗用成本的有关资料如下:

直接材料(一次投入)	10 200 元
直接人工	4 560 元
制造费用	3 000 元

要求:分别计算以下两种情况下的废品损失。
(1) 假设 200 件不可修复废品是在生产的最后阶段发生的。
(2) 假设 200 件废品是在完成 60% 的时候发生的。

(二) 某企业根据客户订单生产甲、乙两种产品,采用分批法计算产品成本,2009 年 8 月份生产情况及生产费用发生情况资料如下:

1. 本月份生产产品批号:
801 号甲产品 8 台,6 月份投产,本月全部完工;
802 号甲产品 20 台,7 月份投产,本月完工 2 台,未完工 8 台;
811 号乙产品 16 台,本月份投产,计划 9 月份全部完工,本月提前完工 2 台。

2. 本月成本资料:
(1) 月初在产品成本资料:

批 号	原材料	燃料及动力	直接人工	制造费用	合 计
801	13 120	14 400	7 280	3 560	38 360
802	25 720	20 560	11 740	7 780	65 800

(2) 各批产品本月发生的生产费用:

批 号	原材料	燃料及动力	直接人工	制造费用	合 计
801	—	6 300	5 960	1 940	14 200
802	—	7 640	12 240	5 460	25 340
811	18 720	16 360	11 480	6 020	52 580

(3) 各批产品完工产品与在产品之间分配费用的方法:
801 号采用约当产量法进行费用的分配,在产品完工率为 70%;
811 号产品由于本月完工产品数量较少,为简化核算,采用完工产品按定额成本结转方法,每台完工产品的单位定额成本为:原材料 1 100 元,燃料及动力为 900 元,直接人工 620 元,制造费用 330 元,合计 2 950 元。
要求:根据上述资料填写下列各表。

产品成本明细账(一)

产品批号：801　　投产批量：8 台　　投产日期：6 月
产品名称：甲　　本月完工批量：8 台

项　　目	原 材 料	燃料及动力	直接人工	制造费用	合　　计
月初在产品	13 120	14 400	7 280	3 560	38 360
本月生产费用	—	6 300	5 960	1 940	14 200
合　　计					
结转完工产品成本					
单位成本					

产品成本明细账(二)

产品批号：802　　投产批量：20 台　　投产日期：7 月
产品名称：甲　　本月完工批量：12 台

项　　目	原 材 料	燃料及动力	直接人工	制造费用	合　　计
月初在产品	25 720	20 560	11 740	7 780	65 800
本月生产费用	—	7 640	12 240	5 460	25 340
合　　计					
结转完工产品成本					
单位成本					
月末在产品成本					

产品成本明细账(三)

产品批号：811　　投产批量：16 台　　投产日期：8 月
产品名称：乙　　本月完工批量：2 台

项　　目	原 材 料	燃料及动力	直接人工	制造费用	合　　计
本月生产费用	18 720	16 360	11 480	6 020	52 580
完工产品单位定额成本					
完工 2 台产品成本					
月末在产品成本					

六、综合题(20 分)

资料：某工业企业大量生产甲、乙两种产品，产品只经过一个生产步骤加工而成，采用品种法计算产品成本有关资料如下：

(1) 月初在产品成本资料：

产品名称	数　　量	直接材料	直接人工	制造费用	合　　计
甲产品	4 件	1 395	420	217.5	2 032.5
乙产品	8 台	1 701	351	180	2 232
合　计		3 096	771	397.5	4 264.5

(2) 生产工时记录：甲产品本月实耗工时为 7 500 小时，乙产品本月实耗工时为 4 500 小时。

(3) 原材料消耗费用定额：甲产品为 12 元/件，乙产品为 10 元/件。

(4) 本月甲产品耗用原材料 5 000 元，乙产品耗用原材料 4 000 元，甲、乙两产品共同耗用原材料费用为 41 496 元，材料为开工时一次投入，车间管理部门耗用原材料费用为 1 275 元，企业管理部门耗用原材料费用为 675 元。

(5) 本月发生工资费用共计 19 833 元，其中甲、乙两产品生产工人工资为 16 416 元，车间管理部门人员工资为 1 365 元，企业行政管理部门工资为 2 052 元。

(6) 原材料费用按定额费用比例分配，其他费用按生产工时比例分配。

(7) 本月投入生产甲产品 80 件，月末完工 74 件，月末在产品完工程度为 60%；本月投入生产乙产品 56 台，月末完工 56 台，月末在产品的定额资料如下：原材料费用定额总计 1 440 元，定额工时总计 480 小时，每小时工资及福利费为 3 元/小时，每小时制造费用为 2.25 元/小时。

要求：用约当产量法计算甲产品完工产品成本和在产品成本，用在产品按定额成本法计算乙产品完工产品成本和在产品成本。

模拟试题参考答案(一)

一、单项选择题

1. A 2. B 3. A 4. B 5. C 6. D 7. C 8. D 9. A 10. B 11. C 12. D 13. A 14. B 15. C 16. D 17. D 18. C 19. B 20. A

二、多项选择题

1. AD 2. ACDE 3. BCD 4. ABCD 5. ABC 6. ABD

三、判断题

1. × 2. × 3. √ 4. √ 5. × 6. √ 7. × 8. × 9. × 10. √ 11. √ 12. × 13. √ 14. × 15. ×

四、填空题

1. 品种法(或单步法)　分步法　分批法

2. 收益大小

3. 实际发生　计划分配　基本生产成本(或生产成本)　制造费用

4. 管理费用

5. 10%　35%　75%

6. 24 500

7. 脱离定额差异　定额变动差异　原材料成本差异

8. 数量进价金额　售价金额

9. 比较(或对比)分析法　比率分析法　趋势分析法　因素分析法

10. 4 000　－7 200

五、计算题

1.

产品成本计算单

车间名称：一车间
半成品名称：甲半成品　　　2017年9月　　　完工数量：500件

摘　要	直接材料	直接人工	制造费用	合　计
月初在产品定额成本	1 600	2 200	1 800	5 600
本月生产费用	4 600	5 800	4 200	14 600
费用合计	6 200	8 000	6 000	20 200
完工半成品成本	4 400	6 000	4 400	14 800
月末在产品定额成本	1 800	2 000	1 600	5 400

产品成本计算单

车间名称：二车间
产品名称：甲　　　2017年9月　　　完工数量：400件

摘　要	半成品	直接人工	制造费用	合　计
月初在产品定额成本	2 140	1 820	2 040	6 000
本月生产费用	18 000	6 450	5 850	30 300
费用合计	20 140	8 270	7 890	36 300
完工产品成本	14 948	5 430	5 350	25 728
月末在产品定额成本	5 192	2 840	2 540	10 572

模拟试题及参考答案

产品成本还原计算表

产品名称：甲　　　　　　　　　2017 年 9 月　　　　　　　　　产量：400 件

项　目	还原分配率	半成品	直接材料	直接人工	制造费用	合　计
还原前产成品成本	×	14 948	×	5 430	5 350	25 728
本月所产半成品成本	×	×	4 400	6 000	4 400	14 800
产成品所耗半成品还原	14 948÷14 800 ＝1.01	14 948	4 444	6 060	4 444	×
还原后产成品总额	×	×	4 444	11 490	9 794	25 728
产成品单位成本	×	×	11.11	28.725	24.485	64.32

2.

单位作业成本计算表

项　目	成本动因	制造费用	作业总量	单位作业成本
装　配	机器小时（小时）	18 189	645	28.2
材料采购	订单数量（张）	3 000	200	15
物料处理	材料移动（次数）	9 000	100	90
起动准备	准备次数（次）	450	225	2
合　计	—	30 639	—	—

制造费用分配表

项　目	单位作业成本	甲产品 作业量	甲产品 作业成本	乙产品 作业量	乙产品 作业成本	丙产品 作业量	丙产品 作业成本
装　配	28.2	150	4 230	375	10 575	120	3 384
材料采购	15	12	180	48	720	140	2 100
物料处理	90	7	630	30	2 700	63	5 670
起动准备	2	15	30	60	120	150	300
合　计	—	—	5 070	—	14 115	—	11 454

产品成本计算单

项　目	甲产品	乙产品	丙产品
直接材料	3 000	10 800	4 800
直接人工	3 480	9 600	9 600
制造费用	5 070	14 115	11 454
总成本	11 550	34 515	25 854

模拟试题参考答案(二)

一、单项选择题

1. A 2. D 3. D 4. A 5. C 6. C 7. C 8. D 9. C 10. C 11. B 12. B 13. D 14. D 15. D

二、多项选择题

1. ABC 2. ABDE 3. ABCDE 4. BDE 5. ABC

三、判断题

1. √ 2. × 3. √ 4. √ 5. √ 6. √ 7. √ 8. √ 9. × 10. √ 11. √ 12. √ 13. √ 14. × 15. × 16. ×

四、填空题

1. 成本计算对象

2. 辅助生产车间以外的其他受益单位

3. 脱离定额差异 定额变动差异 材料成本差异

4. 管理费用

5. 0.9 1.2

6. 自制半成品

7. 计划分配 实际发生 制造费用 基本生产成本

8. 31 000

9. 3 000 －2 100

五、计算分析题

(一)

(1) 假设200件不可修复废品是在生产的最后阶段发生的,则这时每件废品的成本相当于合格品的成本,则废品的生产成本为:

$$\frac{10\ 200+4\ 560+3\ 000}{2\ 000} \times 200 = 8.88 \times 200 = 1\ 776 \text{(元)}$$

废品净损失为:$1\ 776 - 40 = 1\ 736$(元)

(2) 假设200件废品是在完成60%的时候发生的,则废品生产成本的计算为:

废品应负担的材料费用 $= 10\ 200 \div 2\ 000 \times 200 = 1\ 020$(元)

(因为材料是生产开始时一次投入的,所以合格品和废品应负担的材料费用是一样的。)

废品应负担的人工费用为:

$$\frac{4\ 560}{1\ 800 \times 100\% + 200 \times 60\%} \times 200 \times 60\% = 2.375 \times 120 = 285 \text{(元)}$$

同样废品应负担的制造费用为:

$$\frac{3\ 000}{1\ 800 \times 100\% + 200 \times 60\%} \times 200 \times 60\% = 1.562\ 5 \times 120 = 187.5 \text{(元)}$$

则200件废品的生产成本为:$1\ 020 + 285 + 187.5 = 1\ 492.5$(元)

废品净损失为:$1\ 492.5 - 40 = 1\ 452.5$(元)

（二）

产品成本明细账（一）

产品批号：801　　　　　　　投产批量：8台　　　　　　　投产日期：6月
产品名称：甲　　　　　　　　本月完工批量：8台

项　　目	原材料	燃料及动力	直接人工	制造费用	合　　计
月初在产品	13 120	14 400	7 280	3 560	38 360
本月生产费用	—	6 300	5 960	1 940	14 200
合　　计	13 120	20 700	13 240	5 500	52 560
结转完工产品成本	13 120	20 700	13 240	5 500	52 560
单位成本	1 640	2 587.5	1 655	687.5	6 570

产品成本明细账（二）

产品批号：802　　　　　　　投产批量：20台　　　　　　　投产日期：7月
产品名称：甲　　　　　　　　本月完工批量：12台

项　　目	原材料	燃料及动力	直接人工	制造费用	合　　计
月初在产品	25 720	20 560	11 740	7 780	65 800
本月生产费用	—	7 640	12 240	5 460	25 340
合　　计	25 720	28 200	23 980	13 240	91 140
结转完工产品成本	15 432	19 227.24	16 350	9 027.24	60 036.48
单位成本	1 286	1 602.27	1 362.50	752.27	5 003.04
月末在产品成本	10 288	8 972.76	7 630	4 212.76	31 103.52

产品成本明细账（三）

产品批号：811　　　　　　　投产批量：16台　　　　　　　投产日期：8月
产品名称：乙　　　　　　　　本月完工批量：2台

项　　目	原材料	燃料及动力	直接人工	制造费用	合　　计
本月生产费用	18 720	16 360	11 480	6 020	52 580
完工产品单位定额成本	1 100	900	620	330	2 950
完工2台产品成本	2 200	1 800	1 240	660	5 900
月末在产品成本	16 520	14 560	10 240	5 360	46 680

六、综合题

1. 本月发生生产费用的归集和分配：

（1）原材料费用的分配：

本月甲产品原材料的定额消耗量＝12×80＝960（元）

本月乙产品原材料的定额消耗量＝10×56＝560（元）

原材料费用的分配率＝41 496÷(960＋560)＝27.3

则甲产品分配的原材料费用＝27.3×960＝26 208(元)

乙产品分配的原材料费用＝27.3×560＝15 288(元)

则本月甲产品耗用的原材料费用＝5 000＋26 208＝31 208(元)

本月乙产品耗用的原材料费用＝4 000＋15 288＝19 288(元)

(2) 分配工资费用：

工资费用分配率＝16 416÷(7 500＋4 500)＝1.368

则甲产品应分配的工资费用＝1.368×7 500＝10 260(元)

乙产品应分配的工资费用＝1.368×4 500＝6 156(元)

(3) 分配制造费用：

本月发生制造费用合计＝1 275＋1 365＝2 640(元)

本月制造费用分配率＝2 640÷(7 500＋4 500)＝0.22

则甲产品应负担的制造费用＝0.22×7 500＝1 650(元)

乙产品应负担的制造费用＝0.22×4 500＝990(元)

2. 甲产品生产费用在完工产品和在产品之间的分配：

甲产品的约当产量＝10×60%＝6(件)

则原材料的分配率＝(1 395＋31 208)÷(74＋10)＝388.13

则完工产品的原材料费用＝388.13×74＝28 721.62(元)

在产品的原材料费用＝(1 395＋31 208)－28 721.62＝3 881.38(元)

直接人工分配率＝(420＋10 260)÷(74＋6)＝133.5

则完工产品的直接人工费用＝133.5×74＝9 879(元)

在产品的直接人工费用＝133.5×6＝801(元)

制造费用分配率＝(217.5＋1 650)÷(74＋6)＝23.34375

完工产品的制造费用＝23.34375×74＝1 727.44(元)

在产品的制造费用＝23.34375×6＝140.06(元)

则甲产品完工产品的成本＝28 721.62＋9 879＋1 727.4375＝40 328.06(元)

在产品的成本＝3 881.38＋801＋140.06＝4 822.44(元)

3. 乙产品生产费用在完工产品和在产品之间的分配：

乙产品月末在产品定额成本＝1 440＋480×(3＋2.25)＝3 960(元)

则乙产品完工产品成本＝(2 232＋19 288＋6 156＋990)－3 960＝24 706(元)

附录

关于印发《企业产品成本核算制度（试行）》的通知

财会〔2013〕17号

国务院有关部委、有关直属机构，各省、自治区、直辖市、计划单列市财政厅（局），新疆生产建设兵团财务局，有关中央管理企业：

为加强企业产品成本核算，保证产品成本信息真实、完整，促进企业和经济社会的可持续发展，根据《中华人民共和国会计法》、企业会计准则等国家有关规定，我部制定了《企业产品成本核算制度（试行）》，现予印发，自2014年1月1日起在除金融保险业以外的大中型企业范围内施行，鼓励其他企业执行。执行本制度的企业不再执行《国营工业企业成本核算办法》。

执行中有何问题，请及时反馈我部。

附件：企业产品成本核算制度（试行）

财政部
2013年8月16日

企业产品成本核算制度（试行）

第一章 总 则

第一条 为了加强企业产品成本核算工作，保证产品成本信息真实、完整，促进企业和经济社会的可持续发展，根据《中华人民共和国会计法》、企业会计准则等国家有关规定制定本制度。

第二条 本制度适用于大中型企业，包括制造业、农业、批发零售业、建筑业、房地产业、采矿业、交通运输业、信息传输业、软件及信息技术服务业、文化业以及其他行业的企业。其他未明确规定的行业比照以上类似行业的规定执行。

本制度不适用于金融保险业的企业。

第三条 本制度所称的产品，是指企业日常生产经营活动中持有以备出售的产成品、商品、提供的劳务或服务。

本制度所称的产品成本，是指企业在生产产品过程中所发生的材料费用、职工薪酬等，以及不能直接计入而按一定标准分配计入的各种间接费用。

第四条 企业应当充分利用现代信息技术，编制、执行企业产品成本预算，对执行情况进行分析、考核，落实成本管理责任制，加强对产品生产事前、事中、事后的全过程控制，加强产品成本核算与管理各项基础工作。

第五条 企业应当根据所发生的有关费用能否归属于使产品达到目前场所和状态的原则，正确区分产品成本和期间费用。

第六条 企业应当根据产品生产过程的特点、生产经营组织的类型、产品种类的繁简和成本管理的要求，确定产品成本核算的对象、项目、范围，及时对有关费用进行归集、分配和结转。

企业产品成本核算采用的会计政策和估计一经确定，不得随意变更。

第七条 企业一般应当按月编制产品成本报表，全面反映企业生产成本、成本计划执行情况、产品成本及其变动情况等。

第二章　产品成本核算对象

第八条 企业应当根据生产经营特点和管理要求，确定成本核算对象，归集成本费用，计算产品的生产成本。

第九条 制造企业一般按照产品品种、批次订单或生产步骤等确定产品成本核算对象。

（一）大量大批单步骤生产产品或管理上不要求提供有关生产步骤成本信息的，一般按照产品品种确定成本核算对象。

（二）小批单件生产产品的，一般按照每批或每件产品确定成本核算对象。

（三）多步骤连续加工产品且管理上要求提供有关生产步骤成本信息的，一般按照每种（批）产品及各生产步骤确定成本核算对象。

产品规格繁多的，可以将产品结构、耗用原材料和工艺过程基本相同的产品，适当合并作为成本核算对象。

第十条 农业企业一般按照生物资产的品种、成长期、批别（群别、批次）、与农业生产相关的劳务作业等确定成本核算对象。

第十一条 批发零售企业一般按照商品的品种、批次、订单、类别等确定成本核算对象。

第十二条 建筑企业一般按照订立的单项合同确定成本核算对象。单项合同包括建造多项资产的，企业应当按照企业会计准则规定的合同分立原则，确定建造合同的成本核算对象。为建造一项或数项资产而签订一组合同的，按合同合并的原则，确定建造合同的成本核算对象。

第十三条 房地产企业一般按照开发项目、综合开发期数并兼顾产品类型等确定成本核算对象。

第十四条 采矿企业一般按照所采掘的产品确定成本核算对象。

第十五条 交通运输企业以运输工具从事货物、旅客运输的，一般按照航线、航次、单船(机)、基层站段等确定成本核算对象；从事货物等装卸业务的，可以按照货物、成本责任部门、作业场所等确定成本核算对象；从事仓储、堆存、港务管理业务的，一般按照码头、仓库、堆场、油罐、筒仓、货棚或主要货物的种类、成本责任部门等确定成本核算对象。

第十六条 信息传输企业一般按照基础电信业务、电信增值业务和其他信息传输业务等确定成本核算对象。

第十七条 软件及信息技术服务企业的科研设计与软件开发等人工成本比重较高的，一般按照科研课题、承接的单项合同项目、开发项目、技术服务客户等确定成本核算对象。合同项目规模较大、开发期较长的，可以分段确定成本核算对象。

第十八条 文化企业一般按照制作产品的种类、批次、印次、刊次等确定成本核算对象。

第十九条 除本制度已明确规定的以外，其他行业企业应当比照以上类似行业的企业确定产品成本核算对象。

第二十条 企业应当按照第八条至第十九条规定确定产品成本核算对象，进行产品成本核算。企业内部管理有相关要求的，还可以按照现代企业多维度、多层次的管理需要，确定多元化的产品成本核算对象。

多维度，是指以产品的最小生产步骤或作业为基础，按照企业有关部门的生产流程及其相应的成本管理要求，利用现代信息技术，组合出产品维度、工序维度、车间班组维度、生产设备维度、客户订单维度、变动成本维度和固定成本维度等不同的成本核算对象。

多层次，是指根据企业成本管理需要，划分为企业管理部门、工厂、车间和班组等成本管控层次。

第三章 产品成本核算项目和范围

第二十一条 企业应当根据生产经营特点和管理要求，按照成本的经济用途和生产要素内容相结合的原则或者成本性态等设置成本项目。

第二十二条 制造企业一般设置直接材料、燃料和动力、直接人工和制造费用等成本项目。

直接材料，是指构成产品实体的原材料以及有助于产品形成的主要材料和辅助材料。

燃料和动力，是指直接用于产品生产的燃料和动力。

直接人工，是指直接从事产品生产的工人的职工薪酬。

制造费用，是指企业为生产产品和提供劳务而发生的各项间接费用，包括企业生产部门(如生产车间)发生的水电费、固定资产折旧、无形资产摊销、管理人员的职工薪酬、劳动保护费、国家规定的有关环保费用、季节性和修理期间的停工损失等。

第二十三条　农业企业一般设置直接材料、直接人工、机械作业费、其他直接费用、间接费用等成本项目。

直接材料,是指种植业生产中耗用的自产或外购的种子、种苗、饲料、肥料、农药、燃料和动力、修理用材料和零件、原材料以及其他材料等;养殖业生产中直接用于养殖生产的苗种、饲料、肥料、燃料、动力、畜禽医药费等。

直接人工,是指直接从事农业生产人员的职工薪酬。

机械作业费,是指种植业生产过程中农用机械进行耕耙、播种、施肥、除草、喷药、收割、脱粒等机械作业所发生的费用。

其他直接费用,是指除直接材料、直接人工和机械作业费以外的畜力作业费等直接费用。

间接费用,是指应摊销、分配计入成本核算对象的运输费、灌溉费、固定资产折旧、租赁费、保养费等费用。

第二十四条　批发零售企业一般设置进货成本、相关税费、采购费等成本项目。

进货成本,是指商品的采购价款。

相关税费,是指购买商品发生的进口关税、资源税和不能抵扣的增值税等。

采购费,是指运杂费、装卸费、保险费、仓储费、整理费、合理损耗以及其他可归属于商品采购成本的费用。采购费金额较小的,可以在发生时直接计入当期销售费用。

第二十五条　建筑企业一般设置直接人工、直接材料、机械使用费、其他直接费用和间接费用等成本项目。建筑企业将部分工程分包的,还可以设置分包成本项目。

直接人工,是指按照国家规定支付给施工过程中直接从事建筑安装工程施工的工人以及在施工现场直接为工程制作构件和运料、配料等工人的职工薪酬。

直接材料,是指在施工过程中所耗用的、构成工程实体的材料、结构件、机械配件和有助于工程形成的其他材料以及周转材料的租赁费和摊销等。

机械使用费,是指施工过程中使用自有施工机械所发生的机械使用费,使用外单位施工机械的租赁费,以及按照规定支付的施工机械进出场费等。

其他直接费用,是指施工过程中发生的材料搬运费、材料装卸保管费、燃料和动力费、临时设施摊销、生产工具用具使用费、检验试验费、工程定位复测费、工程点交费、场地清理费,以及能够单独区分和可靠计量的为订立建造承包合同而发生的差旅费、投标费等费用。

间接费用,是指企业各施工单位为组织和管理工程施工所发生的费用。

分包成本,是指按照国家规定开展分包,支付给分包单位的工程价款。

第二十六条　房地产企业一般设置土地征用及拆迁补偿费、前期工程费、建筑安装工程费、基础设施建设费、公共配套设施费、开发间接费、借款费用等成本项目。

土地征用及拆迁补偿费,是指为取得土地开发使用权(或开发权)而发生的各项费用,包括土地买价或出让金、大市政配套费、契税、耕地占用税、土地使用费、土地闲置费、农作物补偿费、危房补偿费、土地变更用途和超面积补交的地价及相关税费、拆迁补偿费用、安置及动迁费用、回迁房建造费用等。

前期工程费，是指项目开发前期发生的政府许可规费、招标代理费、临时设施费以及水文地质勘察、测绘、规划、设计、可行性研究、咨询论证费、筹建、场地通平等前期费用。

建筑安装工程费，是指开发项目开发过程中发生的各项主体建筑的建筑工程费、安装工程费及精装修费等。

基础设施建设费，是指开发项目在开发过程中发生的道路、供水、供电、供气、供暖、排污、排洪、消防、通讯、照明、有线电视、宽带网络、智能化等社区管网工程费和环境卫生、园林绿化等园林、景观环境工程费用等。

公共配套设施费，是指开发项目内发生的、独立的、非营利性的且产权属于全体业主的，或无偿赠与地方政府、政府公共事业单位的公共配套设施费用等。

开发间接费，是指企业为直接组织和管理开发项目所发生的，且不能将其直接归属于成本核算对象的工程监理费、造价审核费、结算审核费、工程保险费等。为业主代扣代缴的公共维修基金等不得计入产品成本。

借款费用，是指符合资本化条件的借款费用。

房地产企业自行进行基础设施、建筑安装等工程建设的，可以比照建筑企业设置有关成本项目。

第二十七条 采矿企业一般设置直接材料、燃料和动力、直接人工、间接费用等成本项目。

直接材料，是指采掘生产过程中直接耗用的添加剂、催化剂、引发剂、助剂、触媒以及净化材料、包装物等。

燃料和动力，是指采掘生产过程中直接耗用的各种固体、液体、气体燃料，以及水、电、汽、风、氮气、氧气等动力。

直接人工，是指直接从事采矿生产人员的职工薪酬。

间接费用，是指为组织和管理厂（矿）采掘生产所发生的职工薪酬、劳动保护费、固定资产折旧、无形资产摊销、保险费、办公费、环保费用、化（检）验计量费、设计制图费、停工损失、洗车费、转输费、科研试验费、信息系统维护费等。

第二十八条 交通运输企业一般设置营运费用、运输工具固定费用与非营运期间的费用等成本项目。

营运费用，是指企业在货物或旅客运输、装卸、堆存过程中发生的营运费用，包括货物费、港口费、起降及停机费、中转费、过桥过路费、燃料和动力、航次租船费、安全救生费、护航费、装卸整理费、堆存费等。铁路运输企业的营运费用还包括线路等相关设施的维护费等。

运输工具固定费用，是指运输工具的固定费用和共同费用等，包括检验检疫费、车船使用税、劳动保护费、固定资产折旧、租赁费、备件配件、保险费、驾驶及相关操作人员薪酬及其伙食费等。

非营运期间费用，是指受不可抗力制约或行业惯例等原因暂停营运期间发生的有关费用等。

第二十九条 信息传输企业一般设置直接人工、固定资产折旧、无形资产摊销、低值易耗品摊销、业务费、电路及网元租赁费等成本项目。

直接人工,是指直接从事信息传输服务的人员的职工薪酬。

业务费,是指支付通信生产的各种业务费用,包括频率占用费,卫星测控费,安全保卫费,码号资源费,设备耗用的外购电力费,自有电源设备耗用的燃料和润料费等。

电路及网元租赁费,是指支付给其他信息传输企业的电路及网元等传输系统及设备的租赁费等。

第三十条 软件及信息技术服务企业一般设置直接人工、外购软件与服务费、场地租赁费、固定资产折旧、无形资产摊销、差旅费、培训费、转包成本、水电费、办公费等成本项目。

直接人工,是指直接从事软件及信息技术服务的人员的职工薪酬。

外购软件与服务费,是指企业为开发特定项目而必须从外部购进的辅助软件或服务所发生的费用。

场地租赁费,是指企业为开发软件或提供信息技术服务租赁场地支付的费用等。

转包成本,是指企业将有关项目部分分包给其他单位支付的费用。

第三十一条 文化企业一般设置开发成本和制作成本等成本项目。

开发成本,是指从选题策划开始到正式生产制作所经历的一系列过程,包括信息收集、策划、市场调研、选题论证、立项等阶段所发生的信息搜集费、调研交通费、通信费、组稿费、专题会议费、参与开发的职工薪酬等。

制作成本,是指产品内容制作成本和物质形态的制作成本,包括稿费、审稿费、校对费、录入费、编辑加工费、直接材料费、印刷费、固定资产折旧、参与制作的职工薪酬等。电影企业的制作成本,是指企业在影片制片、译制、洗印等生产过程所发生的各项费用,包括剧本费、演职员的薪酬、胶片及磁片磁带费、化妆费、道具费、布景费、场租费、剪接费、洗印费等。

第三十二条 除本制度已明确规定的以外,其他行业企业应当比照以上类似行业的企业确定成本项目。

第三十三条 企业应当按照第二十一条至第三十二条规定确定产品成本核算项目,进行产品成本核算。企业内部管理有相关要求的,还可以按照现代企业多维度、多层次的成本管理要求,利用现代信息技术对有关成本项目进行组合,输出有关成本信息。

第四章 产品成本归集、分配和结转

第三十四条 企业所发生的费用,能确定由某一成本核算对象负担的,应当按照所对应的产品成本项目类别,直接计入产品成本核算对象的生产成本;由几个成本核算对象共同负担的,应当选择合理的分配标准分配计入。

企业应当根据生产经营特点,以正常生产能力水平为基础,按照资源耗费方式确定合理的分配标准。

企业应当按照权责发生制的原则,根据产品的生产特点和管理要求结转成本。

第三十五条 制造企业发生的直接材料和直接人工,能够直接计入成本核算对象的,应当直接计入成本核算对象的生产成本,否则应当按照合理的分配标准分配计入。

制造企业外购燃料和动力的,应当根据实际耗用数量或者合理的分配标准对燃料和动力费用进行归集分配。生产部门直接用于生产的燃料和动力,直接计入生产成本;生产部门间接用于生产(如照明、取暖)的燃料和动力,计入制造费用。制造企业内部自行提供燃料和动力的,参照本条第三款进行处理。

制造企业辅助生产部门为生产部门提供劳务和产品而发生的费用,应当参照生产成本项目归集,并按照合理的分配标准分配计入各成本核算对象的生产成本。辅助生产部门之间互相提供的劳务、作业成本,应当采用合理的方法,进行交互分配。互相提供劳务、作业不多的,可以不进行交互分配,直接分配给辅助生产部门以外的受益单位。

第三十六条 制造企业发生的制造费用,应当按照合理的分配标准按月分配计入各成本核算对象的生产成本。企业可以采取的分配标准包括机器工时、人工工时、计划分配率等。

季节性生产企业在停工期间发生的制造费用,应当在开工期间进行合理分摊,连同开工期间发生的制造费用,一并计入产品的生产成本。

制造企业可以根据自身经营管理特点和条件,利用现代信息技术,采用作业成本法对不能直接归属于成本核算对象的成本进行归集和分配。

第三十七条 制造企业应当根据生产经营特点和联产品、副产品的工艺要求,选择系数分配法、实物量分配法、相对销售价格分配法等合理的方法分配联合生产成本。

第三十八条 制造企业发出的材料成本,可以根据实物流转方式、管理要求、实物性质等实际情况,采用先进先出法、加权平均法、个别计价法等方法计算。

第三十九条 制造企业应当根据产品的生产特点和管理要求,按成本计算期结转成本。制造企业可以选择原材料消耗量、约当产量法、定额比例法、原材料扣除法、完工百分比法等方法,恰当地确定完工产品和在产品的实际成本,并将完工入库产品的产品成本结转至库存产品科目;在产品数量、金额不重要或在产品期初期末数量变动不大的,可以不计算在产品成本。

制造企业产成品和在产品的成本核算,除季节性生产企业等以外,应当以月为成本计算期。

第四十条 农业企业应当比照制造企业对产品成本进行归集、分配和结转。

第四十一条 批发零售企业发生的进货成本、相关税金直接计入成本核算对象成本;发生的采购费,可以结合经营管理特点,按照合理的方法分配计入成本核算对象成本。采购费金额较小的,可以在发生时直接计入当期销售费用。

批发零售企业可以根据实物流转方式、管理要求、实物性质等实际情况,采用先进先出法、加权平均法、个别计价法、毛利率法等方法结转产品成本。

第四十二条 建筑企业发生的有关费用,由某一成本核算对象负担的,应当直接计入成本核算对象成本；由几个成本核算对象共同负担的，应当选择直接费用比例、定额比例和职工薪酬比例等合理的分配标准，分配计入成本核算对象成本。

建筑企业应当按照《企业会计准则第 15 号——建造合同》的规定结转产品成本。合同结果能够可靠估计的，应当采用完工百分比法确定和结转当期提供服务的成本；合同结果不能可靠估计的，应当直接结转已经发生的成本。

第四十三条 房地产企业发生的有关费用，由某一成本核算对象负担的，应当直接计入成本核算对象成本；由几个成本核算对象共同负担的，应当选择占地面积比例、预算造价比例、建筑面积比例等合理的分配标准，分配计入成本核算对象成本。

第四十四条 采矿企业应当比照制造企业对产品成本进行归集、分配和结转。

第四十五条 交通运输企业发生的营运费用，应当按照成本核算对象归集。

交通运输企业发生的运输工具固定费用，能确定由某一成本核算对象负担的，应当直接计入成本核算对象的成本；由多个成本核算对象共同负担的，应当选择营运时间等符合经营特点的、科学合理的分配标准分配计入各成本核算对象的成本。

交通运输企业发生的非营运期间费用，比照制造业季节性生产企业处理。

第四十六条 信息传输、软件及信息技术服务等企业，可以根据经营特点和条件，利用现代信息技术，采用作业成本法等对产品成本进行归集和分配。

第四十七条 文化企业发生的有关成本项目费用，由某一成本核算对象负担的，应当直接计入成本核算对象成本；由几个成本核算对象共同负担的，应当选择人员比例、工时比例、材料耗用比例等合理的分配标准分配计入成本核算对象成本。

第四十八条 企业不得以计划成本、标准成本、定额成本等代替实际成本。企业采用计划成本、标准成本、定额成本等类似成本进行直接材料日常核算的，期末应当将耗用直接材料的计划成本或定额成本等类似成本调整为实际成本。

第四十九条 除本制度已明确规定的以外，其他行业企业应当比照以上类似行业的企业对产品成本进行归集、分配和结转。

第五十条 企业应当按照第三十四条至第四十九条规定对产品成本进行归集、分配和结转。企业内部管理有相关要求的，还可以利用现代信息技术，在确定多维度、多层次成本核算对象的基础上，对有关费用进行归集、分配和结转。

第五章 附 则

第五十一条 小企业参照执行本制度。

第五十二条 本制度自 2014 年 1 月 1 日起施行。

第五十三条 执行本制度的企业不再执行《国营工业企业成本核算办法》。